"语言规划与全球治理"丛书

国家语委重点科研项目"面向全球治理人才培养的语言教育规划研究"
（编号 ZDI145-30）资助研究成果

外语教育规划论

沈 骑 ◎著

复旦大学出版社

写在前面的话

这本小书是笔者自 2007 年开始攻读博士学位以来，对外语教育规划研究的一些不成熟的思考总结。本书研究的起点源自对"外语教育规划"这一学术研究领域的三重思考，可以说，正是这个研究领域，多年来一直激励着笔者基于现实问题导向，探求跨学科理论，尝试构建中国式现代化进程中的外语教育规划学科体系。

第一个思考的问题是中国外语教育事业的兴衰成败问题。近十年来，坊间关于外语教育的功用与价值问题争论不休。这里面不仅有外语教育工具观和人文观的讨论，更有英语专业被屡屡"亮红牌"警告的报道，甚至还有英语被质疑是"对不起良心"专业的不断"非议"。自"一带一路"倡议提出之后，外语非通用语种人才教育开始发力，昔日的"小语种"专业一度成为高考招生填报志愿的"香饽饽"。然而，近几年来在社交媒体平台上却不断出现"小语种劝退"，个别外语类高校甚至出现招生断档的情况。一时间，小语种专业由热变冷，成为高考招生阶段的热点话题，令人唏嘘不已。上述两个中国高等外语教育发展中出现的现实问题，并不是孤立的个案。不可否认的是，自 1978 年中国改革开放大潮掀起，经过 40 多年的繁荣发展，中国外语教育事业无论从规模和质量上，都取得了举世瞩目的成就。曾几何时，外语是何其令人艳羡的专业。笔者亲身体验并见证了"外语热"的那段历史。学外语，一度被认为是一种"时尚"，引莘莘学子"竞折腰"。然而，近年来，外国语大学招生一度遇冷，小语种专业也开始出现"劝退"的声音，外语教育同时还面临着来自AI人工智能技术的冲击，外语"无用论"和外语"过时论"的论调也是不绝于耳。面对新形势，中国外语教育该如何调整布局，加强高质量发展和内涵式建设？如何识变、应变和求变？这些看似宏大的问题，其实与我们每一个"外语人"都息息相关，都是中国外语生活中亟须系统思考的问题，实质上都是外语教育规划所要解决的现实问题。

第二个思考的问题是从跨学科角度看外语教育的发展问题。1999年，笔者本科毕业，"误打误撞"地留校任教后，开始从事公共英语教学工作，成为一名光荣的外语教师。在多年的外语教学实践过程中，笔者越来越感觉到外语教育是一个动态发展的复杂系统工程，单一的外国语言文学学科难以解决外语教育中出现的问题，例如外语课程体系、教学体系和教材体系的建设，都离不开多学科理论与方法的支撑，至少涉及教育学、社会学、政治学等学科知识，并非传统的外语教学法研究所能涵盖，外语教学中不断涌现的宏观和中观问题也不是二语习得研究所能解决的。"跳出外语看外语"，从教育学及其他跨学科视角审视外语教育发展问题，成为笔者这十余年研究范式变换的实践探索之路。也正是由于这种跨学科意识的触动，笔者最终发现并确定了以外语教育规划研究作为自己的研究旨趣和学术追求。近年来，随着自己阅历和兴趣的丰富和发展，笔者日益感到跨学科交叉视角对于外语教育规划研究的重要意义，从跨学科的研究范式看，以问题为导向的超学科研究应成为未来所有新兴学科发展的必由之路。外语教育规划研究，无论是在研究方法，还是理论建构方面，都需要开展文理交叉为支撑的学术研究。

第三个思考的问题是语言规划学视域下的外语教育规划学科问题。众所周知，中国是语言规划大国，语言规划实践有着几千年的历史，但是语言规划研究的起步相对较晚。近十多年来，中国语言政策与规划研究日益受到重视，学科体系建设成为重点。笔者曾有幸在十年前参与了国内首个语言政策与规划二级学科博士点的创办和建设工作，深感学科建设的重要意义和学术责任。一个学科的价值并不在于象牙塔中多了一个学位点，或是一批教师成为硕导博导那么简单，学科也不应该成为少数人"自娱自乐""自我陶醉"的学术游戏场。学科是肩负学术使命的。人文社会学科存在和发展的意义在于运用科学的理论与方法洞悉、发现、揭示和创新知识，探索人类精神表达的原则与模式，不断探究并解决现实社会中存在的现实问题。语言规划学科就是一个问题驱动的语言学分支学科，人们规划语言的目的就在于语言满足不了人和社会发展的需要，因此，人们才需要提出改进、调整或是优化语言及其使用的状态，从而解决社会发展与语言不匹配的各种问题。从这个角度看，外语教育规划作为语言规划的一个重要领域，其目的就在于解决现实社会发展与外语生活之间的不匹配问题。外语教育规划研究是一门基于现实社会，特别是在教育场域中出现的外语问题，通过运用多学科知识、理论与方法，发现和认识其发展规律和特征，有意识地根据国家和社会的变化适时调整外语功能、布局和学科规模，合理规划人、外语、国家和社会之间关系的学问。

和所有的新兴交叉学科一样，外语教育规划学科发展的核心问题在于其理论体系、方法体系和实践体系的构建。这些核心问题对于所有对这一研究领域感兴趣的研究者来说，都是进入这一学科最为基本和关键的内容。为此，这本小书希望能够为构建外语教育规划学科体系做些基础的探索。

首先，学科的理论体系构建是学科知识体系的关键所在。就理论体系而言，外语教育规划研究得到语言学与教育学两大学科的滋养，统摄外语教育的宏观、中观与微观层面，具有极为广阔的学科纵深。在宏观层面，外语教育规划在政治学、社会学、经济学等社会科学学科理论的支撑下，可以探究与国家外语规划密切相关的战略命题，特别是中国式现代化进程中的外语教育规划这一重要课题。在中观层面,外语教育规划在管理学、城乡规划等社会应用型学科观照下,可以关注区域一体化、城市国际化和乡村振兴背景下的外语教育问题。特别是在人工智能浪潮之下,语言智能对外语教育规划也起到了推波助澜的作用。因此,外语教育规划也需要考虑日新月异的外语教育技术变革带来的人机共生问题。在微观层面上,外语教育规划是联结语言政策与规划与外语教学的关键环节,通过外语教育规划这一个"门把手",可以探察外语教学系统中与语言政策与规划息息相关的显性或是隐性的各类问题。上述三个层面的研究问题决定了外语教育规划是一个复杂系统。理论体系的作用就是为了探察这个系统的规律和特征,解决系统中出现的现实问题。因此,外语教育规划的理论体系是由规划价值取向、基本内容和研究范式三个基本要素构成。本书的第一章就围绕理论体系构建中的这三个基本要素展开。

其次,外语教育规划学科并非在真空中发展,研究者需要充分考察和分析不同语境下的外语教育问题,需要从国际比较中寻求外语教育规划的客观规律和具体特征,也需要从中国本土实际问题出发,爬梳分析中国外语教育规划的重要问题。在第二章的国际比较研究中,本书选择从国别比较、区域研究和微观高校三个维度展现外语教育规划的国际镜鉴,拓展外语教育规划研究的国际视野,也为推进区域国别外语教育规划研究提供先验案例。在第三章中,笔者聚焦外语教育规划学科中若干体系,如教学体系、课程体系和教材体系等问题进行深入剖析,查摆当前中国外语教育规划中存在的现实问题和困难,廓清学科研究的范畴与学理空间。

再次,外语教育规划学科发展不能停留在理论和概念层面泛泛其谈,需要结合具体研究问题进行深入调查与科学研究。本书在第四章和第五章分别就外语教育规划的多学科研究方法和实证研究展开论述。在第四章中,笔者选取几种常见的外语教育规划研究方法,为提升学科交叉空间做了探索性尝试。在第五章中,笔者选择近年来带领研究团队开展的一系列研究成果,进行实证研究的精致案例分析,力求做到"有问题""有理论""有方法""有数据"的示范引领作用。

最后,外语教育规划研究的终极目标在于解决外语教育服务国家和社会发展的大局问题。当前特别需要论证的核心问题就是,在中国式现代化进程中,中国外语教育规划何为?

对于中国这样一个大国而言,中国式现代化进程中的外语教育规划具有五大现实意义。第一,中国外语教育是人口规模巨大的一项规划工程,中国具有世界上最大的外语教育群体,仅英语学习者就超过4个亿,具有与众不同的外语国情,其艰巨性和复杂性是前所未有的;第二,中国外语教育必然是全体人民共同享有的、均衡发展的规划工程;第三,中国外语教育是提升国民素质、推动人民全面发展的规划工程;第四,中国外语教育规划需要面向世界语言格局,提升国家外语能力建设的水平;第五,中国外语教育规划需要服务于国家战略和社会重大现实需求,要为中国引领全球治理变革、提升国际传播能力服务。为此,在本书第六章中,笔者结合中国式现代化进程中的外语教育规划肩负的时代使命,探讨推进外语战略规划、促进外语学科发展、提升外语教育规划能力的现实战略问题。由衷地希望通过本书的出版,能吸引更多的有识之士加入外语教育规划研究的大潮之中。

2023 年 12 月 26 日
初稿完成于同济大学汇文楼

目 录

图表目录

第一章 外语教育规划的理论体系 …………………… 1
  第一节 外语教育规划研究的价值理论 ……………… 1
    一、外语教育规划发展的价值维度 ………………… 2
    二、中国外语教育规划的价值困局与定位 ………… 9
  第二节 中国外语教育规划的方向与议程 …………… 24
    一、中国外语教育规划的发展方向 ………………… 26
    二、中国外语教育规划的研究议程 ………………… 30
  第三节 中国外语教育规划的范式转换 ……………… 43
    一、外语教育规划范式的两大进路 ………………… 44
    二、中国外语教育规划的范式变迁 ………………… 46
    三、新时代中国外语教育规划的战略构想 ………… 59

第二章 外语教育规划的国际镜鉴 …………………… 63
  第一节 世界主要国家外语教育规划研究 …………… 63
    一、世界主要国家外语教育发展现状 ……………… 63
    二、世界主要国家外语教育规划的优势分析 ……… 66
    三、世界主要国家外语教育规划的不足及其对策 … 68
    四、研究启示 …………………………………………… 73
  第二节 英国脱欧背景下欧盟外语规划研究 ………… 76
    一、欧盟语言竞争的新问题 ………………………… 77
    二、欧盟外语规划面临的困境 ……………………… 81

三、欧盟外语规划的优化建议与构想 ………………… 88
　　　四、欧盟外语规划需解决的问题 …………………… 92
　第三节　丹麦哥本哈根大学外语教育规划研究 …………… 96
　　　一、"双语并行战略"的提出背景 …………………… 96
　　　二、"双语并行战略"的内容评析 …………………… 98
　　　三、借鉴与启示 ……………………………………… 107

第三章　外语教育规划的中国问题 …………………… 111
　第一节　语言规划视域下的大学外语教学改革 …………… 111
　　　一、大学外语教学的属性与定位之争 ……………… 112
　　　二、高校语言教育规划的内容框架 ………………… 114
　　　三、大学外语教学价值的重新定位 ………………… 115
　　　四、新时代大学外语教学改革的规划思路 ………… 118
　第二节　语言教育规划视域下的大学英语课程规划 ……… 121
　　　一、大学英语课程规划的三大路径 ………………… 122
　　　二、中国大学英语课程规划调查 …………………… 124
　　　三、语言资源观指导下大学英语课程规划体系建构
　　　　　………………………………………………………… 131
　第三节　大学英语教材中的国家意识研究 ………………… 134
　　　一、国家意识视域下的外语教材研究 ……………… 136
　　　二、大学英语教材国家意识的研究路径和方法 …… 140

第四章　外语教育规划的研究方法 …………………… 158
　第一节　外语教育规划的教育学方法 ……………………… 158
　　　一、教育语言学的学科身份辨识 …………………… 158
　　　二、教育语言学的学科属性探究 …………………… 162
　　　三、教育语言学的研究范式解读 …………………… 167
　　　四、教育语言学对外语教育规划的学科意义 ……… 169

第二节　外语教育规划的经济学方法 175
    一、语言经济学理论概述及其应用价值 175
    二、外语教育规划的语言经济学视角 180
  第三节　外语教育规划的历史学方法 188
    一、外语教育规划"延安范式"的形成 189
    二、外语教育规划"延安范式"的特征 193
    三、外语教育规划的"延安范式"的当代启示 206

第五章　外语教育规划的实证研究 210
  第一节　非英语外语专业学习者的"投资"研究 210
    一、非英语外语专业教育规划研究概况 210
    二、外语学习中的"投资"理论 213
    三、研究设计与方法 217
    四、研究发现 220
    五、讨论与结论 228
  第二节　非通用语种专业学生的语言学习选择研究 231
    一、非通用语种教育规划研究概况 231
    二、语言政策与规划领域中的学习者能动性 234
    三、语言市场中的英语及其他语种 238
    四、研究设计与方法 240
    五、研究发现 244
    六、讨论与结论 255
  第三节　高校非英语外语教师的能动性研究 260
    一、外语教师的能动性研究综述 261
    二、研究设计 265
    三、研究发现与讨论 267

第六章　外语教育规划的中国战略 ······ 278
第一节　人类命运共同体视域下的中国外语战略规划 ······ 278
一、外语战略规划的概念内涵与基本特征 ······ 280
二、新时代中国外语战略规划的基本内容 ······ 282
第二节　中国高校外语学科"双一流"建设战略 ······ 291
一、"双一流"建设中高校外语学科的五大定位 ······ 292
二、"双一流"建设中的外语教育规划问题 ······ 294
三、中国外语学科发展的四大意识 ······ 300
第三节　超语实践视域下的中国外语教育规划：问题与路径 ······ 302
一、超语实践对外语教育规划的理论指引 ······ 304
二、超语实践视域下中国外语教育规划的现实问题 ······ 307
三、超语实践视域下的中国外语教育规划优化路径 ······ 313

参考文献 ······ 319

图 表 目 录

图 1.1　外语教育政策价值分析框架 ……………………… 7
图 1.2　外语教育政策价值定位体系 ……………………… 22
表 1.1　外语教育规划研究议程 …………………………… 31
表 2.1　2005 年及 2012 年欧盟主要语言人口百分比 ………… 78
表 3.1　三级编码示例 ……………………………………… 126
图 3.1　语言教育规划视域下的大学英语课程规划体系 …… 132
图 3.2　大学英语教材国家意识研究示意图 ……………… 141
表 4.1　"八问方案"下延安外国语学校外语教育规划"延安范式"的特征 …………………………………………… 194
表 5.1　达尔文和诺顿投资理论框架中的核心概念释义
　　　………………………………………………………… 215
表 5.2　参与学生进入所在专业的缘由 …………………… 218
表 5.3　参与者进入本专业的缘由及英语学习起始阶段 …… 242
图 5.1　教师能动性生态框架 ……………………………… 263
图 6.1　超语实践外语教育规划路径图 …………………… 313

第一章 外语教育规划的理论体系

第一节 外语教育规划研究的价值理论

在全球化时代,外语教育规划是世界各国和各地区"国际行走"的重要语言政策和规划,而外语教育发展已经逐渐成为不少国家的外语教育规划研究的核心命题。外语教育政策与规划既是语言政策和语言规划的一个组成部分,也具有教育政策的特点,属于公共政策的一个部分,具有明显的公共政策特征,是公共政策在外语教育领域的具体表现。回顾公共政策研究历程,由于受到实证主义社会科学研究范式的影响,20世纪60年代和70年代的公共政策研究主要侧重于政策评估、政策执行和政策终结等领域;自20世纪80年代以来,随着实证研究范式的日趋式微,现代政策科学理论强调公共政策的价值选择功能,政策分析研究逐步集中在政策伦理和价值观等问题上,融入人文关怀因素。

政策价值研究是外语教育规划研究中最为根本、最为核心的问题。外语教育规划面对的不是纯粹的客观事实或者自然现象,而是现象背后的利益关系、价值冲突和价值选择。所以,在外语教育规划研究中,价值是一个不可回避的重要领域,外语教育政策必然是价值负载的。笔者在对外语教育政策价值分析现状基础上,借助公共政策学和教育政策学理论视角,尝试建构外语教育政策价值分析框架。

一、外语教育规划发展的价值维度

(一)公共政策学视角下的政策价值维度

外语教育政策不仅是一个国家或地区的语言政策的一部分，同时也是教育政策的具体分支，但其母体还是公共政策。从公共政策价值定义及其分析模式来看，价值在政策研究中扮演着重要角色。

1. 公共政策价值的定义

美国政治学家哈罗德·拉斯维尔(Harold Dwight Lasswell)在创立政策科学时曾提出，公共政策是"一种含有目标、价值和策略，通过相关规定和措施来实施的活动过程的大型计划"[1]。这一定义强调了公共政策的设计功能及其目标取向。政策价值是指在整个政策过程中体现并贯彻实施的公共选择，它往往决定了政策行为取舍和导向，政策价值也被认为是集体和公共行为的原则、动机和目标[2]。

在具体政策分析中的价值分析是回答"为什么"的问题，包括为谁、为什么目的、有多大风险、值不值得等。价值分析和研究的目的就是确认某个目标是否值得争取，采取的手段能否被接受，对现状所作的改变结果是否良好等[3]。

2. 公共政策分析框架中的价值维度

建构公共政策研究框架和模式，是近30年来西方公共政策研究者重要的研究领域，国外的公共政策学者在政策分析框架和模

---

[1] Lasswell, H. D. 1971. *A Preview of Policy Science*[M]. New York: Elsevier. p.1.
[2] Stewart, J. 2009. *Public Policy Values*[M]. New York: Palgrave Macmillan. p.14.
[3] Hogwood, B. W. & Gunn, L. A. 1984. *Policy Analysis for the Real World*[M]. Oxford: OUP.

式方面,做了大量的探索性研究。主要研究模式包括:邓恩①的信息转换分析模式、戴伊②提出的八种分析模式以及决策过程模型,以及霍格伍德和刚恩③提出的过程、内容和价值三维分析框架。首次提出价值在政策分析中重要作用的是霍格伍德和刚恩。他们认为在政策分析框架中,除了传统的内容和过程分析法之外,还必须考虑政策的价值分析,而公共政策研究的价值分析必须贯穿整个政策研究体系之中,并扮演核心和统领的角色。

(二) 教育政策学视角下的价值维度

自20世纪90年代开始,教育政策的研究渐成热点。越来越多的教育研究者认识到,教育政策研究是将教育科学理论与理念付诸具体教学实践的制度纽带,是将教育外部世界的国内外社会、经济、历史、文化和教育等领域的发展与教育内部的实践衔接的关键点。教育政策学可以将语言政策和外语教育两个系统整合在一个框架内考察,有机地将教育政策和外语教育联系在一起,可以拓展外语教育政策研究的视角。

1. 教育政策的价值及其内涵

教育政策价值是教育政策活动的客观属性(教育政策要素、结构、内部运行机制和功能等)满足教育政策主体需要的一种关系④。国外学者认为教育政策往往是价值负载的,因为教育制度的一个比较重要的特点,便是它与社会——经济机构之间的重要联系。因此,任何政策变化不纯粹是技术上的变化,而是受到了一

---

① Dunn, W. N. 2003. *Public Policy Analysis: An Introduction* (3rd ed.)[M]. NJ: Pearson.
② Dye, T. R. 2007. *Understanding Public Policy* (12th ed.)[M]. NJ: Pearson Education Inc.
③ Hogwood, B. W. & Gunn, L. A. 1984. *Policy Analysis for the Real World*[M]. Oxford: OUP.
④ 刘复兴,2003,教育政策的价值分析[M],北京:教育科学出版社,第86页。

些政治—经济方面因素的影响。教育政策承载了质量(quality)、效率(efficiency)、公平(equity)和可选择性(choices)等价值标准,是推动政策变革的一个主要原因[①]。随着教育政策研究的深入,教育政策研究思路和方法的重点也逐步转移,从对过去政策的文本静态分析上,趋向于对政策过程的科学研究以及政策价值的判断分析上来。教育政策的价值分析回应了教育政策的价值基础特性,反映了教育政策知识的主观性和研究者的人文视野。

2. 教育政策分析的价值维度

基于价值哲学角度审视教育政策、考察和分析教育政策的价值,对于价值负载的政策研究来说,显得尤为重要。孟卫青[②]通过梳理教育政策概念和现有教育政策研究方法,提出教育政策分析的三维模式,将政策过程、内容和价值作为其分析模式的立足点,在教育政策研究的三个维度中,价值统率政策的过程和内容,起到核心和支撑作用。教育政策的价值分析是以价值哲学的世界观和方法论作为指导来探讨教育政策的价值。教育政策价值分析的主要研究内容包括价值选择、合法性和有效性三个向度[③]。

首先,政策价值分析的核心内容是以价值目标为标准对价值事实进行评判,最终确立价值规范或选择,比如教育政策的公平、效率、质量以及可选择性等基本教育价值。劳凯声[④]认为我国教育政策应当建立在"以人为本""教育平等""效益优化"和"可选择性"等价值观的基础之上。此外,澳洲学者珍妮·斯图亚特[⑤]认为政策的价值取向也表现为具体教育政策所要实现的政策目标、决

---

① Wirt, F. et al. 1988. Culture and education policy: Analyzing values in state policy system[J]. *Educational Evaluation and Policy Analysis*, 10(4): 271-284.
② 孟卫青,2008,教育政策分析的三维模式[J],教育科学研究(89)。
③ 刘复兴,2003,教育政策的价值分析[M],北京:教育科学出版社,第87页。
④ 劳凯声等,2000,论教育政策的价值基础[J],北京师范大学学报(人文社科版)(6)。
⑤ Stewart, J. 2009. *Public Policy Values*[M]. New York: Palgrave Macmillan. pp.14-23.

策动机和判定标准等,这包括对教育政策的公共价值追求、政策主体的价值倡导、利益群体的价值协调三个方面。教育作为准公共产品,其政策的价值选择的确定过程,实质上就是政策主体或是决策者在分析和衡量教育政策的公共价值追求和利益群体的价值冲突和取舍的基础上,确定的价值取向和准则。

其次,在教育政策的本体形态上,教育政策的价值特征表现为价值选择的"合法性"。根据尤尔根·哈贝马斯(Jürgen Habermas)①对于合法性的论述:合法性意味着对于某种要求作为正确的和公正的存在物而被认可的政治秩序来说,有着一些好的根据,一个合法的秩序应该得到承认,合法性意味着某种政治秩序被认可的价值。这里教育政策价值选择的合法性是指教育政策内容体现的价值取向符合普遍性的规则、规范并由此在社会范围内被承认、认可、接受和遵守,其本质就是教育政策的价值选择符合目的性,符合人们的需要、价值理想和追求。

从价值角度看,政策过程就是指政策目标完整和真实地转化为政策结果的过程。因此,在教育政策过程意义上,教育政策价值特征又表现为价值选择的"有效性"。教育政策的有效性是指教育政策的效能,是效益、效率和效果的统一,其含义是指教育政策活动以最小的代价获得具有最大化正价值的政策结果,是教育政策功能和效益的最大化②。

澳大利亚学者海因斯③将教育政策内容中体现的合法性,归结为实质价值(或称基本价值),将教育政策过程中体现的有效性

---

① Habermas, J. 1989. *The Structural Transformation of the Public Sphere: An Inquiry into a Category of Bourgeois Society* (Trans. by Burger T. with the Assistance of Lawrence F.)[M]. Cambridge: Polity Press. p.184.
② 刘复兴,2003,教育政策的价值分析[M],北京:教育科学出版社,第84页。
③ Haynes, B. 1987. *Educational Policy Studies: Guide*[M]. Perth: Edith Cowan University for WADEC.

特征,归结为形式价值。这两者是教育政策价值不可分割的两个方面,是价值内容和价值实现形式的关系,又是目的和手段的关系,体现了互动双向的联系,它们分别是政策价值选择的结果在教育政策内容和过程中的体现。

(三) 外语教育政策价值分析的作用

从教育政策学的角度看,外语教育政策和其他教育政策一样,是政策文本和行动准则,更是一个发展的过程和系统。在外语教育政策分析的过程、内容和价值三个维度中,外语教育政策的价值统率政策的过程和内容。笔者认为,外语教育政策价值分析是政策分析的一个核心领域。外语教育政策发展的价值维度是以价值分析为工具,结合语言政策和教育政策理念,分析外语教育政策,主要回答"外语教育政策处理各种有冲突的教育利益诉求,或者分配有限的教育资源所依循的价值准则是什么"的问题。价值分析贯穿外语教育政策的全过程,既关注静态的政策文本和背景分析,也有政策选项、分析、执行、评价和调整的动态发展过程研究,具有整体统摄性。

(四) 外语教育政策价值维度研究框架

鉴于价值在外语教育政策中的根本和核心地位,我们认为价值维度研究本身又可以成为外语教育政策分析的新方法,拓宽外语教育政策研究的视野。综合公共政策和教育政策价值分析理论,我们可以初步建构外语教育政策价值维度的研究框架如下(见图1.1):

外语教育政策的价值选择分析分三个环节:

第一个环节就是要确立外语教育政策的公共价值追求,外语教育作为国民教育的重要组成部分,其公共价值追求与教育的价值追求应该是一致的,具有普适性和恒久性特征。具体价值追求

第一章　外语教育规划的理论体系

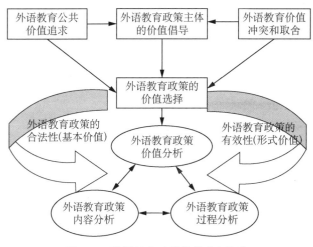

图 1.1　外语教育政策价值分析框架

有：公平、公正、以人为本、效率、自由、可选择性等价值观。因此基于外语教育的公共价值属性，政府对外语教育发展具有不可推卸的公共责任，有义务加大外语教育的投入，改善学校的外语教学设施等硬件条件，减轻城市和农村普通家庭在孩子外语学习上的沉重经济负担和外语补习费用，优先发展外语教育基础薄弱的地区和学校，特别是农村、山区和少数民族聚居地，实现中国外语教育的均衡发展。

第二个环节是要探讨外语教育政策决策主体和执行主体的价值倡导，这方面主要体现政府或是公共权威部门对于外语教育的价值判断和标准。比如 2006 年美国政府推出的"关键外语"计划，就是国家根据本国外语教育基本情况，为了维护国家安全，确定一部分语种作为其外语教育的关键发展，提升关键外语语种的地位和价值，以满足国家的特殊需要，鼓励和资助国人进行外语学习，这就体现政府对外语教育政策的价值倡导。

第三个环节就是要明确各教育利益群体的价值冲突与取舍。

外语教育所涉及的利益群体包括：国家、社会、企事业单位、学校、社会教育培训机构、教师（专职或兼职）、专业研究者、研究机构或组织、学生和家长等。这些利益群体对于外语教育的价值观存在一定相似性和差异性，充满着分歧和冲突。外语教育政策决策者和执行主体必须积极协调和取舍各方利益，权衡左右。

根据外语教育价值三个环节博弈和融合分析的结果，决策者方能确定外语教育政策的价值选择。外语教育政策的价值选择就是指外语教育的价值取向，如：外语教育是否单纯具有工具价值，或是兼有人文价值。其研究内容包括：外语在国民教育中的地位确定，外语教育与母语教育的关系，外语教育中的文化与本土文化的关系等问题。

其次，根据外语教育政策内容分析，可以判断外语教育政策是否兼顾教育公平和效率准则，即是否体现合法性特征，确定外语教育的实质价值即基本价值。这里包括对外语教育政策体系构成和政策文本的宏观层面，也包括外语语种的选择和确定、外语学习的起始年龄和学习期限、外语课程标准和教学标准、外语教学理念、教学目标、教学内容和教学方法等，外语测试和评价体系以及师资建设等主要微观具体内容环节的合法性判断。

最后，根据外语教育政策过程分析，我们可以确认外语教育政策是否以价值理性统率工具理性，以公平价值统率效率与自由，符合有效性标准。这里包括对政策过程整体动态发展过程的价值约束和监控。政策价值取向会主导政策决策和执行情况、政策的评估、评价和调整阶段，综合全面考虑外语教育政策的效能。如通过有效性标准，可以判定外语教育政策是否与教学实践相互衔接，外语教育是"省时高效"，还是"费时低效"等一系列的具体政策相关问题，真正体现外语教育政策科学有效的发展。

综上所述，外语教育政策价值维度是一个复杂多变的研究和分析系统，在全球化背景下，中国外语教育战略的制定和实施，必须立足价值维度,进行统筹规划,积极开展基于外语教育政策价值维度的专项研究,科学构建 21 世纪走向大国的中国外语教育发展战略。

二、中国外语教育规划的价值困局与定位

2006 年,一本美国畅销书在中国走红,书名是《世界是平的:二十一世纪世界简史》[①]。该书将人类全球化进程按照行为主体的不同,划分为三个不同阶段:即全球化 1.0 版(1492—1800 年),这个阶段是劳动力推动着全球化进程,是"国家"的全球化;全球化 2.0 版(1800—2000 年),这个阶段是"企业"的全球化,工业革命扮演主要角色;全球化 3.0 版(从 2000 年至今)是指互联网时代人与人之间沟通无界限,全球融为一个市场,劳动力和产品均可全球共享,全球竞争加剧,地球由此被"铲平"了。这三个全球化不同阶段的判断,对于我们把握和认识世界全球化进程与发展具有一定意义。2016 年,国内也有一本畅销书问世,书名是《世界是通的:"一带一路"的逻辑》[②]。该书从全球化发展格局的地缘变迁提出了新的全球化 3.0 版本:即以欧亚大陆为载体的"古丝绸之路"带来的全球化 1.0 时代和以海洋为载体、以西方国家为中心的全球化 2.0 时代,以由中国首倡、联合国安理会以决议形式通过的"一带一路"倡议为载体的"全球化 3.0 时代"正在到来。

我们无意评论与比较世界是"平"还是"通"的问题,但是中外两个全球化 3.0 时代的表述,其立场和动机虽有不同,却都将世界关注的目光投向了中国。当前,中国作为全球化进程的主要参与者,随着国力逐渐强盛,正积极参与和推动"全球治理"格局的变

---

① 弗里德曼,2006,世界是平的:21 世纪世界简史(何帆译)[M],长沙:湖南科学技术出版社。
② 王义桅,2016,世界是通的:"一带一路"的逻辑[M],北京:商务印书馆。

革。面对"中国式"全球化3.0时代的来临,中国外语教育发展将面临新的机遇和挑战。改革开放近40年来,我国外语教育成就斐然,有力支撑和推动了国家战略和社会发展。但不可否认的是,当前中国外语教育还存在一些不尽如人意的地方:一方面,在现行体制下,外语人才培养规格和能力还无法满足国家和社会发展需要,外语专业人才"大才难觅,小才拥挤",社会上对于"高分低能""费时低效"等"诟病"直指外语教育的效率和质量,我国外语教育政策的"有效性"备受质疑;另一方面,近年来围绕着外语高考改革、基础教育阶段外语与语文学科"互掐"、小学英语"存废"之争等敏感问题,社会上一度出现外语教育"无用"的论调,坊间关于外语教育的非议也不绝于耳,外语教育的"合法性"地位受到挑战。外语教育的"有效性"和"合法性"问题都与中国外语教育政策的价值定位密切相关[①]。近年来,不少学者就国家外语战略与外语教育政策等问题进行了有益的思考,但没有深入探讨我国外语教育政策价值定位这一核心问题。在全球化3.0时代,中国外语教育发展所面临的政策难题和价值困局是什么?应该如何破解?中国外语教育政策的价值定位何去何从?

(一) 外语教育规划的价值取向

外语教育规划是语言政策与规划(language policy and planning)在教育领域的一个分支,属于国家语言政策与规划的下位规划。语言政策与规划的价值定位问题在语言规划活动中具有极其重要的作用,它与语言政策与规划动机和目标紧密关联,统率整个语言规划过程。正如斯波斯基(Bernard Spolsky)在《语言管理》一书中提出的,语言政策说到底就是各种选择[②],而价值定位

---

① 沈骑,2011,外语教育政策研究的价值之维[J],外语教学(2)。
② Spolsky, B. 2009. *Language Management* [M]. Cambridge: CUP. p.1.

则是重中之重的选择。外语教育政策面临着各种价值取舍问题,价值定位主要回答外语教育政策处理各种有冲突的教育利益诉求或者分配有限的教育资源所依循的价值准则是什么的问题。

国外学者对于语言政策与规划的价值定位认识主要分两类:一类是规范性价值定位,另一类是描述性价值定位。美国学者鲁伊兹(Richard Ruiz)提出的语言作为问题、作为权利与作为资源的三分法已经被作为语言规划的规范性价值范式[1],其中语言作为资源的价值观影响深远,他指出语言资源的价值综合体现在智识(intellectuality)、政治、经济、文化、社会和权利等六个方面[2]。从描述性价值定位看,英国学者丹尼斯·阿格(Dennis Ager)提出语言规划的价值取向是驱动语言政策变革、推动语言规划发展的根本原因,他提出语言规划的七种描述性价值定位,分别是身份认同、意识形态、形象的维护、语言安全、语言平等、融合性和工具性价值取向[3]。当然,阿格提出的七种价值取向或是规划动机,并不是完全针对外语教育规划的,而且不同国家在不同时期的外语规划所面临的问题也不尽相同,价值动机也有轻重缓急之分。根据鲁伊兹的语言资源价值范式和阿格的价值取向范畴,我们认为外语教育政策的价值取向主要体现在四个方面:工具价值、融合价值、安全价值与公平价值。

1. 工具价值

在对外交往和沟通过程中,语言的工具性毋庸置疑,外语教育的有效性和实用性首先就表现为工具性价值取向。外语教育

---

[1] Ruiz, R. 1984. Orientations in language planning[J]. *NABE Journal*, 8(2): 15-34.
[2] Ruiz, R. 2010. Reorienting language-as-resource[A]. In J. Petrovic (Ed.), *International Perspectives on Bilingual Education*[C]. Charlotte, NC: Information Age. pp.155-172.
[3] Ager, D. E. 2001. *Motivations in Language Planning and Language Policy*[M]. Clevedon: Multilingual Matters.

政策的工具价值首先体现在其使用价值层面,如外语教育满足国家和社会对语言人才的需求,尤其是满足对多语种、高层次外语人才的需求;个人通过学习某种语言,获取学习新技术和新知识的途径或机会。另一方面,语言工具价值还体现在其交换价值上,如个人通过"投资"外语学习,获取语言文化资本,从而为其带来利益和好处,如经济收入、求学、就业和职位晋升等外显性收益。

2. 融合价值

语言政策的融合价值不是体现在语言本身,而是语言所表述的文化社会现象,或是专业知识。在融合价值视野中,语言本身不是知识,不是专业,但人们需要最大限度地依靠语言去认识事物、理解世界、服务社会。外语教育实质上是跨文化教育和国际理解教育,它的融合价值在于外语教育可以促进跨文化沟通,实现不同文明交往的"视域融合",增强中外人文交流,促使不同语言文化互学互鉴,会通中外思想,超越文化藩篱,提高对区域国别的智识水平,从而推动文明创新和社会融合。

3. 安全价值

语言政策的安全价值揭示了语言与国家安全的重要联系。语言安全是指"语言文字及其使用能够满足国家、社会稳定、发展的需要,不出现影响国家、社会安全的语言问题,具体包括语言文字本身状况和语言文字使用与国家社会安全的关系"[①]。语言在防范、规避、预警及保障安全方面,在消除和化解传统安全与非传统安全威胁和风险过程中,都具有无可替代的战略价值。当前国际风云变幻,国际关系复杂多变,外语教育政策的安全价值就在于通过外语教育规划,维护和拓展国家安全利益,提升国家外语资源安全能力。

---

① 陈章太,2009,语言资源与语言问题[J],云南师范大学学报(哲学社会科学版)(4)。

4. 公平价值

语言政策应当通过合理规划、调整和处理各种语言关系，事关社会公平和正义。世界上的语言本质上都是平等的，而且语言不仅是权利，更是宝贵的资源。然而，在现实世界中，语言生态堪忧，个人的语言使用和学习机会不均，不同语言传播范围乃至话语权处于不平等和不平衡的状态，客观上形成"语言鸿沟"。外语教育政策的公平价值不仅体现在语言关系的平衡问题上，还体现在外语教育的公平性和可选择性等价值标准中。

（二）中国外语教育政策的价值难题

我国外语教育政策与规划研究起步较晚，现有研究偏重政策文本的描述，缺乏对外语教育政策动态发展过程及其价值定位的研究。新中国成立以来，我国外语教育政策发展几经波折，主要经历了"高度政治化"（1949—1976年）、"去政治化/经济市场化"（1978—2002年）和"转型变革期"（2003年至今）三个阶段。在第一个历史时期，外语教育的政治化倾向是当时中国外语教育政策的价值定位；第二个阶段的外语教育政策在很大程度上消解了外语教育的高度政治化取向，逐步解放思想，确定了外语教育为改革开放和市场经济服务，语言工具主义（linguistic instrumentalism）倾向明显。在全球化浪潮冲击之下，中国社会和教育发展进入转型和变革时期，中国外语教育发展中的一些结构性和制度性问题逐渐"浮出水面"。客观地说，当下社会对国家外语教育政策议论纷纷，是由一定的历史累积效应所致，但同时也反映出全球化下的转型变革时期，中国外语教育规划价值定位模糊不清，外语教育实践面临政策价值异化、偏离、缺失乃至危机等现实困境。具体而言，转型变革期的中国外语教育政策价值难题主要体现在以下四个方面：

1. 工具价值异化偏离

在语言工具主义影响下，中国外语教育政策的价值定位被工具性牢牢占据。需要指出的是,工具价值,包括语言工具主义受到追捧和重视本无可非议,因为外语教育的实用性特征也是其价值所在,"学以致用"一直是外语教育重要使用价值的标志。改革开放至今,中国外语教育热度不减,这一方面说明国家在向西方发达国家学习和借鉴先进科技文化知识过程中,为了服务于"引进来"战略,急需大批外语人才。从价值定位看,中国外语教育政策的使用价值明显。从语言工具主义角度看,人们正是希望"投资"(包括时间和金钱)外语学习获得较好的回报和收益。因此,在高考招生时,外语专业或是涉外专业一度受到追捧,也就不足为奇了。但是另一方面,语言工具主义强调语言教育的标准化和可测量性,伴随着外语评价制度建立,外语考试、考证、考级和专业资质等外语制度化话语日趋形成,学习者通过获取相关外语证书或是涉外文凭等制度化"资本",即可获得相应的回报与收益,兑现其"外语资本"。在这个过程中,机构性和制度性话语交织在一起,外语的交换价值日益凸显,然而语言工具主义却是一把"双刃剑"。从价值平衡角度看,使用价值与交换价值应当形成互补关系才能真正实现工具价值。然而,现实情况是,外语教育规划的使用价值效果不彰,而交换价值则被过度强化和滥用,打破了正常的价值平衡状态,导致外语教育政策的工具价值出现异化和偏离。

首先,工具价值形成语言"孤岛"。从外语教育史看,我国外语教育政策的价值取向几度变迁,清末民初是以引入"西学"为要,到民国时期则以文学为先,强调中西合璧的"大文科"价值取向。新中国成立后,由于受到结构主义和前苏联教育思想影响,外语教育逐步确立以语言形式为主要外语知识的课程体系,突出强化语言工具价值,这导致了我国从中小学英语到大学外语,从公共外语到专业外语,几乎所有的课程大纲或是教学指南都强调语言基本功,外语课程多以综合、听力、口语、阅读等形式出现,即便在外语专业"国标"体系中,还是强调语言知识。单一的语言工具性价值取向将语言作为知识对象意味着外语教育脱离思想与人文范畴，把语言当作一个自主、封闭的组织结构，严重割裂了语言与文学、文化和区域国别等知识课程的联系，形成了全球化时代外语教育中的语言"孤岛"。

其次，外语考试的交换价值被滥用。外语测试评价制度是外语教育政策的重要组成部分，是对外语教育效果进行检验和反馈的有效手段，同时也是一项人力资源选拔和激励制度。应该说，使用价值与交换价值并重的外语考试体制对外语教育与人才选拔都是有益的。但是，在应试外语教育驱动下，外语学习的使用价值在很大程度上被交换价值所取代，人们关心的是外语证书或是文凭背后的资本溢出效应，而不是真正的外语能力与文化素养。另一方面，由于社会竞争激烈，外语证书的交换价值往往会被有关部门和机构误用，甚至滥用：国内某航空公司在高校招聘会上，明确要求一些明显与外语无关的职位（如机务、签派、地勤等岗位）竞争者，必须持有大学英语六级证书，甚至是英语专业八级证书，但令人吃惊的是，民航总局对民航飞行员的英语水平要求却是大学英语四级通过即可，这一明显不合理的"双重标准"匪夷所思。再如，国内某一线城市在对外省市毕业生落户的打分指标体系中，明文规定了外语四、六级成绩均占有不同分值，但对汉语能力和普通话水平却没有任何要求。更有甚者，在一些社交网络论坛上，外语证书居然成为交友或择偶的必要条件。此种怪象频频出现，让人哭笑不得。原本只是对个人外语学习效果评价的一纸证书，居然被滥用成决定能否就业、定居或是交友的重要指标。当学习外语的目的不是使用该语言，而成为判定个人外语水平以外的一把把"尺子"，足见外语教育政策的工具价值异化和偏离到了何种程度！

最后，工具价值为商业利益所绑架。近年来社会上出现"娃娃学外语"和"全民学外语"热潮，其始作俑者并不是外语教育本身，板子不能打在外语教育身上，而是某些商业机构过度炒作并放大其"交换价值"所致。无论是儿童还是成人,出于对语言的认知和兴趣,学习外语本应更多从其使用价值考虑,研究分析语言习得的机理、过程与效果。但是在商业机构充满"成功学"的意识形态的话语中,外语教育似乎与个人奋斗成才与竞争成功捆绑在了一起。这种商业炒作通过现代媒介手段影响到了社会大环境,同时也投射到了我国外语教育体制之中,形成一种盘旋萦绕在外语课堂内外、挥之不去的语言意识形态。于是乎,"学英语从娃娃抓起,赶在春天播种""国际总裁英语班""全球精英人士的必然选择"等励志标语构建出来的所谓"交换价值"成为一个个虚假和空想的全球化"肥皂泡",牢牢地操纵和控制了人们的视线和行为。

2. 融合价值定位模糊

当今世界的全球化以流动性和多样化为主要特征,走出国门仅仅依靠个人语言基本功早已不能满足深入交往之需求。但凡有过海外生活经历的人都会感觉到国外环境的复杂性。欧洲有句古话:"入境而不通其文,只能如孩提学话。"如果掌握一门语言的基本语法和简单听说技能在对外交往中可以应付一时之需的话,那么随着中国参与和推进全球治理以及在"一带一路"建设这一全方位的对外开放进程中,各行各业面临的全球竞争日益激烈,中国需要学会同众多的国家打交道,仅靠单一的语言技能教学无法满足新时期全球化对外语教育提出全方位的要求,了解和熟悉对象国的社会、历史、文化等知识,提升跨文化交际和适应能力显得尤为重要。当前,国家比任何时候都需要更多精通沿线国家语言文化的高层次外语人才,需要更多熟悉"一带一路"的国别乃至区域的外语研究人才,需要更多语言能力过硬、具有国际视野、能进行有效跨文化沟通的领域和行业专才。融合性价值取向主张在精通语言的基础上,通过语言去认识世界,而不是停留在语言本身,通过语言去制造自我封闭系统。

但是,由于工具价值"一家独大",外语教育政策的融合价值形同虚设,定位模糊不清。从外语教育政策文本看,尽管不少外语课程大纲或是教学要求都明确外语教育兼具人文性和工具性双重属性。但是现有的"人文性"仅指外语教育中的素质教育或是通识教育内容,突出的是外语教学中的教育性,而语言的融合价值则是应该通过外语教育的教学性体现出来,即需要在教学中明确以大文科、乃至文理贯通的知识为基础的大纲为指导,以获取知识而不是训练语言技能为目标。因此,即便在现有的外语教材中融入跨文化内容或是中国文化元素,这些所谓的"人文性"内容还是依存在语言形式这一强大的系统之中,过于零散,缺乏系统性,充其量也只能是人文"点缀"而已,与融合性价值取向相距甚远。在中国外语教育史上,北大东语系前身,即国立东方语文专科学校的课程设置就很有特色,"外文系将语言学习与毕业生从事的涉外工作紧密联系,共同必修课包括:政治学、中国通史、民族学、社会学、语言学等,到了高年级课程则分新闻、国贸、教育、侨务四个组,每组都有十门以上的专业课程和一项专题研究。比如侨务组包括国际公法、国际私法、华侨问题概况、西人东渐史、国际形势、国际关系、中国外交史、西洋外交史、华侨移植史、各国移民政策、亚洲中国政治史、社会调查、侨务性质、专题研究等"[①]。这个例子或许可以解释为什么那个时期的中国外语界出现过一批外语能力强,又是学贯中西的大师。与这些具有多样性、专业性和超学科性课程相比,目前国内外语类院校的专业课程就明显缺乏特色,课程体系单一、机械,以语言为中心,跳不出狭隘的学科框架,何谈融合性价值定位?近年来,很多专家都开始反思外语教育的人文性、通识教育、跨文化教育与对象国的区域国别知识课程的重要性,提出建议外语教育文化大纲和区域国别研究等专题课程主张,应该说,这些建议和

---

① 李传松、许宝发,2006,中国近现代外语教育史[M],上海:上海外语教育出版社,第174—176页。

主张是顺应全球化时代外语教育政策价值趋向、融合潮流的真知灼见。

3. 安全价值缺失严重

语言安全作为全球化下外语教育政策的重要价值诉求之一，贯穿和体现在不同现实领域之中，成为外语教育政策的战略议题。这里所指的语言安全并不是指语言本身的安全，而是从语言的使用和应用层面考察语言问题是如何影响和制约抑或保障和维护不同领域的安全。外语教育政策的制定和实施必须将维护和拓展国家安全利益放在首位，应对国家在不同安全领域中的语言安全问题，提升国家对不同安全领域的冲突管理能力、冲突预防能力，营造语言安全环境。面对"中国式"全球化的战略版图，中国外语教育规划还有很多工作要做。首先就是语种安全问题。长期以来，我国外语语种规划过于单一，从过去"一边倒"的俄语教育，到如今"一边倒"的英语教育，造成了外语语种规划和布局明显失衡。到目前为止，我国高校能够讲授的外语语种不到80种，而欧美著名高校，如哈佛大学、英国伦敦大学亚非学院等高校，动辄可以开出100多门课程。在全球化3.0时代，世界经济和发展的动力主要来源于亚太地区和非洲地区的新兴发展中国家，这些国家大多是非英语国家，而且与欧美发达国家在文化、社会和历史上差异明显。"知彼知己，百战不殆"！从国家外语资源储备来看，我们对这些国家和地区的语种还没有完全覆盖，对这些国家和地区的语言文化不甚了解，相关的区域国别研究更是无从谈起。如此以往，未来我国与这些国家和地区打交道就会存在极大的不确定性和未知风险。因此，从国家外语教育语种规划来看，语言安全价值明显缺失，我国外语教育政策对于语种安全问题需要提高警惕。

另一方面，外语能力问题。从国家外语能力建设维度看，我国外语教育政策顶层设计不足，诸多领域均出现语言安全问题。囿于篇幅，我们仅从国际政治和国际经贸两个方面加以论述。一方面,随着中国履行大国责任和义务、参与全球治理任务和活动的日益频繁,我们不仅需要越来越多的外交外事人才在国际政治舞台上亮相,还需要更多的精通外语的国际化人才投入到诸如国际维和、反恐与人道主义援助等国际事务之中,但是到目前为止,我国国际公务员队伍整体偏小偏弱,影响和制约中国在全球治理领域的话语权。因此,中国在国际政治与公共事务领域的外语能力还有待提升。另一方面,随着我国对外经济贸易的快速增长,特别是在实施"一带一路"倡议下,中国的国际经贸、国际金融以及海外直接投资业务激增。语言作为国际商贸活动中不可忽视的要素,成为企业实现全球化战略过程中无法逾越的一道障碍。中国企业走出去将会面临更多跨语言和跨文化沟通问题,语言安全问题就会随之而来。国际化业务的拓展需要更多精通当地语言文化同时精通经贸、金融、法律和管理等专业的复合型外语人才。但是,长期以来,复合型人才培养在我国外语教育政策规划中始终进展不大,各培养单位意见不一,培养规格普遍不高,无法满足企业对于外语人才在类型和领域方面的不同需求。如何培养复合型外语专业人才,是新时期服务中国企业走出去、拓展中国海外利益的重要任务,事关中国的国际经济安全。

4. 公平价值遭遇危机

改革开放以来,中国外语教育一路"高歌猛进",然而快速发展的同时,也带来了外语教育政策的公平价值问题。在全球化与本土化思潮相互冲击之下,一些原来未被关注或者关注不多的问题逐一显露,有些问题还相当尖锐,对外语教育政策公平价值构成巨大的挑战。首先就是外语与母语关系引发的语言关系公平问题。一段时间以来,国内关于外语与汉语、外语教育与母语教育关系的争论愈演愈烈。2012年,近百名学者因为第六版《现代汉语字典》收录外来字母词,联名上书中央有关部门,要求捍卫汉语的纯洁性;2013年9月,语文出版社社长、教育部原新闻发言人王旭明在新浪微博发声,要求取消小学英语,"救救孩子",保卫汉语,由此引发外语与语文课程的学科"互掐"之争;自 2013 年以来,关于"外语滚出高考"的社会言论一直甚嚣尘上,引起国内外舆论的普遍关注。通过梳理,笔者发现全国"两会"上关于外语教育的"存废之争"一直持续至今。虽然从语习得角度看,外语教育与母语教育并行不悖,不应当对立起来,但是在"英语全球化"魅惑之下,社会心理在本土化语言意识驱动下,从情感上更趋向于考虑母语的地位问题。因此,在规划外语教育政策时,必须充分考虑到语言环境和社会心理在全球化和个体化社会发生的微妙变化,妥善处理外语课程与其他课程的关系,在推进外语教育的同时,捍卫母语安全和语言平等。

另一方面,由于我国社会发展存在地区差别、城乡差别和民族差异等客观现实问题,"一刀切"式的外语教育政策难免引起外语教育发展不均衡现象,更会造成因为外语问题导致的社会不公平问题。例如:教育部决定从 2005 年开始对大学英语四、六级考试实施改革,改革的目的是提高大学生英语综合应用能力,突出考试为教学服务的功能,同时教育部也不鼓励高校将四、六级考试成绩与学位挂钩。但是,至今依然有不少高校自主决定将四级成绩与学士学位挂钩,将六级成绩同硕士学位挂钩。尽管依据《高等教育法》,高校的确有办学自主权,但是高校在制定外语教育政策时应当充分考虑到生源结构问题。例如,不少民族生的外语学习存在现实困难,应尽量避免将外语考试"一刀切"地设置成为影响教育和社会公平、造成民族关系紧张局面的"导火索"。再如,随着"双一流"建设加速,不少顶尖高校纷纷推出国际化课程,采用 EMI(英语作为教学语言)教学模式讲授专业课程,但我们在实际调研中发现不少学生对此颇有微词,在接受访谈时,某学生的意见值得我们深思:

"(学校)全英语教学导致我上《微积分》《高等数学》这样的专业基础课要硬着头皮啃英语教科书,我希望能够有机会听中文授课,至少一些基本概念和原理我可以理解,我是在中国上大学,应该有用母语接受高等教育的权利。"

面对学习者如此"吐槽",我们不仅要反思并深入研究现有 EMI 课程的实际教学效果和学生的接受情况,更应当考虑在制定外语教育政策时是否对学习者的需求、语言基础和专业背景进行过专门调查,有没有为学习者提供更为公正合理或是具有更多选择性的教学安排。近年来,EMI 课程与知识体系和文化价值体系关系的讨论也引起学界关注,相关研究值得深入探讨。

(三) 中国外语教育规划的价值定位体系

在纷繁芜杂的全球化 3.0 时代,中国外语教育规划担负着、面临着国家外语能力转型的重任。在制定外语教育政策时,我们不仅需要考虑外语教育的具体国情,也要关注政策的价值定位,妥善处理并解决上述四大价值难题。从中国外语教育政策发展历程来看,无论是新中国成立伊始的外语教育政治挂帅,还是改革开放以来语言工具主义盛行,都说明外语教育政策价值取向不应当是单一和孤立的,否则往往过犹不及,不仅影响到外语教育的质量和效率,同时也会导致价值偏失和异化。我们应将外语作为重要的语言资源加以规划,从国家战略、社会需求和个人发展等方面全面考虑中国外语教育政策的价值定位问题。外语教育政策的价值定位涉及外语教育政策决策主体的价值倡导、政策的公共价值追求以及各利益群体的价值诉求三要素,由此构成一个充满博弈的价值定位体系(见图 1.2)。外语教育政策的价值定位就是由国家和政府行政部门通过确立一定的外语教育价值倡导,均衡统筹和协调公共价值和利益群体的价值追求,确定外语教育政策的战略价值定位。

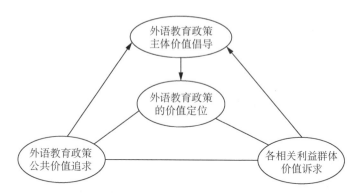

图 1.2　外语教育政策价值定位体系

1. 外语政策主体的价值定位倡导

国家外语教育政策必须全面服务和对接国家战略。全球化 3.0 时代的到来,"一带一路"倡议的提出,都标志着我国逐步从"本土型"国家向"国际型"国家转变,这决定了我国外语教育政策面临着价值定位的战略转向,即从过去"引进来"为主向"走出去"转型,实施双向互动战略,确立以语言资源观为核心,综合工具价值、融合价值、安全价值和公平价值于一体的多元互补的外语教育政策价值定位。因此,作为外语教育政策主体,国家需要进一步明确和加强对外语教育政策的规划和引导,提高外语教育质量和效率,改善国家外语能力的质量、种类、资源和类型,为中国在全球治理变革新格局中国际"行走"服务,传播中国声音,讲好中国故事,构建融通中外的对外话语体系,为全球化 3.0 新格局架设中国走向世界的"桥梁"。

2. 外语教育政策的公共价值追求

外语教育政策的公共价值追求是一个不容忽视的维度,在世界上绝大部分国家和地区,外语教育都是国民教育的重要组成部分,具有普适性、恒久性、公益性和人本主义特征,必然包括公平、公正、以人为本、效率、自由、可选择性等教育价值观。从国际经验来看，外语教育对于提升全民族文化素质，促进社会发展和加速人的现代化都具有积极作用，具有融合性价值特征。面对中国式全球化3.0时代，国家外语教育政策需要在教育公平性和可选择性方面进一步推进科学规划和政策优化，这不仅符合教育规律，而且也是外语教育政策公共价值的基本体现，尤其要关注中国现阶段存在城乡二元结构、民族地区差异以及东西部差异等现实情况，确保充分外语教育投入，保障外语教育的均衡发展，兼顾效率和公平。

3. 外语教育利益群体的价值诉求

外语教育政策的规划对象是人，这就决定了外语教育政策的价值取向必须以人为本，不能回避不同利益群体的价值诉求，这也是外语教育政策价值冲突和取舍的博弈问题。一方面，在决策外语教育政策时，需要充分考虑所涉及的利益群体，这包括社会对外语教育的现实期待，有必要充分调查和倾听来自企事业单位、学校、教育培训机构、教师、研究者、研究机构或组织、学生和家长等的不同声音。另一方面，由于这些利益群体对于外语教育的价值观往往存在一定相似性和差异性，不可避免地存在分歧和冲突，政策的价值取向势必要融合和调适各利益群体之间的价值诉求。

在中国式现代化进程中，中国外语教育面临着重要的战略发展机遇和时代挑战。国家外语能力建设、各类外语人才培养、中国文化"走出去"、教育国际化战略、高校"双一流"建设，以及全球治理中国话语体系建构都对外语教育发展寄予厚望。中国外语教育政策的战略定位必然不是一元的，而是多元的；不应当存在对立冲突，而应当是和谐互补的战略定位体系。外语教育政策决策者和执行主体需要充分考虑上述三个方面的价值取向，积极协调和取舍各方利益，根据外语教育价值三个要素博弈和融合的分析结果，构建并确立外语教育政策的多元互补战略价值定位。

第二节　中国外语教育规划的方向与议程

近 20 年来,外语教育规划研究逐渐受到国内外语界的重视。不少外语研究者在精耕于外语教学研究的同时,开始关注外语教育与国家战略、社会进步与经济发展之间的互动联系。外语教育规划研究扎根于外语教学理论与实践,以宏观国家战略与教育政策发展中的问题作为研究导向,是外语教育研究与战略规划研究的衔接点。我国现有研究主要涉及三个方面:第一,基于外语教育规划实践思考中国外语教育改革之道。胡文仲[①]、李宇明[②]、胡壮麟[③]、戴炜栋[④]、束定芳[⑤]以及仲伟合等[⑥]均从我国外语教育规划历史、现状和存在问题反思中国外语教育发展中的政策问题,提出外语教育需要对接国家战略、提升国家外语能力、开展语种规划等一系列改革举措。第二,通过国际比较,汲取国外外语教育规划的经验和做法。不少学者通过考察和比较国外外语教育规划的经验和启示,如蔡永良[⑦]、傅荣和王克非[⑧]、沈骑[⑨]与谢倩[⑩]等分别比较并

---

① 胡文仲,2001,我国外语教育规划的得与失[J],外语教学与研究(4);胡文仲,2011,关于我国外语教育规划的思考[J],外语教学与研究(1)。
② 李宇明,2006,中国的话语权问题[J],河北大学学报(哲学社会科学版)(6);李宇明,2010,中国外语规划的若干思考[J],外国语(1)。
③ 胡壮麟,2009,中国外语教育六十年有感[J],中国外语(5);胡壮麟,2015,对中国外语教育改革的几点认识[J],外语教学(1)。
④ 戴炜栋,2010,国际化背景下我国外语教育的发展战略[J],浙江工商大学学报(6)。
⑤ 束定芳,2013,我国外语教育规划与布局的思考[J],外语教学与研究(3)。
⑥ 仲伟合等,2016,国家外语能力建设视角下的外语教育规划[J],语言战略研究(5)。
⑦ 蔡永良,2007,美国语言教育与语言政策[M],上海:上海三联书店。
⑧ 傅荣、王克非,2008,欧洲语言多元化政策及相关外语教育政策分析[J],外语教学与研究(1)。
⑨ 沈骑,2012,当代东亚外语教育政策发展研究[M],北京:北京大学出版社。
⑩ 谢倩,2015,当代英国语言战略探析与借鉴[J],外语界(4)。

借鉴了美国、欧洲、东亚和英国等国别和区域的外语教育规划经验与做法。另外,王克非等[1]对 13 个国家和地区外语教育规划做了较为全面的考察与评介,为中国外语教育规划拓宽国际视野。第三,外语教育规划活动的理论探索。不少研究者在思辨反思的基础上,开始寻求相关理论探讨中国外语教育规划问题。由于外语教育规划具有明显的跨学科属性,程晓堂[2]、沈骑[3]、桂国平[4]、刘国辉[5]、周加仙[6]分别从语言学、教育学、管理学、经济学与脑认知科学等学科探讨外语教育政策研究内容与方法等理论问题,其中包括外语教育政策的语言学要素、分析框架、外语教育的经济贡献率、对国家竞争力的提升以及外语教育起始年龄等。上述三类研究分别从实践反思、国际比较和理论探索角度对中国外语教育规划进行了探讨和研究,标志着中国外语教育规划已经从经验总结开始向理论研究层面深入。然而,现有研究偏重外语教育实践与政策文本的描述性研究,对外语教育政策的规划过程与战略研究关注还不够,这在一定程度上影响和制约我国外语教育规划与政策研究的深入发展,也无法为中国外语教育改革提供决策参考。近年来,国内语言政策与规划学科相继建立,从语言规划的学科范畴研究外语教育规划的发展方向和研究议程已经成为当务之急。这不仅意味着中国外语教育规划需要自身的研究范式和学术话语体系,而且也是新形势下中国外语教育改革的大势所趋。

---

[1] 王克非等,2012,国外外语教育研究[M],北京:外语教学与研究出版社。
[2] 程晓堂,2012,语言学理论对制定我国外语教育政策的启示[J],外语教学与研究(2)。
[3] 沈骑,2011,外语教育政策研究的价值之维[J],外语教学(2)。
[4] 桂国平,2007,我国高校的专业外语教育与国家竞争力[J],武汉大学学报(人文科学版)(3)。
[5] 刘国辉,2013,中国的外语教育:基于语言能力回报率的实证研究[D],济南:山东大学。
[6] 周加仙,2009,语言学习敏感期的脑与认知机制研究——兼谈我国外语教育政策和实践[J],全球教育展望(9)。

一、中国外语教育规划的发展方向

中国是外语教育大国,外语教育规划活动早已存在,体现国家意志的外语规划最早可以上溯到清末洋务运动时期的京师同文馆等一批洋务学堂①。然而,相对于外语教学研究而言,中国学界对于外语教育规划总体上还是比较陌生的。尽管早在1980年,桂诗春先生就提出应该用社会语言学和语言规划理论来制定我国外语教育的方针、政策与规划②,但是直到2001年,才由胡文仲先生正式引入外语教育规划这一术语③。这与国内语言规划研究发展缓慢可能有一定关系。外语教育规划属于语言规划的下位规划,更是语言教育规划的一个重要领域,正确理解和认识语言规划和语言教育规划学科的发展轨迹,有利于我们准确把握外语教育规划理论的发展方向。

(一) 语言规划与语言教育规划研究的历史演进

语言规划是人类有意识地对语言发展的干预,也是对人类语言多样性的一种调节。从学科发展史看,语言规划研究兴起于二战之后,学科发展的初衷是为了解决战后新兴发展中国家的语言问题,主要是为了应对原殖民地国家和地区独立后在现代化进程中亟须解决的语言问题。因此,早期语言规划主要探讨如何解决语言多样性带来的交际问题。但是,进入经济全球化时代,语言规划的学科立足点逐渐转型,研究重心已经转移到保护和改善人类语言的多样性问题,以及整个语言生态系统的和谐发展问题之上。

从学科知识体系来看,语言规划不仅是语言学的一个分支,而且得到了社会学、政治学、教育学的滋养,是社会规划和文化规划

---

① 高晓芳,2006,晚清洋务学堂的外语教育研究[M],北京:商务印书馆。
② 桂诗春,1980,我国应用语言学的现状与展望[J],现代外语(4)。
③ 胡文仲,2001,我国外语教育规划的得与失[J],外语教学与研究(4)。

的重要组成部分。语言规划涉及诸多学科知识和多种研究方法①,它不仅需要语言本体知识,也需要诸如社会语言学、教育语言学、系统功能语言学、话语分析等应用语言学理论,乃至政治学、社会学和经济学等多学科研究方法。早期的语言规划主要涉及对语言本体规划(corpus planning),如围绕语言文字现代化、标准化与辞书编纂等进行的规划活动,逐步开始关注对于语言应用的规划,如语言地位规划(status planning),即对社会中不同语言地位和使用功能的分配和规定②。自 20 世纪 80 年代中后期开始,语言规划在经历了传统语言问题观和语言权利观之后,其发展方向和规划取向(orientation)经历了后结构主义转型,语言资源观被正式提出③。在语言规划实践中,语言作为资源的规划取向主要表现在六个方面:智识、政治、经济、文化、社会和权利④。语言资源观的提出,是语言规划积极融入人类语言日益多样化的语言生活现状,缓和语言矛盾,维护语言生态,避免语言冲突的学术主张,成为当代语言规划研究的重要范式。

在语言资源观的影响下,语言教育(习得)规划(acquisition planning)进入语言规划视野,逐渐发展成为第三个语言规划领域。语言教育规划提出的标志是美国语言学家库珀(Robert Cooper)的专著《语言规划与社会变迁》,他认为语言规划作为对语言和人以及社会之间关系的规划,必须关注人类语言习得和教

---

① Kaplan, R. B. & Baldauf, R. B. Jr. 1997. *Language Planning: From Practice to Theory*[M]. Clevedon: Multilingual Matters LTD.
② Lo Bianco, J. 2010. The importance of language policies and multilingualism for cultural diversity[J]. *International Social Science Journal*, 86(1): 37-67.
③ Ruiz, R. 1984. Orientations in language planning[J]. *NABE Journal*, 8(2): 15-34.
④ Ruiz, R. 2010. Reorienting language-as-resource[A]. In J. Petrovic (Ed.), *International Perspectives on Bilingual Education*[C]. Charlotte, NC: Information Age. pp.155-172.

育活动的规划,而语言教育是语言规划活动中一个不可忽视的目标和焦点①。在系统梳理并分析十二个关于语言规划的定义之后,他提出了第十三个定义,认为语言规划是"旨在通过语言符号的习得,结构和功能分配而影响他人行为的一种长期细致的努力和追求"②。这一概念明确将语言教学,包括二语和外语教学活动纳入语言规划之中,由此打通了语言教学与语言规划之间的学术壁垒。语言教育规划一方面将语言教学研究置于更具整体结构性研究的范畴之中,另一方面,也让语言规划这个一度"高冷"的学科,开始重视研究教育(中)的语言规划问题,真正接了语言教育实践这一"地气",具有深远的学术意义和价值。语言教育规划也因此成为语言规划研究与语言教育实践的重要衔接点。

语言教育规划是一项重要的人力资源发展规划,旨在发展和维系某个语言生态或是语言环境中个人或团体语言能力发展,是满足该语言日后社会、机构和个体需求的一系列教育措施规划,同时也与宏观教育政策形成联动机制。国外研究者一直致力于将语言教育实践融于语言规划制定和实施过程之中,以期为语言资源发展形成良好的生态环境③。从规划流程看,语言教育规划包括预调查规划(pre-survey planning)—规划调查(survey)—规划报告(survey report)—政策制定(policy decision)—政策实施(implementation policy)—政策评估(policy evaluation)等一系列流程④。

---

① Cooper, R. 1989. *Language Planning and Social Change*[M]. Cambridge: CUP. p.35.
② Cooper, R. 1989. *Language Planning and Social Change*[M]. Cambridge: CUP. p.45.
③ Kaplan, R. & Baldauf, R. B. Jr. 2003. *Language and Language-in-education Planning in Pacific Basin*[M]. Berlin: Springer. p.217.
④ Kaplan, R. B. & Baldauf, R. B. Jr. 1997. *Language Planning: From Practice to Theory*[M]. Clevedon: Multilingual Matters LTD. p.124.

(二)中国外语教育规划的发展方向

外语教育规划是语言规划的一个重要分支,其本质是通过组织和协调国家、机构、学校和个人在一定时期的外语学习和习得规划,增进个体对世界语言和文化多样性的精通和熟悉程度,从而提升不同规划对象的外语能力。在对语言教育规划概念的认识基础上,我们可以将外语教育规划的概念确定如下:外语教育规划旨在发展和维系某个语言生态或是语言环境中个人或团体外语能力,满足未来社会、机构和个体所需外语资源等各种需求的一系列教育措施规划,具体包括政策制定与发展、确定具体外语教学方法、编写外语学习材料等。外语教育规划不仅体现语言教育规划的特征,而且还与国家宏观教育政策密切相关,其焦点在于为提升国家和全民整体外语能力所采取的教育规划和措施。因此,外语教育规划研究需要打通外语学科与一系列相关学科,如教育学、历史学、人类学、政治学、社会学、经济学等人文与社会学科的关系,借助和汲取多学科知识作为理论依据和参考。

在全球化时代,外语教育规划需要全面考虑国家、社会、组织机构乃至个人外语生活等多层面,涉及国家外语教育发展的重要方面和基本问题。当前,将外语作为资源开展外语教育规划的语言资源观在世界各国已经形成共识,也是国际外语教育规划的重要发展方向。有国外学者认为外语教育需要面向社会变迁,重新审视以往过于单一的工具主义规划取向,正确认识外语资源的多样性取向特征[1],更有学者认为,需要从国家政治、跨国流动性、跨文化理解、人类智识发展和全球市场发展等多角度开展外语教育

---

[1] Kramsch, C. 2014. Teaching foreign languages in an era of globalization: Introduction[J]. *The Modern Language Journal*, 98(1): 296-311.

规划活动①。近年来,中国学者也积极思考外语作为国家资源的问题,提出国家外语能力建设的重要理论②,拓展了外语教育规划的战略视野。也有学者提出在外语教育规划中,需要全面认识外语资源的多样性价值取向,摆脱单一的语言工具主义③。新中国成立以来,特别是改革开放 40 多年来,中国从"放眼看世界"到"走向世界",外语教育发挥了不可磨灭的作用,中国业已迅速发展成为一个外语教育大国,有力推动着国家发展、社会进步和教育改革不断前行。中国正在从"本土型"向"国际型"国家转型,外语教育面临着更为重要的历史担当和变革发展的战略任务,在你中有我、我中有你的全球社会之中,在国际政治多极、社会思潮涌动、多元文化混杂、教育变革加速的当下,中国外语教育规划的发展方向是亟须建构一个规划合理、定位科学的外语教育规划体系,提升和优化国家外语资源,从而服务于国家战略、社会发展和教育改革大局。

二、中国外语教育规划的研究议程

外语教育规划体系建构的关键在于建立完善的规划议程。外语教育规划实际上是一个动态过程,主要包括外语使用,需求调查,政策调研和规划研制,外语教育政策的制定、执行、评估和调整等全过程,不应只关注一个静态政策文本。因此,外语教育政策研究仅仅依靠分析其政策文本是不够的,而应当关注整个外语教育

---

① Lo Bianco, J. 2014. Domesticating the foreign: Globalization's effects on the place/s of languages[J]. *The Modern Language Journal*, 98(1): 312-325.
② 文秋芳等,2011,国家能力的理论构建与应用尝试[J],中国外语(3);文秋芳,2016,国家语言能力内涵及其评价指标[J],云南师范大学学报(哲学社会科学版)(2)。
③ 沈骑,2011,外语教育政策研究的价值之维[J],外语教学(2);Liu, Y. 2015. Foreign language education planning in China since 1949: A recurrent instrumentalist discourse[J]. *Working Papers in Educational Linguistics*, 30(1): 65-85.

规划实践过程中的重点问题和内容,分析和探究外语教育规划的重要议程,这对于中国外语教育规划研究从单一的文本描述向深入规划科学的研究范式转型极为重要。

基于开普兰和巴尔道夫(Kaplan & Baldaulf)[①]提出的语言教育规划流程,我们将外语教育规划过程确定为六个步骤,即战略规划—外语调查—规划报告—政策制定—政策实施—规划评估。各部分议程的重点内容如下(见表1.1):

表1.1 外语教育规划研究议程

规划过程	规划重点内容
1. 战略规划	确定规划负责人;组建战略规划团队;制定调查方案
2. 外语调查	外语教育基本情况的调查;外语使用、外语需求、外语能力和外语社会培训等情况调查;外语舆情监测
3. 规划报告	集中协商;问题导向;审读研讨;政策建议
4. 政策制定	确定外语教育规划对象;确定外语师资供给;确定外语教育大纲;确定教学法和材料;确定外语教育的资源投入;确定外语测试评估机制
5. 政策实施	准入政策;师资政策;课程政策;教材教法政策;资源配置政策;测试评价政策;社区政策
6. 规划评估	效果评估;政策反馈;工作评估;目标和价值评估

(一) 战略规划

长期以来,由于没有专门部门统摄管理外语教育问题,我国不少外语教育政策的出台并没有经过科学缜密的规划研究,往往是"长官意志"多于专家意见,从而难以应对外语教育实践中出现的

[①] Kaplan, R. B. & Baldauf, R. B. Jr. 1997. *Language Planning: From Practice to Theory*[M]. Clevedon:Multilingual Matters LTD.

问题。国外实践经验表明,科学合理的外语教育规划制定并不是靠领导或是个别专家"拍脑袋"决定的,而是需要建立在对国家和社会外语使用和需求的调查和分析的基础之上。为了开展并形成客观真实的外语调查报告,国家和有关部门必须事先开展战略规划工作。首先,确定专职负责人。在发达国家,如美国和日本,会首先建立一个国家外语教育规划机制或是成立一个专门委员会[1],并专设一名"德高望重"的专家担任总协调人,负责组织和实施调查,向政府机构解释和报告,同时还要负责联络政府部门和机构,以便合理有效地运用和配置相关资源。其次,组建战略规划团队。外语教育规划牵涉社会方方面面,囿于专业背景和知识局限,外语调查不能单由外语专业人士"独揽"。开普兰和巴尔道夫[2]建议语言规划团队需要吸纳熟悉和了解国际形势、本国国情、社情和语情的各专业领域和学科的专家参与,组建由历史学家、人类学家、经济学家、语言规划专家、数据分析师、政治学家和语言学家形成的跨学科、跨领域专家团队。就外语教育规划而言,除了外语教育专家之外,我们认为该专家团队还应吸收国际问题专家、教育学家和社会学家加入其中,这样做就是考虑到外语教育必须适应国际风云变幻,对接国家战略,兼顾教育变革和社会发展的需要。最后,制定调查方案。战略规划需要明确外语资源的价值取向,确定外语调查方案,该阶段需要确定各类调查人员,如现场调查人员、调查管理者和数据搜集加工者,设计调查问卷、调查过程,还包括结果汇总与调查计划最终审定等步骤。由此可见,与外语调查有关的重要决定,必须在这个环节妥善解决,战略规划在外语教育规划过程中,起到了至关重要的作用。

---

[1] 沈骑,2012,当代东亚外语教育政策发展研究[M],北京:北京大学出版社。
[2] Kaplan, R. B. & Baldauf, R. B. Jr. 1997. *Language Planning: From Practice to Theory*[M]. Clevedon: Multilingual Matters LTD.

(二) 外语调查

外语教育规划需要在很大程度上依赖对外语的社会语言学调查，以此为语言规划提供现实依据和鲜活数据。在改革开放初期，桂诗春先生就提出英语教育方针、政策与规划必须建立在扎实的调查研究的基础上，需要就英语在我国的使用情况、使用者的语言水平、使用者的语言需求和语言训练情况等诸多问题开展调查①。我国外语教育发展迅猛，但是对中国外语资源现状，例如外语在我国的具体使用状况、使用者的整体水平、各类外语需求以及语言教育和培训等状况，我们似乎还无法拿出准确和翔实的最新数据，系统全面的外语调查势在必行。外语调查首先需要摸清我国外语教育基本情况这个"家底"。这类调查可以依托各级外语教学指导委员会，通过成立相关课题组推进，从而获取我国各类外语教育中的师资、语种、专业建设和学科建设的基本数据。在为外语教育规划摸清家底之后，还应形成长效动态监测机制。这些调查是外语教育规划调查的重要组成部分。在这方面以前有不少先例，如1985年开展的全国15省中学英语教学情况调查②，再如华东六省一市高校外语教学情况调查③。此外，在条件允许的情况下，有必要开展一次全国范围内的外语教育基本状况普查，全面掌握我国外语教育师资基本状况、外语课程、外语专业、课程和教材使用状况等第一手准确数据。

其次，外语教育规划还需要开展外语使用、外语需求、外语能力和外语社会培训等情况调查。迄今为止，我国尚未开展过针对

---

① 桂诗春,1980,我国应用语言学的现状与展望[J],现代外语(4)。
② 刘道义,2008,基础外语教育发展报告(1978—2008)[C],上海:上海外语教育出版社,第16—17页。
③ 束定芳,2015,高校英语教学现状与改革方向:华东六省一市高校英语教学情况调查报告[C],上海:上海外语教育出版社。

外语使用与需求的大规模全国普查。现有的大规模调查数据来自"中国语言文字使用情况调查"(1998—2004)中涉及外语使用和外语能力的个别问题[1]，这些数据的时效性已经无法满足我国社会日新月异的发展速度。另外，鲁子问、张荣干[2]通过抽样方法，曾对国民外语能力状况调查，具有重要的学术价值，但囿于条件所限，该项调查的样本数仅为 1 万人，相对于我国学外语的人口众多、区域差异较大的现实问题来看，这类调查在抽样和问卷设计等方面还有待完善和提高。目前，对国家战略和社会发展所急需的外语能力和社会外语使用与学习的调查同样缺乏。例如，"一带一路"对各类外语人才的需求究竟是什么？需要什么规格和类型的外语人才？哪些领域和行业需要外语人才？在这一系列问题尚无法给出准确的回答的前提下，盲目和无序地开展外语教育规划难免会产生严重的问题。由此可见，面向"一带一路"建设的外语教育规划至关重要，相关不同领域和类型的外语需求调查值得研究者重点关注。

最后，外语教育规划还需要开展外语舆情监测，关注社会对外语和外语教育的态度和接受情况。语言教育并非在真空中进行，语言教育的对象是生活在不同社会背景和环境下的人，语言教育规划需要设身处地考虑语言教育与社会文化之间的互动关系。以色列语言学家斯波斯基(Bernard Spolsky)[3]指出，语言政策研究不仅要聚焦人们的语言实践和具体的语言政策文本，更要重视人们语言选择背后的语言态度、语言信仰或是语言意识形态。德国

---

[1] 魏日宁、苏金智，2011，中国大城市外语使用情况调查分析：以北京、上海、天津、广州、深圳、重庆和大连为例[J]，外语教学与研究(6)。
[2] 鲁子问、张荣干，2012，国家外语能力需求调查与对策建议[M]，北京：北京大学出版社。
[3] Spolsky, B. 2004. *Language Policy*[M]. Cambridge: CUP.

语言学家哈尔曼(Harald Haarmann)[①]更是将语言规划的结果视为一个产品,他认为要使语言产品为人们接受并经受住历史的考验,规划者就要关心语言的声誉和接受度。近年来,社会上对外语教育的价值一直存在不同的声音,矛盾焦点集中在"外语无用论"和"外语亡国论"。作为外语教育研究者,我们对此当然不能听之任之,但也不能"一厢情愿"对此置之不理。我们姑且不论这些社会舆论是否正确,仅从这些舆论不断出现,甚至几乎每年都成为全国"两会"舆论关注的热点这一现象看,说明中国外语教育规划在声誉规划环节出现了问题。当我们外语教育工作者扎根于教学实践的时候,对课堂内外的语言社会学问题没有引起足够的重视,对外语教育的社会接受状况关注不够。这就要求外语教育规划开展外语舆情调查,及时掌握和监测关于外语教育的"社情民意",了解社会和民众对外语教育、高考外语乃至外语改革等现实问题的态度和接受状况,解决现有外语教育存在的问题,澄清事实,说明道理以消除社会舆论误解。

(三) 规划报告

在调研报告和规划建议的研制过程中,专家团队各司其职,结合各自专长对调查中发现的问题形成初步政策建议。首先,对上述外语调查数据汇总、分析并得出结果后,专家团队需要集中进行广泛、深入的研讨和民主协商,以期得出科学合理的规划建议。之后,不同学科和领域背景的专家团队就可以协同分工进行调研报告写作。语言规划学者需要充分考虑外语教育的社会语言学调查结果,讨论外语教育规划的重要问题;政治学家需要将外语问题置

[①] Haarmann, H. 1990. Language planning in the light of a general theory of language: A methodological framework[J]. *International Journal of the Sociology and Language*, 86(1): 103-126.

于整个国家战略维度思考,考虑国家中长期发展战略对于外语教育的战略需求和现实需求①,把握外语教育规划的战略价值走向。教育学家则需要考虑外语教育之于国家教育改革的意义和价值,需要充分考虑外语的教育价值问题,如教育公平和社会正义等。其次,规划报告必须坚持问题导向,还需要有理论视角,确保规划建议能够经受住时间的考验,尽量避免出现"头痛医头,脚疼医脚"那样治标不治本的政策规划。最后,在报告草案完成之后,整个调研专家团队还应聘请资深顾问对报告进行仔细审读和研讨,尤其是对政策建议部分需要反复讨论后方可最终提交。

(四) 政策制定

外语教育规划的政策制定和决策是一项极为重要和关键的规划议程,外语调查和调研报告形成的建议必须成为最终政策文本才能得以落实。当然,外语教育规划的政策文本往往不是"一纸公文",而是一个政策规划体系,包括政策文件、指导意见、课程大纲、课程教材等显性文本,同时也包括内嵌于外语教育之中的政策和制度安排与调整,例如外语师资培养和分配、教学资料的投入等。具体而言,基于开普兰和巴尔道夫②提出的语言教育规划的具体目标,我们初步确定外语教育规划政策制定的六个目标方向如下:

第一,确定外语教育规划的对象,即确定接受外语教育的目标人群。在经济全球化时代,随着国际经济重心东移,在亚洲不少国家的英语教育纷纷提前至小学阶段,但随之而来的外语教育规划

---

① 文秋芳,2016,国家语言能力内涵及其评价指标[J],云南师范大学学报(哲学社会科学版)(2)。
② Kaplan, R. B. & Baldauf, R. B. Jr. 1997. *Language Planning: From Practice to Theory*[M]. Clevedon: Multilingual Matters LTD.

问题也层出不穷,国外学者对此已有较为深入的研究①。在历史上,中国小学英语教育也是"一波三折",几经存废,争议不断,近年来在社会舆论中再次出现小学英语的存废之声,这一问题也引起国外学者关注②。必须承认,由于缺乏规划经验,我国小学英语教育规划工作还存在不少问题,比如,在我国,小学英语教育规划对象未明确由谁来决定,小学英语设立的根据和动机是什么,小学英语教育应该何时开始、如何实施,受教群体的规模有多大,小学英语课程在小学整体教育课程中的时间比重如何。还有我国长期存在的城乡差异、东西部差异乃至民族差异都是确定外语教育规划对象时需要重点考虑的因素。由此可见,规划对象确定问题是外语教育规划的一个重要议题,不能等闲视之。这些问题亟待深入研究,在政策制定时予以明确和说明。

第二,确定外语师资供给。对应于外语教育规划对象,教师队伍的规划问题随之而来,如:各级各类外语教师从何而来,教师教育如何开展,优秀师资如何培养,教师如何进修培训,师资标准如何确定,等等。近年来,我国外语教师发展研究方兴未艾,但是从外语教育规划层面研究各领域各学段外语教师供给问题的似乎不多。笔者发现,现有不少外语教师发展研究主要借助于教育学领域中的教育发展路径,对外语教师的自身问题关注不够,特别是没有注意到外语教师规划中教师语言能力的培养和保持问题。此外,现有规划还缺少应对和缓解外语教师发展中"千军万马过独木桥"的科研困境的制度安排。这都是外语教师规划不容忽视的问题。

第三,确定外语教育大纲。外语教育规划中最为显性的政策

---

① Baldauf, R. et al. 2012. *Language Planning in Primary Schools in Asia*[C]. New York: Routledge.

② Lo Bianco, J. 2014. Domesticating the foreign: Globalization's effects on the place/s of languages[J]. *The Modern Language Journal*, 98(1): 312-325.

文本体现在外语教育大纲。外语教育大纲的制定关系重大,它不仅体现国家意志和教育方针,而且也是实施和推进外语教育改革的重要依据。从我国外语教育规划实践经验来看,无论外语基础教育各阶段课程标准,还是大学外语专业国家标准或是大学外语教学指南,无一不体现出外语教育规划自上而下的政策话语。各阶段外语教育大纲制定的核心是外语课程设置和调整问题。在语言教育大纲研制过程中,必须考虑到规划所受到的制约因素,如语言教育在各学段的延续性和一致性,语言教育与其他科目之间在教学内容和科目时间等方面的协调关系[1]。有学者通过比对我国"大学英语教学基本要求""研究生英语教学大纲""英语专业教学大纲"和"高中英语课程标准"这四份专业或是课程大纲发现,这四个学段的教学目标、语言要求和课程设置差异非常小[2]。此外,外语课程与其他课程的协调关系也很重要。我国现有研究并没有注意到外语教育规划大纲在整个教育体系中的价值和权重问题。近年来,在我国基础教育领域出现的外语与语文"互掐"的学科之争,以及"外语滚出高考"等争议问题,实际上都与外语教育规划中如何妥善处理这些关系有关。外语教育规划研究者需要权衡外语课程与其他课程的衔接和兼容性问题,既不能"喧宾夺主",挤压其他科目的教学实践,也不能"因噎废食",随意压缩现有外语教学规模和要求。

第四,确定教学法和材料。外语教学方法和教学材料在外语教育规划中的重要性毋庸讳言。外语教学方法与教学材料的选择和编写必须与宏观外语教育规划呼应和衔接,体现中国国情,反映中国特色。一段时期以来,我国外语教育在教学方法和教学材料规划方面"拿来主义"盛行,并没有充分利用和发掘本土外语教育

---

[1] Kaplan, R. B. & Baldauf, R. B. Jr. 1997. *Language Planning: From Practice to Theory*[M]. Clevedon: Multilingual Matters LTD.
[2] 蔡基刚,2012,CEFR对我国外语教学的影响[J],中国大学教学(6)。

特色。在缺乏对中国教学环境和师生适应性问题研究的前提下，外语教学方法、教学课件、教材、测试评估，甚至连外语师资都盲目迷信"舶来品"，几乎全盘模仿和复制英美国家适用于第二语言教学(ESL)的方法和材料，从而致使西方话语充斥其中，本土话语缺失严重。正如张绍杰①所言："我们不应依赖于国外外语教学理论来解决中国外语教学问题，我们应沿着我国外语教学传统同西方先进教学理念相融合的发展方向，针对不同的教学对象、不同的教学阶段、不同的教学目的探索出对中国学生有效的外语教学方法和教学模式。"近年来，以"产出导向法"②为代表的中国特色外语教学理论和《中国文化英语教程》③等一系列教材相继面世，体现出中国本土化外语教育规划的探索和尝试。

第五，确定外语教育的资源投入。资源投入是确保外语教育规划能否顺利进行的关键，外语教育所涉及的资源包括：学生人均经费、教学场地、教师费用、各类教材教辅、外语教育技术设备和维护成本，等等。外语教育规划者必须对资源投入来源、投入期限以及投入的成本和收益等问题做好测算和预案。长期以来，中国是"穷国办大教育"，依靠有限的教育投入取得了举世瞩目的教育成就。同样，中国外语教育也是在资源投入极低的情况下，支撑起了国家外语水平的稳步提升。以大学英语教学为例，自 20 世纪 90 年代末中国大学开始大幅扩招，面对高等教育快速发展、资源投入和供给相对匮乏的状况，大学英语教学作为公共基础课首当其冲，在教育资源极为紧张的局面下，克服困难，积极应对大班教学、生源激增、师资匮乏以及教学设备欠缺等一系列问题。近年来随着我国教育投入日益增加，高等教育发展进入繁荣时期，在"双

---

① 张绍杰，2015，中国外语教育传统历时调查研究：传统梳理和现实反思[M]，北京：高等教育出版社，第 13 页。
② 文秋芳，2017，"产出导向法"的中国特色[J]，现代外语(3)。
③ 束定芳，2016，中国文化英语教程[Z]，上海：上海外语教育出版社。

"一流"建设中,如何合理有效地引导和规范外语资源配置和投入,提高资源利用和产出效益,对于改善和提高高校外语教育质量和效率具有重要意义。

第六,确定外语测试评估机制。外语教育规划中的测试与评估机制分两类,一类是学生外语学习水平的测试和考试制度,另一类是外语教育规划内容的评估机制。外语水平测试与考试的规划核心是通过科学客观的外语能力标准,正确评价学生的外语能力水平,对外语教育整体产生积极的反拨作用。2018年,教育部推进研制符合我国国情的外语能力等级量表,制定国家外语考试质量标准体系[1],都是提升外语测试科学化和规范性的有益尝试。然而,较之于以学生为中心的考试评价制度探索,以外语教育具体目标和内容为中心的评估机制却尚未建立。例如,外语教育中的教学法是否有效,各类外语教材的使用和接受情况如何,学校整体外语教育是否有效,外语教育是否满足社会需求,学生的外语能力是否对就业有利,社会对学校的外语教育质量是否满意,这些问题涉及外语教育规划的社会评价和接受问题,千头万绪,不是依靠一般意义上的学校教学或是专业评估就能解决,而是需要由教育主管部门牵头,动用社会力量,如用人单位和各部门多方参与,形成一个外语教育质量和效益评估机制。

(五) 政策实施

一旦外语教育政策制定或确定之后,政策实施和落实环节就显得尤为重要。从国外外语教育政策比较和借鉴可知,外语教育政策分为显性和隐形两种。一方面,在很多情况下,外语教育政策要么内嵌于整体教育政策之中,与宏观教育政策关联较大,要么就是若隐若现于各类外语课程大纲等显性政策文本的话语之中,并

---

[1] 刘建达,2015,基于标准的外语评价探索[J],外语教学与研究(3)。

非显而易见。另一方面,即便有很多国家公布明确的外语教育战略计划或是政策文本,但在其实际操作中,往往形同虚设,其象征意义往往大于实际作用。开普兰和巴尔道夫的语言教育规划实施标准体系可以为我们提供观察和分析外语教育政策实施的领域和方向。他们根据语言教育规划的六个议程方向,又提出语言教育政策的准入政策(access policy)、师资政策(personnel policy)、课程政策(curriculum policy)、教材教法政策(material & method policy)、资源配置政策(resource policy)、测试评价政策(evaluation policy)以及社区政策(community policy)等七个语言教育政策规划领域[1]。这七个领域同样适用于外语教育规划的政策实施领域。我们不难发现这七个政策领域中,前面六个分别对应于政策制定的六个目标方向,形成政策制定和实施对应关系。值得注意的是,两位学者提出的第七个领域,即"社区政策"对于外语教育政策实施环节意义重大。外语教育并不是在真空中进行,外语教育规划必须及时关注相关的社会环境,倾听社会不同群体的声音。近年来,有学者提出语言规划需要特别关注不同群体的能动作用(agency)及其对整体语言政策走向的影响力[2],教师、学生、家长、公众人物、领导人乃至社会舆论对外语教育的态度和意见在很大程度上会影响和制约外语教育规划的实施效果。从语言资源观角度看,不同群体对外语教育的价值认知不尽相同。当前在外语教育中,语言工具主义和新自由主义思想交织在一起,"大行其道",如何使外语教育实现多元资源价值取向,回归教育本原,是当前中国外语教育规划的重要任务之一。由此可见,面向社区

---

[1] Kaplan, R. & Baldauf, R. B. Jr. 2003. *Language and Language-in-education Planning in Pacific Basin* [M]. Berlin: Springer. pp. 217-220.

[2] Zhao, S. & Baldauf, R. B. 2012. Individual agency in language planning: Chinese script reform as a case study [J]. *Language Problems & Language Planning*, 36(1): 1-24.

政策的外语教育规划是政策实施过程中不容忽视的重要领域。

(六) 规划评估

外语教育规划议程的最后一个重要环节就是对整个外语教育规划的评估。但是需要指出的是,规划评估不仅仅包括对外语教育政策的实施效果评估,因为在政策制定和实施环节,外语教育规划的内容评估已经开展。这里所说的规划评估作用于整个规划过程之中,其中既包含在语言规划制定和实施环节的政策反馈(feedback)[①],也包括在预规划和语言调查等阶段的工作评估,以及语言规划最终目标和价值评估[②]。我国外语教育规划的评估主要局限在对具体外语教育政策实施效果的评价上,相关研究也主要以描述性为主,缺乏实证调查和研究,致使外语教育规划缺乏科学指导和反馈机制。在外语教育规划实践中较为普遍地存在重视建设、忽视评估的现象。随着国家"一带一路"倡议的提出,非通用语种外语人才规划问题被提上议事日程。近两年来,各地高校纷纷开设"一带一路"小语种专业,国内小语种专业和布点都出现"井喷"式增长的趋势,形成"摊大饼"的局面。由于缺乏整体的规划评估机制,不少高校没有开展充分的需求调查,就盲目设置小语种专业,更有某些省份的教育主管部门要求省内每所高校至少"认领"一个"一带一路"小语种专业建设任务,令人啼笑皆非。当前,小语种外语教育规划亟须结合国家战略和地方实际进行统筹规划,建立健全规划评价机制,实现语种均衡发展和规划,否则就会事倍功半。

当前,中国外语教育规划正面临着改革与发展的战略机遇期。

---

① Grin, F. 2003. *Language Policy Evaluation and the Europe Charter for Regional and Minority Languages*[M]. New York: Palgrave Macmillan.
② Kaplan, R. B. & Baldauf, R. B. Jr. 1997. *Language Planning: From Practice to Theory*[M]. Clevedon: Multilingual Matters LTD.

随着中国"一带一路"倡议日益深入人心,中国的"朋友圈"日益扩大并融入世界,这一国家战略转型对国家外语资源建设提出更高的要求。例如,随着中国积极参与并推动全球治理变革的战略不断深入,必然需要更多的国际公务员,履行大国国际责任和义务,在更为广阔的国际舞台上争夺中国话语权。再如,随着越来越多的中国企业"走出去",为维护和拓展中国海外利益,中国需要不同领域、不同类型的外语人才施展才华,大显身手。本节基于语言政策与规划理论,认为建构一个规划合理、定位科学的外语教育规划体系是中国外语教育规划的发展方向,结合中国外语教育规划现状,提出当前亟须加强的六个研究议程,希冀以此为推动我国外语教育规划研究的深入开展提供理论支撑,指导外语教育规划实践工作,全力推进中国外语教育的发展与繁荣。

第三节　中国外语教育规划的范式转换

新中国成立以来,中国外语教育与国家和社会发展同呼吸、共命运,与祖国同行,服务国家战略,取得了举世瞩目的成就。70多年来,中国外语教育不仅推动了新中国成立初期自力更生的本土化建设,也为改革开放以来的现代化建设发挥了重要作用。进入21世纪以来,随着综合国力提升,中国逐步从"本土型"国家向"国际型"国家转变,外语教育规划经历了范式变迁和战略转型,在全面对接国际化对外战略、积极参与全球治理格局的变革之中,维护与拓展新时期的国家利益。当前,中国处于构建人类命运共同体新的历史定位和重要战略机遇期的新时代,中国外语教育面临着更加艰巨的战略使命与时代重任。面向未来,中国外语教育应该如何进行战略规划,这是摆在每个外语教育工作者面前的重要现实问题。鉴往知来,回顾并总结新中国成立70多年来中国外语教育规划范式变迁与转型历程,对未来外语教育规划具有重要现实意义和参考价值。近年来,已有不少学者从国家战略高度对中国外语教育规划进行过初步探讨[①]。但上述研究多为经验层面的宏观思考,并没有从外语教育政策与规划层面进行深入探究,因此也无法完全揭示中国外语教育规划范式变迁与战略趋向。笔者以外语教育规划范式的两大进路作为理论框架,回顾和分析中国外语教育规划经历的两大范式变迁与三次战略转型历程,提出未来十年中国外语教育规划的战略构想,希冀以此推动中国外语教育规划研究的深入发展。

一、外语教育规划范式的两大进路

外语教育规划是一个国家为了应对国际交往与对外沟通,在语言规划和教育规划层面实施的重要人力资源规划。外语教育规划与宏观教育政策密切相关,其目标就在于提升国家和全民整体外语能力。正如语言规划的本质是一种社会规划、文化规划和政治规划一样,外语教育规划并不仅仅是外语教学和课程设置的问题,而是国家在外语教育层面实施具有明显政治和战略意图的语言规划行为。在《语言规划与社会变迁》一书中,美国语言学家罗伯特·库珀(Robert Cooper)提出应该从八个方面来分析语言规划的范式:谁是规划的制定者?针对什么行为?针对哪些人?要达到什么目的(或出于什么动机)?在什么条件下?用什么方式?

---

① 陈琳,2019,建国七十年与外语教育[N],世纪英语教育周刊,2019-03-05;李宇明,2010,中国外语规划的若干思考[J],外国语(1);李宇明,2018,语言在全球治理中的重要作用[J],外语界(5);王定华,2018,改革开放40年我国外语教育政策回眸[J],课程·教材·教法(12);姜锋,2018,我与中国改革开放后外语教育的40年不解之缘[J],外国语(6);沈骑,2017,全球化3.0时代中国外语教育政策的值困局与定位[J],当代外语研究(4);沈骑、鲍敏,2018,改革开放以来的中国外语教育规划[J],语言战略研究(5)。

通过什么决策过程？效果如何？① 在库珀提出的"八问方案"中，我们较易界定与语言规划直接关联的规划主体、对象、内容、方式和效果等技术化内容，但其中提到的目的或动机却是整个语言规划的核心和驱动要素。从国际关系角度看，现代意义上的外语教育规划是一个国家在特定历史条件下，面对国际政治、经济和社会发展局势，在对本国与世界关系进行深刻思考之后，推行实施的重要语言规划。从国际比较经验来看，外语教育规划是大国博弈的重要手段之一，具有明确的战略目标和价值定位②。由此可见，一般意义上外语教育层面的讨论无法把握和理解国家外语教育规划的动机与目标，更无法洞悉和发现外语教育规划的价值观。借助于语言规划范式理论，我们可以界定外语教育规划范式的两大进路。

（一）外语教育规划的工具范式

在语言规划中，语言工具性价值最为明显。自第二次世界大战后，世界新兴国家为了解决沟通与交际问题，在语言规划中都确立将语言作为工具的价值观，即将语言看成一种获取社会资源的工具，主要涉及语言的实际使用功能和定位，属于语言本体和语言地位的规划活动。正是依靠语言这一最基本的交际工具，不同语言因其交际作用大小的不同，就具有不同的价值。基于这一工具价值，"掌握何种语言也就与社会利益、经济利益产生联系，进而与社会阶层提升发生链接"③。在对外交往和沟通过程中，外语教育的有效性和实用性就首先体现为工具性价值取向。外语教育规划的工具范式一方面体现在其使用价值层面，如外语教育满足国家

---

① Cooper, R. 1989. *Language Planning and Social Change* [M]. Cambridge: CUP. pp.115-116.
② Ruiz, R. 1984. Orientations in language planning [J]. *NABE Journal*, 8(2): 15-34.
③ 李宇明、王春辉，2019，论语言的功能分类 [J]，当代语言学 (1)。

和社会对所需外语人才的需求,这里就涉及特定外语语种和外语人才规格的需要;个人通过学习某种语言,获取学习新技术和新知识的途径或机会。另一方面,工具范式还体现在其交换价值上,如个人通过"投资"外语学习,获取语言文化资本,从而为其带来利益和好处,如经济收入、求学、就业和职位晋升等外显性收益[①]。

(二)外语教育规划的文化范式

20世纪70—80年代以来,随着语言规划重心从语言本身的规划,逐步转向使用语言的人为主体之后,语言规划的主要任务演变为处理多元文化社会中的语言关系,在这个过程中,语言权利观与语言问题观交互融合,语言规划的文化价值取向日益凸显[②]。语言规划的文化价值取向并不体现在语言本身,而是语言所承载的文化和知识。语言不仅有自身的知识体系,而且不同的语言还有各自的文化价值负载,更体现出不同的思维方式,语言规划的社会文化功能日益受到关注。

在全球化和教育国际化趋势之下,外语教育规划的文化范式从本质上看是一种跨文化规划,实现外语教育这一重要的跨文化教育和国际理解教育形式,有助于提高公民的跨文化素养和全球胜任力。对于国家而言,外语教育规划可以促进跨文化沟通,实现不同文明交往的文明对话和互学互鉴,促进中外文化的"视域融合",增强中外人文交流,提高对世界不同区域国别的智识水平和认知能力,从而推动文明创新。

二、中国外语教育规划的范式变迁

新中国成立70多年来的中国外语教育规划经历了从工具范

---

① 沈骑,2017,中国外语教育规划:方向与议程[J],中国外语(5)。
② 李宇明,2014,语言的文化职能的规划[J],民族翻译(3)。

式到文化范式的嬗变与融合,回顾与梳理不同历史阶段中国外语教育规划的范式演进,可以从客观上认识这70多年我国外语教育规划的战略转型之路。

(一) 中国外语教育规划工具范式的演进

新中国成立70多年来,我国外语教育规划以工具价值取向为主,这不仅体现了语言的工具性,同时也符合我国现代化建设与对外开放整体格局的基本国情。但是,外语教育规划的工具范式在不同历史阶段也呈现出不同特征,具体而言,外语教育规划工具观的演变体现在以下三个方面:

1. 从"政治导向"到"经世致用"的演变

中国近代意义上的外语教育起始于清末洋务运动时期,当时"同文三馆"的设立是与晚清政府的"制御远夷"政策联系在一起的[①],具有明显的政治意义。随后,从京师大学堂的译学馆建立到辛亥革命后民国时期外语教育的普及化探索,外语教育规划受到历史与社会政治影响,一直未能步入正轨,每一次外语课程改革"要么取法日本,要么效法美国,始终没有根据本土的国情设计课程,没有形成自己的东西,致使改革翻来覆去,走了不少弯路"[②]。事实上,在新中国成立以前,中国共产党就非常重视外语教育。早在20世纪20年代就在当时的上海大学培养了大批对民族复兴与共产主义革命有贡献的外语干部[③]。在抗战时期和解放战争的革命形势下,中国共产党十分重视发展外语教育,先后创办了延安大学俄语系、延安外国语学校、华北联大外专和

[①] 粟高燕,2009,世界性与民族性的双重变奏——世界化视野中的近代中国基础外语教育研究[M],北京:光明日报出版社,第43—44页。

[②] 黄远振、陈维振,2010,中国外语教育:理解与对话——生态哲学视域[M],福州:福建教育出版社。

[③] 付克,1986,中国外语教育史[M],上海:上海外语教育出版社,第46页。

哈尔滨外国语专门学校等外语教育机构，为新中国外语教育事业的发展打下了坚实的基础。新中国成立以后，中国外语教育规划进入到一个自主发展的阶段，开创了"自力更生、白手起家"的新局面。

新中国成立之后，中国外语教育规划坚持以国家利益为先的价值观，将外语教育发展作为一项政治任务来完成。新中国成立初期，为了适应国家政治与经济建设的发展与需求，借助苏联建设经验，当时的外语教育规划采取了"突出俄语教学、淡化英语教学"的"一枝独秀"政策。在"一边倒"的政治导向下，外语教育在语种规划上，过度推广和发展俄语，英语和其他外语没有得到应有的重视和对待。应该说，我国在20世纪50年代大力发展俄语教学，完全是出于当时政治和经济建设方面的需要，培养了一大批精通俄语、学习与借鉴苏联科技文化的专业人才，这一工具性价值观符合当时的国家发展战略。但是，从国民教育的角度考虑，当时我国对于作为通用语的英语的重要性认识不够，致使本来具有相当规模的英语教育基础被严重削弱。换言之，当时的政治经济需要处于绝对支配的地位，在政治导向的工具价值观统领下，这一时期我国外语教育语种规划意识不强，语种建设明显不足。

进入20世纪60年代以来，外语教育规划的政治化倾向随着国际政治形势的变化也发生了转向。一方面，中苏关系恶化，俄语教学和人才培养遇冷，出现俄语人才供大于求的困境；另一方面，我国与很多西方国家和亚非拉国家陆续建立外交关系，需要大量外交与翻译人才。根据周恩来总理的建议，当时的中央书记处总书记邓小平指示，国务院外事办、高等教育部党组起草了《关于解决当前外语干部严重不足问题应急措施的报告》，提出由于国际形势发展很快，外语干部培养和生长，无论在数量、语种和质量方面，都同国际国内形势发展的需要距离很远,矛盾很大①。在这样的时代背景下,1964 年,中共中央和国务院发布《外语教育七年规划纲要》,提出要大力改变学习俄语和其他外语人数的比例,需要扩大外语教育的规模,提出大中小学外语教育"一条龙"的设想,力图把外语教育的发展纳入同国家长远发展需要相适应的轨道,由被动转为主动。尽管由于历史原因,这一规划纲要大部分措施和建议并没有付诸实施,但该纲要毕竟是新中国成立 15 年以来,我国除旧立新地建立外语教育体系和外语教育政策发展过程中一次重要经验总结和探索,也是我国第一次审时度势、冷静思考,从国家发展战略的高度对外语教育中长期发展进行的部署和探索,开拓了外语教育的新局面,在我国外语教育规划历史上具有重要的意义。

1978 年 5 月,邓小平同志亲自指示要加强外语教学。同年 9 月,在党和国家领导人的直接关怀下,全国外语教育座谈会正式召开。这是新中国成立以来第一次由教育部组织召开的专题研究外语教育规划的会议,具有历史性转折意义。会后下发的文件《加强外语教育的几点意见》进一步明确外语教育的重要性,特别强调高水平的外语教育不仅是实现四个现代化,加强与世界各国人民友好往来的需要,同时也是提高整个中华民族科学文化水平的重要组成部分,是一个先进国家、先进民族所必须具备的条件之一②。我国著名的外语教育专家许国璋先生在《外语教学与研究》上发表了题为《论外语教学的方针和任务》的长文,首次阐述了新形势下外语教育规划的方向和任务,提出外语教育的任务是:以外

---

① 李传松、许宝发,2006,中国近现代外语教育史[M],上海:上海外语教育出版社,第 228 页。
② 群懿,1993,中国外语教育要事录[M],北京:外语教学与研究出版社,第 148—149 页。

语为工具,学习世界上的科学文化知识,为我所用①。

改革开放以来,我国的外语教育规划逐步从政治主导转向服务于社会经济发展大局,"经世致用"成为新的规划范式,在这一范式下,中国开始全面普及外语教育并逐步提高国民外语水平,外语人才培养的规模与质量不断提高,我国迅速发展成为一个外语教育大国,外语教育规划有力推动着国家开放、社会进步和教育改革不断前行。中国外语教育规划在经历了近三十年政治导向之后,进行了第一次战略转型,开启了全面服务国家经济建设和社会发展的新型规划模式,逐步开创与经济社会发展良性互动的新局面。

2. 从"向己型"到"向他型"的转变

经过40多年的改革开放,中国逐步从"本土型"国家转变为"国际型"国家,中国人民的外语生活面貌逐步发生变化,外语教育规划的任务也随之发生变化,面临着第二次战略转型的任务,即从"向己型"转向"向他型"规划范式的转变。

按照李宇明先生的观点,所谓"向己型"的规划范式,是指在有限外语生活背景下,学习外语的目的是以语言为工具,藉以学习外国先进的科技文化与管理经验,学习的语种也主要是以英语为主的世界通用语种;而"向他型"的规划范式则是面向全世界,致力于国际化的各类外语服务需求,涉及不同领域与各行各业的从业人员,在这样的背景下,对外语语种的需求则更为广泛,周边国家的语言地位会逐渐重要起来,不再局限于通用语种②。

自20世纪80年代以来,外语教育规划的重点落在"向己型"范式上。一个显著的特征就是中小学外语教育和大学外语教育都以英语为主,兼顾通用语种。首先,1986年10月,全国中学外语教育座谈会召开,提出了《关于改革和加强中学外语教学的几点意

---

① 许国璋,1978,论外语教学的方针与任务[J],外语教学与研究(2)。
② 李宇明,2010,中国外语规划的若干思考[J],外国语(1)。

见》，推动了中学外语的发展进程①，中学外语教育逐步形成以英语为主的发展格局。其次，自《中华人民共和国义务教育法》颁布后，中小学基础外语教育阶段的英语教材、教学大纲和教学法建设全面启动。截至1998年，全国除了青海与宁夏之外，其他所有省市都已开设小学英语课程，学生人数突破500万②，小学开设英语课的发展趋势势不可挡。第三，自1984年以来，大学英语教学受到重视，一是大学英语教学大纲得以完善，二是自1987年始，全国大学英语四、六级考试逐步建立，公共英语教学在高校全面开展，日语、俄语、德语和法语公共教学也得到相应的发展。可以说，改革开放以来我国"向己型"的规划范式，通过推进以英语为主的通用语种外语教育规划模式，对我国学习与借鉴西方国家先进科技与文化知识，培养各行各业人才，发挥了重要作用。

进入21世纪后，随着中国大国崛起和国际化的转型，"向他型"规划范式渐受关注。一个典型的例子就是一度遭遇冷落的"小语种"专业建设受到追捧，非通用语种外语教育规划正式启动。2001年，国家教育部设立"非通用语种本科人才培养基地"，开始小语种人才培养布局工作；2007年教育部设立"特色专业建设点"等扶持计划，推动非通用语种学科发展③。随着国家"一带一路"倡议的提出，自2015年起，全国外语院校和综合性大学纷纷开设"一带一路"沿线国家语种专业或课程，掀起了一股"小语种热"。自2014年以来，各省市不少地方高校也相继加入小语种专业建设，国内小语种专业和布局都出现"井喷"式增长的趋势。截至2016年，全国高校仅欧洲非通用语种，就有24个本科教学点在教

---

①② 刘道义，2008，基础外语教育发展报告(1978—2008)[M]，上海：上海外语教育出版社。
③ 丁超，2016，中国非通用语教育的前世今生[J]，神州学人(1)。

育部备案,欧洲非通用语种专业总数达到114个①。从2019年新增专业情况看,全国小语种专业迅速增加了47个专业教学点。应该说,"一带一路"沿线国家语种专业的设置,正是体现了国家外语教育规划从"向己型"到"向他型"范式的转变。

3. 从技能型到专业型的超越

随着全球化日益推进,以单一的语言技能为主的中国外语教育规划技能型范式面临着向专业型范式转型的挑战,中国外语教育规划的第三次战略转型迫在眉睫。新中国成立以来,我国外语人才规划强调的是语言知识与技能的培养,这种工具范式的优势在于可在较短时间内,培养具有一般通用型语言沟通与交流能力的人才,但是随着国家对外语能力需求的不断增长,这种技能型范式在有效性和实用性方面的弊端日益显现②。20世纪90年代末,外语教育"费时低效"问题就引起了全社会的关注。事实上,公开提出我国外语教育"费时低效"的是时任国务院副总理李岚清同志。1996年6月,在中南海召开的外语教育座谈会上,李岚清同志就我国外语教育和外语改革发表了重要讲话。他一针见血地指出:"我国知识分子的总体外语水平不但不如发达国家,如德国,也不如许多发展中国家,如印度、巴基斯坦、孟加拉、印尼、泰国、新加坡、马来西亚、菲律宾,等等。我国目前外语教学水平、教学方法普遍存在费时较多、收效较低的问题。很多学生经过8年或10年的外语学习,却不能较熟练地阅读外文原版书籍,尤其是听不懂、讲不出,难以与外国人直接交流。这说明我国的外语教学效果不够理想,还不能适应国家经济和社会发展,特别是改革开放和扩大对

---

① 王文斌、徐浩,2017,2016中国外语教育年度报告[M],北京:外语教学与研究出版社。
② 沈骑,2015,"一带一路"倡议下国家外语能力建设的战略转型[J],云南师范大学学报(哲学社会科学版)(9)。

外交往的需要。"①李岚清同志所说的知识分子外语水平问题,正说明国家在对外交往与国际化背景下,亟须大批专业型外语人才。一方面,技能型人才缺乏人文知识积淀和专业知识培养,无法胜任国家对于高层次外语人才的需求;另一方面,技能型人才缺乏不同类型的专业基础,无法胜任不同专业领域和行业的工作岗位,更无法满足日益国际化的众多领域与行业专才的迫切需求。因此,21世纪中国外语教育规划的艰巨任务就是:无论是外语专业人才规划还是专业人才的外语规划,都面临着如何适应从技能型范式向专业型范式超越的挑战。

早在改革开放初期,为了顺应经济社会发展的需要,一些外语类院校就对外语人才培养提出"复合型"的改革口号,希望走出单纯的语言技能培养模式,开始探索外语人才多元发展的道路。自20世纪90年代至今,"复合型"专业的外语人才在市场经济发展的大潮中备受青睐,成为就业市场的"香饽饽",这也成为当时外语教育规划的一个亮点,"语言+专业"的复合型人才培养模式成为外语专业人才规划范式的一大特色。但是,由于学科受限,目前的复合型外语人才专业还主要以人文和社科专业为主,无法向理工医农等专业领域深入与推进,因此,"专业+语言"的新型复合型人才培养模式呼之欲出。

当前,在"一带一路"建设与全球治理新格局之下,专业型规划范式亟须在"一专多能"(外语能力)和"一精多会"(外语)两个方面发挥作用。2018年9月,教育部高等教育司召开加强公共外语教学改革工作会议,正式提出要从国家战略高度规划公共外语教学,为主动服务"一带一路"建设,加强国际组织人才培养工作,启动面向非外语专业学生的公共外语教学改革试点工作,在国家政策层

---

① 李岚清,1996,关于外语教学改革的讲话[N],文汇报,1996-09-03。

面对大学外语教学作了重要导向,对教学实践将会产生深远影响①。培养"懂专业,精外语"的国际化高层次外语人才将是今后外语教育规划的重要任务。

(二) 中国外语教育规划文化范式的变迁

外语教育规划的文化范式是对工具范式的一种补充,也是对语言工具观的融合与超越。诚然,外语是国际沟通的"工具",但外语教育却不仅仅是将语言作为知识或是"实体"的教授,它同样具备跨文化教育、素质教育和人文主义教育的价值。新中国成立70年来,我国外语教育规划的文化范式经过了文化传输、文明对话和文化创生三个阶段,全面对接国家文化战略发展的需求。

1. 文化传输:从单向道到双行线的互动

外语学习从本质上看,就是一个跨文化学习与体验的过程,语言与文化密不可分。在改革开放初期,外语教育规划的文化范式是以文化单向输入为主。正如 20 世纪 80 年代中国原版引进的英国电视英语教材《跟我学》(*Follow Me*)一样,国门打开初期,在中国向西方学习并借鉴先进科技和文化思想的过程中,在很大程度上,中国外语教育起到了重要的文化中介的作用。在文化导向上,外语教育作为重要渠道,大量输入了欧美文化和思想,在当时的出国潮助推之下,外语学习一度在"时尚"的西方文化"单行道"中备受青睐。

尽管在 20 世纪 80 年代的中学外语课程大纲中明确要求开展跨文化教育,但是在实际操作中,跨文化外语教学变成了在外语课堂介绍西方国家的风土人情和异域文化。这种将语言与文化割裂开来的碎片化做法并没有系统的体系和明确的方法,也没有考虑到学生对西方文化的理解和接受能力。这样的"拿来主义"带来的

---

① 沈骑,2018,语言规划视域下的大学外语教学改革[J],外语教学(6)。

往往是"欧风美雨"或是"外国的月亮"。更为严重的是,这种文化范式是单向导入,没有充分考虑到外语教育中跨文化的交互和理解的需求。在全球化的大潮中,西方文化借助各种强势媒体大举入侵,它们往往打着"跨文化"的幌子,在外语教育场域中肆无忌惮地进行着"文化灌输",在学生们领略"欧风美雨"的西方文化的同时,中国本土文化却在他们接受的外语教育中严重"失语"①。在文化交流的过程中,如果我们什么都轻而易举地"拿来"而不注重本土文化"输出",那么,东西方文化就会出现文化生态失衡问题。本土文化的缺失会导致外语教育失去多元文化知识和本土知识的传播,从而必然导致国际交流的失败。

本土文化在外语教育中的缺失引起了广泛的关注。外语教育的跨文化素养成为外语教育规划的重要使命,文化范式正在经历着从"单行道"向"双通道"互动转变。"双通道"文化范式不仅是提高学生跨文化能力与国际素养的途径,也是实现中华文化输出的重要渠道。曾任教育部国际司司长的岑建君认为,外语教育不仅要把精力放在吸收、引进国外的文化,还要注意发挥外语具有的对外宣传的价值作用。他指出,受西方国家的舆论误导,加上我们宣传工作没跟上,西方人还十分缺乏对我国的了解,仍把中国视为"贫穷""落后""愚昧"的代名词。英美政府大肆制造"中国贫穷论"或是"中国威胁论",时而把中国说成是世界上最贫穷的国家,时而又将中国描写成最富有的强国之一,挑拨邻国与我国的关系。部分外国人对我国仍持有偏见,这种异常现象不利于我国对外开展经贸、文化、教育交流,也不利于我国改革开放质量提高。"倘如哪一天外国人都像国人了解英美文化一样而懂得中华文化,尤其了解我国经济发展现状,那么中国人将会以更加崭新的面貌展现在

---

① 从丛,2000,"中国文化失语":我国英语教学的缺陷[N],光明日报,2000-10-19。

世人眼前"①。

在全球化语境下,文化的交流与输送本应是双向的。外语教育并非只是外国文化的单向"传声筒",而应当鼓励文化互通与互鉴。进入21世纪以来,一大批新课程,如《中国概况》《世界中国》《经典中的中国》和《中西文化话语比较》等跨文化教育课程在高校受到广大学生的追捧。当前,如何利用外语教学传播中华文化,加强高校外语课程思政教育,是外语教育改革亟须思考的重要问题。值得注意的是,随着中国经济快速发展,国际化程度越来越高,"文化输出"方面的需求会越来越大,向世界展示一个真实的中国,向世界说明中国的文明和进步,也需要优秀的外语水平作保证。因此,外语教育规划的文化范式必须服务于国家发展,构建提升中国"软实力"的文化战略。

2. 文明对话:从引进来到走出去的转向

新中国成立70多年来,中国外语教育规划经历了从引进来到走出去的文化范式转向。我国外语教育规划从教学理论到实践层面的外语教学法,从课程设置到教材编写,采用的是引进来模式。首先,在新中国成立初期,外语教育规划理念主要是借鉴苏联的语言文字学范式以及教学理论指导,外语教育强调单一语言技能的强化训练,注重语言训练的高强度、高难度和重复性,这种苏联式的教学法和课程设置方式对我国外语教育的影响持续至今。其次,改革开放初期,受到西方语言结构主义理念影响,以语法结构为主的语言技能教学模式将语言与文化严重割裂,取而代之的是听说读写等各类技能型课程。再次,进入20世纪80年代后,受到欧美教学法的影响,我国外语教育开始强调以听说为主的交际教学法和任务型教学法,西方外语教材与外语教学理论"源源不断""原汁原味"地引进中国。在引进来范式之下,中国外语教育从语

---

① 岑建君,1998,大学英语教学改革应着眼于未来[J],外语界(4)。

种布局到教材规划,从教师发展到测试评价,都是以英美国家"马首是瞻"。应该说,这种引进来的文化范式,在改革开放初期,中国逐步走向世界、对接国际标准过程中的确发挥了重要作用。但不可否认的是,近年来,越来越多的外语教育实证研究表明,这些国外的外语教育理念与范式都不同程度地陷入"水土不服"的窘境,引进来范式并没有充分考虑到中国本土语境和中国学生的学习文化、学习风格和学习策略的适应性问题。在引进来的同时,我们忽视了本土外语教育的传统与优势。更为严重的是,由于忽视本土文化的适应性问题,外语教育在实践中往往会出现在不同国家外语教育模式中左右摇摆的"钟摆现象",令人无所适从。张绍杰就在其专著中对这种"舶来品"做法提出了质疑和批评①。

近年来,随着中国经济和社会发展,在中国教育国际化和教育走出去的背景下,中国外语教育规划范式逐步为世界所关注。2010 年以来,以李宇明先生为代表的语言学家已经在国际范围内树立起了中国语言规划范式,为全球语言生活治理提出了"中国方案",其提出的"语言竞争""语言生活"和"语言文化规划"等规划思想进入国际学术界,备受瞩目。此外,一些具有中国特色的外语教育规划理念,如文秋芳教授提出的"产出导向法"教学思想和"国家外语能力"理论体系也开始走出国门,走向世界,备受国际学界的关注。一系列中国外语教育规划经验与做法,特别是多语和谐发展的文化规划范式,已经在国际上崭露头角②,这体现出中国外语教育规划文化范式已经从规划理念和意识上开始转型,从过去一味盲目地"引进来",开始从理论上思考"走出去"的战略大计,注重通过外语教育规划,创立文明对话的新模式。

---

① 张绍杰,2015,中国外语教育传统历时调查研究[M],北京:高等教育出版社。
② Shen, Q. & Gao, X. S. 2019. Multilingualism and policy making in Greater China: Ideological and implementational spaces[J]. *Language Policy*, 18(2): 1-16.

3. 文化创生：从跨文化到超文化的推进

进入21世纪以来，中国外语教育规划开始重视跨文化素养能力的培养，在文化规划层面，跨文化范式从原来的碎片化的描述和介绍，开始进入到外语课程大纲或是教学标准之中，跨文化外语课程与教材建设加速，这标志着文化范式正从语言工具型向跨文化价值范式过渡，从单向灌输向双向比较转型。但是，正如众所周知的文化"冰山理论"一样，现有跨文化规划仅涉及最为显而易见的冰山一角，对于文化"冰河"的积雪层(政治、法律、科技等)、冰冻层(教育制度、社会组织和价值观)和河水层(语言、思想等)都无法系统触及①。因此，新时代外语教育规划的文化范式面临着创新的任务，即从偏重静态的、表面的和物质层面的跨文化范式向以文化创生为旨归的，动态的、系统性的和深层次性的超文化(transculturality)范式推进②。超文化规划范式是外语教育通过厚植区域国别研究，从全球化高度，在整体意义上融合中外文化系统，从语言出发，通过比较和借鉴世界不同文明与文化多样性，创新文化站位，形成基于对本土文化热爱和对象国文化欣赏相融通的新的文化位置，实现文化创生。

当今世界的全球化正处在新旧交替，世界范围的人际沟通与国际交往以流动性和多样化为主要特征。国人逐渐认识到，一旦走出国门，仅仅依靠个人语言基本功早已不能满足深入交往之需求。但凡有过海外生活经历的人，都会感受到国外环境的复杂。在中国推进和参与全球治理以及"一带一路"倡议这一全方位的对外开放进程，各行各业面临的全球竞争日益激烈，中国需要学会同

---

① 范徵等,2018,中国企业走出去跨文化环境因素探究[J],管理世界(7)。
② Shen, Q. 2015. From Cross Culture, Interculture to Transculture: Reading "Universal Dream, National Dreams and Symbiotic Dream: Reflections on Transcultural Generativity in China-europe Encounters"[J]. JCCP, 2(1): 123-128.

众多的国家进行交往,仅靠单一的语言技能教学无法满足新时期全球化对外语教育提出的全方位要求,了解和熟悉对象国的社会、历史、文化等知识,提升跨文化交际和适应能力显得尤为重要。当前,我国比任何时候都需要拥有更多精通"一带一路"沿线国家语言文化的高层次外语人才,需要更多熟悉"一带一路"的国别乃至区域外语研究人才,需要更多语言能力过硬、具有国际视野、能进行有效的跨文化沟通的领域和行业专才。

在此战略背景下,中国外语教育规划文化范式的一个新趋势就是,在传统的语言和文学之外,外语学科高度重视跨文化与比较文化研究,以及区域国别研究这两个新的学科发展规划方向,彰显出超文化规划范式的新格局和新视野。根据教育部的部署,2019年,部分高校开始试点在大学外语教学改革中充分考虑外语语种和文化多样性问题,特别是在推进"一带一路"倡议过程中,大学外语教学在坚持英语教学为主的前提下,开始适当增设多语种语言文化课程,特别是"一带一路"沿线和周边国家的语言文化国情课程,主动融入区域国别知识,向学生充分展示世界不同民族的文化思想、价值观与风俗习惯,拓宽学生的国际视野。

三、新时代中国外语教育规划的战略构想

回顾与分析新中国成立70多年来中国外语教育规划历程,从工具与文化两大范式变迁和三次战略转型可以发现,外语教育规划必须以维护与拓展国家利益为基本原则,服务于国家战略定位与社会经济发展大局,发挥外语教育实用工具价值,融合人文价值。根据习近平总书记在2018年9月全国教育大会上的讲话精神,新时代中国外语教育规划必须切实解决并回答"培养什么样的人才""如何培养人才"和"为谁培养人才"这三个根本问题。

（一）培养什么样的外语人才

展望未来，在构建人类命运共同体和推进全球治理的进程中，中华民族伟大复兴重任在肩，中国将继续扩大开放，以海纳百川之心态融入世界，引导世界变革。未来十年，在中国引领的新型全球化时代，中国外语教育规划的首要目标就是在这一重要的战略发展机遇和时代挑战面前，规划培养各类外语人才问题。当前国家对外话语体系建设、各类国际化全球治理人才的培养、中国文化"走出去"、中国教育国际化战略，以及高校"双一流"建设都对外语教育规划的战略发展寄予厚望。因此，未来十年的中国需要培养更多多元化、高质量和复合型的外语专业人才与专业外语人才。一是多元化的外语人才。中国外语教育规划将在外语人才的种类与语种方面实现多元化发展战略，切实注重国家外语人才的种类与外语语种布局问题，这既要考虑到国际通用语和区域通用语建设问题，也要关注与国家利益相关的非通用语种甚至是非官方的关键战略语种的布局。二是高质量的外语人才。中国外语教育规划将全面提高外语教育的质量与标准建设，国家将针对各类外语人才的培养规格，确定和建设不同语种和专业标准与评价体系，使之成为培养和选拔国家战略需要的外语人才质量评价体系。三是复合型的外语人才。在全球化时代，外语教育规划需要综合考虑到不同专业、领域和行业对于应用型和复合型外语人才的战略需求，还要充分考虑到国家公共外语教育对于专业人才外语能力的培养体系建设，全力支持国家走出去和外向型发展战略。

（二）如何培养外语人才

新中国成立 70 多年来的外语教育规划实践，为今后外语人才培养提供了宝贵经验，但同时也暴露出不少人才培养的棘手问题。首当其冲的问题就是中国外语教育规划缺乏统一领导部门和机构,缺乏战略规划。当前,我国外语教育规划主要停留在外语教育各学段的课程、专业或是学科层面,迄今为止还没有系统全面的外语教育的战略规划来统筹和指导中国外语教育发展,在高校体系中,还没有一个外语教育规划专业指导委员会来统筹各类外语教育。在整个教育系统中,周恩来总理在20世纪60年代就提出的大中小学外语教育"一条龙"问题也始终没有得到解决。因此,建立一个专司外语教育规划的部门或机构,已成当务之急,事关外语人才培养大局。此外,以人工智能为代表的高科技产业革命大潮,将在未来给外语人才培养带来前所未有的挑战。一方面,如何实现人工智能时代外语教育的适应性与创新性问题,已经引起很多专家和学者的关注;另一方面,人工智能时代的外语人才培养规格、类型乃至专业与学科发展都需要提前布局和规划。展望未来,中国外语教育规划的人才定位将会日益走向多元,人才培养体系将日趋成熟,外语人才规划也将走向科学化、系统化和制度化。

(三)为谁培养外语人才

外语教育规划范式的核心就是外语人才培养的价值取向,经过70多年的教育实践,外语教育规划的工具范式演变和文化范式变迁,两者互为补充,趋向融合。外语教育规划价值取向从新中国成立初期的政治导向到改革开放初期的社会导向,再到商品经济时代的市场导向。在新时代,中国外语教育规划更需要明确以国家利益为根本导向,树立外语人才培养的国家意识,实现从知识取向到价值取向的转变[①]。近年来,外语教育规划以国家外语能力建设为抓手,从根本上区分了国家外语能力、公民外语能力与全民外语能力之间的内在区别,明确了外语教育规划的战略任务应该

---

① 杨枫,2019,高等外语教育的国家意识、跨学科精神及应用理念[J],当代外语研究(2)。

是国家外语能力。我们认为新中国成立70多年来的中国外语教育的主要成就,就是成功地把中国建设成为一个外语教育大国,通过自力更生、自主建设的外语教育体系,支撑了世界上最大的外语教育事业。当前,中国仅英语学习者人数就将近4亿,中国公民的外语水平有了明显提升。特别是改革开放40多年来,中国外语教育推动了国家对外开放与经济社会发展,培养了一支懂外语、通专业的专业科技队伍,构筑了一个参与并逐步主导国际竞争的人才高地。新时代,中国外语教育规划的主要目标将是把国家建设成一个外语教育强国,全面提升国家外语能力,以国家意识推动外语教育改革。当前,外语复合型人才培养、高端外语人才培养和中国国际话语权等问题,都是外语教育规划亟待破解的新问题。这些问题对于当前致力于全球治理的中国来说,都是极为重要的战略性问题,中国外语教育规划必须正视国家战略转型的时代重任,加强外语教育战略规划研究,推动国家外语能力建设,培养各类践行国家意志的外语人才。

德国政治家威廉·冯·洪堡特(Wilhelm von Humboldt)曾经说过,"掌握了一门外语,就是获得了一种观察世界的新的途径,通过语言认识世界,通过比较各种语言来比较人们对世界的不同认识。"[①]在你中有我、我中有你的全球化时代,人们需要最大限度地学习和借鉴不同国家语言资源去认识和建构世界,描述与转述世界,同样也需要语言来适应与建构世界。新中国成立70多年来中国外语教育规划的实践表明,外语教育对于国家建设、社会进步和经济发展有重要推动作用。展望未来,在构建人类命运共同体理念指引下,中国外语教育规划将从全球治理的新高度,谋求新的发展,全面服务国家战略。

---

① 姚小平,1995,洪堡特——人文研究和语言研究[M].北京:外语教学与研究出版社.

第二章 外语教育规划的国际镜鉴

第一节 世界主要国家外语教育规划研究

一、世界主要国家外语教育发展现状

(一) 外语教育政策扶持

一是外语教育政策与规划由联邦/联盟政体下中央政府与地方政府合力制定。例如,美国各州和地方政府在教育体系中发挥重要作用,共同承担了绝大部分教育经费方面的支出。美国教育部主要以项目的形式支持各州与地方政府的外语教育发展。加拿大联邦不设教育部,各省拥有教育立法权和管理权,可以根据省情确定各自的教育战略和目标,监管教育质量,审批教育机构。省际之间的教育交流与合作由各省教育部长组成的教育部长理事会(CMEC)协调。二是多语教育规划得到重视。一些国家(地区)如加拿大、日本、韩国、中亚等受到语言资源观影响,日益重视多语教育,并实施多语和多元文化教育政策。例如,日本在中学外语教育中,开设了近 20 种外语供学生学习;韩国通过一系列法令条文,把英语、汉语、德语、法语、俄语、日语、西班牙语这七大外语之外的 53 种语言规定为"特殊外语",要求学生到高中毕业时,需要具备能够至少使用两种外语进行沟通的能力。中亚除土库曼斯坦外的各国政府均提出多语教育战略。这些都充分说明各国将语言视为一种重要的"资源"。三是通过立法和计划资助对外语教育进行规

划。《国防教育法》《国家安全教育法》，外语援助计划（Foreign Language Assistance Program，SEAs）、Title VI（国内）和富布赖特-海斯（海外）赠款和奖学金计划等对于美国外语教育的发展起到了重要的推动作用。

(二) 外语教育师资建设

在师资建设上，各国普遍注重加强教师培训，促进教师角色转型。例如，日本实施教师脱产进修、海外研修制度，其文部省要求外语类及师范类的研究生院为外语教师的进修创造各类条件；欧盟的外语师资主要在大学或非大学教育机构的文学、教育学、语言学或外语系接受培训，其小学阶段的外语教师职业资格包括三种：通科教师、半专业教师和专科教师。俄罗斯则对高校师范类外语专业从招生规模、学习期限、学习内容、教学过程和毕业生素质水平等方面严格把关，既关注毕业生的课堂教学技能、教学方法和技术的运用、专业知识的掌握，也注重培养其公民责任感和其他个人素质。

(三) 外语教育课程体系

一方面，随着学生年级的增长和学段的升高，外语课程的教学内容逐渐丰富深化，教学课时逐渐增加。以中亚地区为例，哈萨克斯坦从幼儿园中班开始，每天有3课时用来学习哈语、俄语和外语课，从小学一年级开始学习英语，从大学一年级起，第二语言课程不得少于20%，大学三年级起，英语教授的基础课程和专业课程不得少于30%。吉尔吉斯斯坦在幼儿园阶段，主要针对体育、绘画、音乐及日常实践课程开展多语（吉语、俄语、母语、外语）教学；小学阶段，从音乐、美术、体育、劳动教育和国情课中选择1到5个科目，以目标语言为教学语言开展教学；在初中和高中，根据学校目标选择具体课程，以目标语言为教学语言开展教学，同时保留初中之前在双语基础上进行教学的课程。另一方面,注重通过课程改革推动外语教育课程体系建设。例如,阿根廷政府于1999年在首都布宜诺斯艾利斯提出了"学校双语计划",之后又将其更名为"学校多语计划"。该计划在布宜诺斯艾利斯的26所学校实施,开设密集课程,每个学校可以教授两种外语(法语、英语、意大利语和葡萄牙语)。在这些学校,所有学科全部用西班牙语和学校所选择的语言进行授课。学生毕业后获得高中文凭以获得相应语种国家的认可。

(四)科技革命对外语教育的影响

一是依托国家战略政策,深化外语教育改革。法国依托"数字化校园"计划,由国家教育部牵头建立国家级数字平台,其中的国家远程教育中心(CNED)[1]提供各阶段以学科为单位的在线教育资源,至少已经涵盖了包括英语、德语和汉语等九种法国基础教育中的现代外语学科资源。二是借助项目研发技术,推动外语教育发展。澳大利亚政府自2014年以来为"早期语言学习"项目[2]投资2750万澳元,该项目为幼教机构开发早期语言学习课程[3],幼儿学习者可通过下载相关应用,以游戏的方式学习包括中文在内的13种外语,为以后的语言学习打下基础,这推动了学前教育到小学教育外语学习的过渡衔接。三是生产多种技术产品,提升外语教育质量。东盟成员国的一些语言学习企业,如印度尼西亚的Zenius、新加坡的Vivaling、泰国的Opendurian等,都以线上平台或移动应用/客户端为依托,提供付费的语言课程或培训内容。非洲地区的Obami、Eneza Education等相继推出在线学习社区、虚拟家教等。四是应对新冠疫情冲击,改变外语教育模式。疫情期

---

[1] 参见 http://www.cned.fr。
[2] 参见 https://www.dese.gov.au/early-learning-languages-australia。
[3] 参见 https://www.ella.edu.au/。

间,东盟各国均采用了以线上平台或电视广播等为主的教育技术形式开展教育。西班牙各大高校在本校的虚拟校园里创建网上教学平台,确保学生和老师同时在线,进行音视频交流。

二、世界主要国家外语教育规划的优势分析

(一) 外语教育政策扶持

一是部分国家初步实现了基于非传统安全观的外语教育语言规划。美国通过制定《国防教育法》、"国家安全语言倡议"等法律倡议,以及实施"语言旗舰项目"等国家级语言教育项目,确立与自身国家安全密切相关的"关键语言",对公民要学习的外语种类、达到的外语水平等内容进行统一规划。二是形成区域通用的语言能力评估参考框架。这方面最具代表性的当属欧盟的《欧洲语言共同参考框架》,该框架为欧盟各国提供了一个共同的外语教育模板,是欧洲教学与评估的共同参考基础,方便其成员国设计外语能力评估体系量表。三是形成中央与地方政府间合作型的文化教育联邦制模式。虽然德国的公共教育经费大部分来自各联邦州,但联邦层面也会为教育政策和项目的实施提供相应的资金,依托联邦州文化教育部长联席会议和联邦教育与研究部在联邦层面协调政策实施,尽力缩小各州外语教学差距。四是来自多渠道的教育资源支持。作为超国家组织,欧盟的外语教育资金既来自欧盟层面机构及其成员国,也有一部分来自欧盟的国际企业在推广欧盟语言多样化的过程中的所得的资金。

(二) 外语教育师资建设

一是具有较为完善的教师质量保障体系。美国通过教师教育认证委员会(NCATE)、州际新教师评价与支持联合体(IN-TASC)和全美专业教学标准委员会(NBPTS)三个组织机构形成

了针对外语教师在职前、入职和在职阶段的质量保障体系，为外语教师的发展提供了相应的参照标准。二是切实保障教师在外语教育中的权利。美国等发达国家注重听取外语教师的意见，在外语教育政策制定过程中，给予其一定的参与权、表达权和监督权，发挥其能动性。大多数中学教育和高等教育阶段的外语教师都可以获得政府提供的职业培训，助力其专业发展。三是外语教育师资来源多样、稳定。一些发达国家如英国、韩国、日本等的外语教师既有经过教育部门严格筛选和考核的正式教师，也会赋予学校一定的自主权聘请一部分外籍教师和合同制教师作为补充。前者具有公务员身份，发展前景和待遇都较好，比较稳定；后者则相对灵活，有利于学校开设相应外语课程。

（三）外语教育课程体系

一是教学大纲系统科学，外语教育统一规范。日本、美国、加拿大、爱尔兰、法国特别注重外语教学大纲、课程体系的制定，定期对教学大纲和课程体系进行修订，并注重听取家长、教师和专家等各界人士的意见，接受其监督，过程较为科学，遵循了课程体系制定的规律，为外语教育质量提供了有力保障。例如，日本大约每隔10年进行一次"学习指导要领"的修订，使外语教学与时代结合，符合新时代日本对于人才的需求变化。加拿大阿尔伯塔省和安大略省，从提出修订课程体系到开始实施新的课程体系一般需要3年左右的时间，经过层层审查才可以完成。二是课程设计由注重听说读写单一技能的培养逐渐转变为关注学生全面发展。以日本为例，日本通过2009年的"学习指导要领"对外语课程设置进行了改革，注重培养学生的综合外语能力，而非某一单项技能。就英语来说，日本高中的英语课程体系改革后，一些针对单一技能的课程如阅读（reading）、写作（writing）被删减，更加注重通过各种交际活动综合培养学生整体技能的平衡发展。

(四) 科技革命对外语教育的影响

一是国外起步早,经验丰富。美国和英国在这方面走在了世界的前列。1910年的一部教学电影揭开了美国K-12阶段远程教育的序幕。美国麻省理工学院从60年代中期开始就以幼儿园儿童为实验对象,进行LOGO语言的教学实验。英国的在线教育始于20世纪90年代[1],其外语教育服务供应商和在线外语教育产品开发者种类繁多,开发人员数量多、结构合理,能够提供面向不同消费群体的在线学习产品。二是运行机制健全,促进资源共享。法国由国民教育部集中规划牵头,其他政府部门、各地方教育行政部门、高等教育机构、科研机构、图书馆、博物馆等多方积极参与推动数字教育资源库建设,并通过官方层面的多渠道教学资源互通和充分发掘大数据和云计算功能,将需求相似的用户连接起来,建立网络学习共同体,实现资源共享。三是外语教育具有个性化、交互性、可访问性、便利灵活性的特点。韩国B-MOOC可以提供多种外语教育课程在内的各类课程,有90余种;外语教学课程覆盖了小学、初中和高中,可供不同学段、不同水平的学生进行学习,帮助学生运用AI技术提升听、说、读、写语言技能。欧盟则为语言学习者提供了多个免费的语言资源平台,促进学习者在语言学习中培养媒体技能。

三、世界主要国家外语教育规划的不足及其对策

(一) 外语教育政策扶持

一是语种分布不均,呈现为"英语(+区域通用语)+"的格局。

---

[1] Review of the online learning and artificial intelligence education market: A report for the Department of Education, p.8.

整体而言，英语的强势地位使得其他外语的发展没有得到充分的重视，英语依然是外语教育中的重点。以日本为例，日本中学阶段开设的外语语种虽然达到 20 个左右，但英语仍占据绝对的主导地位，是日本中学阶段的第一外语，教学时数多，而其他外语主要是作为第二外语，这导致英语在升学考试尤其是高考中更占优势，使得多数学生更愿意把时间投入英语而不是其他外语的学习之中。二是跨层级的政策规划在实施中可能会出现主体混乱、衔接不畅的局面。例如，法国教育部提倡多语种外语教育，并提供各种政策支持，但开设哪些外语课程却是由学校自行规划，这在一定程度上导致目前法国小学外语课程和中学外语课程联系不够紧密。

（二）外语教育师资建设

一是师生比例不协调。这主要出现在中亚、非洲等欠发达地区。一方面，由于考核难度大，竞争激烈，正式汉语教师乃至督学和培训人员都供不应求；另一方面，由于一些国家的教学改革，要求每班学生保持一定数量，又增加了对教师的需求。正式教师供不应求，而合同制教师和外籍助教都不能独立承担教学职责，外语师资、特别是正式师资一直处于紧缺状态。二是教师学历偏低、职称结构不合理。中亚和拉美地区在人才引进方面困难重重，为解决师资缺口，各高校只能降低要求引进人才。截至 2015 年年底，这些地区拥有英语语言文学或外国语言学及应用语言学博士学位的英语教师也不足 30 名。原有的资历较老的、以本科甚至专科学历入职的教师仍然占有不小的比例，而这些人已具有副教授、教授职称，不关心学历的提升。三是教师科研水平偏低。中亚、非洲、拉美地区的教师由于学校科研硬件条件较差，自身科研意识不强，难以获取对外交流机会；又因缺乏科研训练、科研经费不足等众多因素限制，导致科研能力薄弱。四是教师继续教育缺失。就非洲地区而言，部分中文师资学历不高，专业特长不明显，教师们亟须参加继续教育提高能力。但是,由于缺乏继续教育资金支持,教学任务繁重,这些教师很难得到机会参加继续教育。

(三) 外语教育课程体系

一是英语占据霸权地位,其他外语地位不高。英语在世界范围内是毋庸置疑的强势语言,即便许多国家致力于发展多语教育,但不可否认的是,英语得到的重视与发展程度要远高于其他语种。即便在拥有11种官方语言的南非,父母也更希望孩子用英语学习知识,而非其母语,更不用提其他外语。同样,欧盟没有在政策层面规定学生应该学习哪些外语,但学习英语的学生比例一直高于法语和德语。二是外语课程体系的发展受到其他科目的挤压,不受重视。加拿大"英法双语教育"占据了学生大部分时间,导致"外语教育"学习时间受到很大影响。尽管美国通过确立"关键语言"等途径,宣传加强外语教育,但与数学和科学这样的学科相比,外语仍属于弱势学科。三是外语教材内容有待丰富、质量亟待提升。例如,吉尔吉斯斯坦的各语种教材内容陈旧且数量不足,现有教材多为吉尔吉斯斯坦政府自编教材,教材质量不高。日本外语教材多以短期的初级教材为主,出版的中小学外语教材是以语法为主,在教学中主要是向外语学习者解释语法。

(四) 科技革命对外语教育的影响

一是资金投入不足,教育技术市场不够成熟。例如,由于非洲地区社会经济发展水平受限,国家层面难以为信息化全面落实和开展提供财力支持,致使其教育信息化发展还较为局限。即便是英国这种发达国家,其 AI 教育市场也存在结构相对不合理、专家较少、在线学习供应商较少、开发成本高等问题。二是资源分布不均,地区与阶层间差异大。这一点在美国、法国、爱尔兰、德国等国家中表现得更为充分。例如,爱尔兰的某些乡村地区还未实现宽带接入,影响了网络授课。甚至在创建了许多数字学习平台的法国,仍然有 2/3 的学校没有有效的在线学习平台,直接影响了学校提供在线教学的能力。三是社会对借助科技革命推进外语教育持怀疑态度。根据对美国、欧盟部分国家的调查显示,有相当比例的学生对于在线教育质量持怀疑,甚至不满的态度,几乎所有受访者都认为技术的使用可能对老年人造成威胁。四是缺乏信息技术素养较高的师资。即便是法国、德国这种发达国家,也面临外语教师信息技术素养低的现实困境。五是移动端外语学习产品质量有待提升。由于缺乏调查,设计人员对外语习得机制不了解,未能与外语专业研究人员探讨相关 APP 设计,致使很多 APP 难以满足外语学习者需求。

(五) 采取的对策

1. 外语教育政策扶持

一是调动多层次政策主体间的合作,吸收非政府资源的力量。德国通过 KMK(联邦州文化教育部长联席会议)以决议、建议、协议或提供有约束力的框架协议来协调各州教育政策,为各大联邦州留有创新的余地。各联邦州还能享受来自本州和联邦在资源上的双重支持。欧盟国际企业在推广欧盟语言多样化的过程中也为欧盟外语教育提供资金支持。二是综合考虑区位需求等各方因素,平衡语种格局。法国在国内坚持"外语多样化",鼓励并帮助其他外语语种发展,允许学校自主决定开设外语的语种;同时,号召欧盟国家都"学习几门成员国语言"。三是通过语言教育数据统计,为地方外语教育政策扶持提供参考。美国政府及各类教育机构,如美国现代语言协会(MLA)、美国国际教育委员会(ACIE)等,注重开展语言教育数据统计,为联邦政府与各州政府制定政策提供帮助。四是关注学生需求,促进学生个人全面发展。例如,美国通过其语言旗舰项目改善不同年龄阶段学生接触世界语言与文化的机会。

2. 外语教育师资建设

一是多元培训国际中文师资。法国注重职前培训,要求省级机关提交长期的培训计划,以增进教师外语能力和教学能力,也在教学网站(如 Primlangues、EduSCOL)提供有关外语教学技能的资源。欧盟委员会倡导在成员国之间进行更多的教师交流,日本与韩国则更注重引进外籍教师并对其加强培训。二是完善师资测试评估机制。法国从教师职前培训、实习到正式工作全程进行严格考核和评估,德国各联邦州针对外语教学情况展开科学评估,调整外语教师和学生之间的关系。

3. 外语教育课程体系

一是建立明确的外语教学大纲。日本政府通过协调中小学与大学外语教学大纲的分工,促进各学段外语教育有机衔接;《欧洲语言共同参考框架》为欧盟各国提供了一个共同的外语教育模板,促使各成员国制定具有可比性的教学大纲,使欧洲外语教育既相对统一,又能体现各国特色。二是增加中小学外语教育中的经费投入和师资培养力度。韩国政府计划增加 5 万亿韩元投入中小学外语教育之中。英国、西班牙注重通过培训、交流等途径促进冷门外语教师发展。

4. 科技革命对外语教育的影响

一是保障数字通信基础建设。爱尔兰、英国、德国等国家通过多部门协同合作的方式应对偏远地区硬件设备落后和宽带接入不足的问题,以避免在线外语教育实施和发展状况不均衡。二是政府牵头,各方配合。各国政府以专门的远程电化教育项目为依托,由教育部门牵头,通信部门提供技术保障,财政部门提供资金保障,民间企业为研发提供技术支持,为外语教育在后疫情时代的发展提供有力支持。三是定期审核,分段评估。爱尔兰和德国等国家会定期发布相关 ICT 数字和信息教育的大规划发展调查报告,通过评估体系,对教育现代化的情况进行阶段性调查,并结合实际调整实施路径与资金拨付。

四、研究启示

(一) 外语教育政策扶持

一是实施由调研数据与社会需求驱动的外语教育规划。教育部等政府部门应注重对我国外语教育大数据进行常态化统计与分析,既要加强与相关国家的官方层面合作,也要推动外语教育的民间合作交流,将数据与社会需求充分结合,坚持"一把钥匙开一把锁"的原则,针对不同语种实施相应的外语教育规划。二是推动跨层级、跨领域合作。教育部应做好统筹协调工作。一方面,加强与各省(自治区、直辖市)教育厅的联系,做好外语教育师资力量的培育、选拔与储备工作;另一方面,通过设置相应课题、奖励等多种途径,支持学界对外语教育开展研究,为外语教育建言献策。三是推动政府间、政府部门与各级院校间的人才培养合作。例如,东南亚教育部长组织区域语言中心(SEAMEO RELC)和暨南大学华文学院合作推出"汉语国际教育硕士"专业学位,促进国际中文教师培养,我国可以借鉴这种方式与国外开展合作推动本土外语教师培养。四是加大资源投入力度,扩大资源投入渠道。一方面,对国内学校外语教育资源进行整合,建立外语教育项目群,通过远程教学、数字化课程资源共享、跨校学习等方式,提升我国外语教育资金资源投入效率;通过完善财政、税收、金融和土地等优惠政策,鼓励企业、公司捐赠,发行教育债券等方式来筹措外语教育经费。另一方面,由政府组织成立语言产业协会,通过发展翻译、语言培训与语言科技等语言产业为我国外语教育储备人才,通过制定"外语行动计划"促进语言产业发展,改变以往较为单一的外语教育发展路线。

(二) 外语教育师资建设

一是构建更为专业化的分类分级培训课程。我国外语师资培训应依据教学对象的特点和需求,采用既分类又分级的师资培训理念和课程设计理念,加强培训的针对性和专业性。一方面,根据不同的教学对象选择教学内容和教学方法,对师资培训进行分类。另一方面,将师资培训分为初、中、高和专家等不同级别的培训。分类分级培训模式可以从质量与数量上对我国外语教育师资队伍进行保障。二是加强国际合作,打造"利益共同体"。探索实行全球加盟的合作机制,与全世界的大中小学和外语教育机构加强合作,既保证了教师队伍的充足,又建立了"利益共享"的良性合作模式。三是注重提高教师自身素质。学校应根据教师特点与差异,为教师发展创造条件,例如建立学员教学实习和就业实习基地。

(三) 外语教育课程体系

一是加强外语专业知识课程建设,帮助学生建构起系统的知识体系。在高等教育阶段,我国各高校应该积极探索开设相应外语专业知识课程,引导帮助学生系统性掌握学科知识,加强他们对学科的认同感、归属感,提高其专业素养;同时,应着力避免出现语言技能课程和专业知识课程的割裂,促进学生语言技能和专业知识的提高。二是注重加强小学、初中、高中不同学段的衔接教学。鉴于当前我国初中、高中存在的外语教育"应试化"倾向,以及各省(自治区、直辖市)的外语教育资源分布不均衡,各学段教师授课方式不同、教材体系有差异等现实问题,各学段外语教育难以实现有效衔接。为此,教育部应结合具体情况,参照其他国家经验做法,为各省(自治区、直辖市)做好各学段外语教学衔接工作提供指导意见,避免学习资源浪费与质量下降。三是加强合作交流,为推动我国外语教材发展提供多种参考方案。外语教材在外语教育中具有重要作用,目前我国英语教材较为丰富,而其他语种外语教材却存在种类少、质量低等问题,我国应与相应国家积极合作,研发适合我国国情、语情和学生发展需求的外语教材。

(四) 科技革命对外语教育的影响

一是深化国际合作交流,实现资源共享。通过建立"外语学习共同体"、共同举办外语教育相关学术活动、比赛等途径与一些外语教育强国加强合作,学习借鉴其经验做法,尝试在教师、教材、教法、软硬件设备等方面进行资源共享,提高利用科技革命发展外语教育的效率与质量。二是推动项目研发,拓展外语教育领域。一方面,发挥社会主义制度优势,由相关部门探索实施面向不同层次、不同群体的外语教育技术项目。另一方面,关注不同语种(不局限于英语)、不同领域(如工作)的外语教育,将其与科技革命充分结合起来。三是加强教师和专业技术人员培训,提高其信息技术能力与信息化教学能力。政府出台政策,要求在线课程提供商、行业协会专家对外语教师进行培训,并为学校配置高水平技术人员;外语教师自身主动求变,探索翻转课堂、混合式教学等新型教学模式的应用①。四是加强统筹规划,消除区域、代际差异。首先,国家层面探索建立政府、企业、高校互相配合的合作机制,加大对外语教育的政策支持和经费资助;探索建立相应的质量评价体系与管理机制;教育部门开展调查研究,为决策提供依据,并通过管理和市场调控,增加不同级别课程的衔接度。其次,通过财政补助帮助偏远落后地区配备信息化学习设备,改善网络条件;探索政企合作,为欠发达地区的学生提供相当数量的免费学习资源;探索进行区域内互助合作。最后,特别关注老人、儿童等特殊群体的外

---

① 李霄翔,2019,教育信息化与高校外语教师职业发展——挑战与对策[J],中国外语(6)。

语教育,促进不同年龄阶段的公民都能借助科技革命接受全面的外语教育,实现教育公平。五是利用"科技革命"红利,打造外语教育新格局。对于外语教育而言,一方面要推动信息技术和人工智能技术融入学校外语教学生态体系,另一方面,应探索将科技革命与"一带一路"建设所涉及的外语教育融合,借助科技革命带来的信息丰富性与便捷性红利,培养更多的"一带一路"外语人才,推动"一带一路"建设;同时,外语教师应探索在新形势下如何借助科技进步改革和创新外语教学和研究的内容和方法。

第二节　英国脱欧背景下欧盟外语规划研究[①]

目前欧盟有 28 个成员国,24 种官方语言,境内还有 60 多种区域语言或小族语言,随着移民群体的不断扩大以及近年来难民的涌入,还有多种非欧盟本土语言,社会多语现象普遍存在。在如此多元复杂的语言文化环境中,多语政策的落实在欧盟机构内外都存在很大差异,英语的统治地位得以巩固,与法语和德语等其他大语言的差距不断扩大。

对于欧盟语言政策,国内外已有诸多研究,涉及多语制实施、语言教育、语言权利、语言与文化认同等多个方面。国内的相关研究多为基于文献数据的宏观分析[②],国外学者则视角多样,不乏实证调研结果。针对英语霸权这一焦点问题,语言政策应出于语言平等的原则削减英语的影响,还是支持英语作为通用语从而增强

---

① 本节合作者为同济大学陈宇,内容有删节,原文题目为:"脱欧"背景下欧盟语言规划的困境与出路[J],复旦外国语言文学论丛,2019(01):12-21.
② 傅荣、王克非,2008,欧盟语言多元化政策及相关外语教育政策分析[J],外语教学与研究(1);田鹏,2015,集体认同视角下的欧盟语言政策研究[M],北京:北京大学出版社;戴曼纯,2017,欧盟多语制与机构语言政策[J],语言政策与规划研究(1)。

人口流动性和经济竞争力,历来各家看法不一。

英国脱欧使得欧盟内英语母语人口基数骤减,与英语现有的统治地位极不相称。新的语言格局是否会引发新一轮语言竞争,还是为制定更为平等合理的语言规划提供了契机,英国脱欧可能带来的语言问题正引起国外学界关注。目前主要是英国学者开始讨论英国面临的语言规划和治理问题[1],针对欧盟语言政策走向的研究还很少。马可·莫迪亚诺(Marko Modiano)[2]、麦克·吉拉·克里斯托(Mac Giolla Chríost)和马迪奥·博诺蒂(Matteo Bonotti)[3]分析了脱欧后英语作为欧盟唯一或主要通用语的可能性与合理性;此外,英国伯明翰城市大学成立了"英国脱欧研究中心"(Centre for Brexit Studies),提出了欧盟语言政策研究在"后脱欧"时代需要关注的问题,如英语作为通用语的地位、语言与身份认同等。国内学者目前在这一领域还未有著述,本研究旨在将国内对英国脱欧的研究拓展至语言领域,并为我国语言治理与语言规划找寻经验与借鉴,丰富区域国别和中欧对比研究。由于小语言的地位和推广发生实质性改变的可能性很小,本节围绕以英、法、德语为首的大语言,从官方工作和教育这两个欧盟语言竞争最激烈的层面,考量学界在英国脱欧前后对欧盟语言治理做出的预判和建议,探讨欧盟语言政策面临的新的困局和可能的出路。

一、欧盟语言竞争的新问题

英国脱欧给欧盟带来的巨变不仅涉及政治、经济、法律等方面,

---

[1] Kelly, M. (Ed.) 2018. *Languages after Brexit. How the UK Speaks to the World* [C]. Cham: Palgrave Macmillan.

[2] Modiano, M. 2017. English in a post-Brexit European Union[J]. *World Englishes*, 36(3), 313-327.

[3] Mac Giolla Chríost, D. & Bonotti, M. 2018. *Brexit, Language Policy and Linguistic Diversity* [M]. Cham: Palgrave Macmillan.

也包括语言格局。欧共体成立之初,6个初创国中有3个国家以法语为官方语言,法语毫无争议地成为最常用的官方和工作语言,德语次之。随着英国和爱尔兰1973年加入欧共体,加之英语在全球的广泛传播,英语逐步取代了法语在欧洲共同体(后来成为欧盟)的主导地位并不断得以巩固。欧盟语言官方数据仅更新至2012年,对比2005年的数据,主要大语言的母语和外语人口变化不大,德语和法语的外语人口有所下降,与英语的差距整体上进一步拉开:

表 2.1 2005 年及 2012 年欧盟主要语言人口百分比①

年份	英语		德语		法语		意大利语		西班牙语	
	2005	2012	2005	2012	2005	2012	2005	2012	2005	2012
母语人口	13	13	18	16	12	12	13	13	9	8
外语人口	38	38	14	11	14	12	3	3	6	7
总计	51	51	32	27	26	24	16	16	15	15

英国"脱欧"后,欧盟英语母语人口主要分布在爱尔兰和马耳他两国,按2018年人口数计算,英语母语人口仅占欧盟总人口的1%左右,远远落后于其他大语言。于是,对英语未来地位的言论一度甚嚣尘上,特别是来自曾经的欧盟语言霸主法国。

2016年6月23日英国全民公投结果公布几天之后,即有多位法国政界人物发声,称英语将失去作为欧盟官方语言或工作语言的合法性②。欧洲议会宪法事务委员会(AFCO)主席修布纳

---

① Spezial Eurobarometer 243. Die europäischen Bürger und ihre Sprachen 2005. (www.ec.europa.eu/public_opinion/archives/ebs/ebs_243_de.pdf), pp. 8 + 13; Spezial Eurobarometer 386. Die europäischen Bürger und ihre Sprachen 2012. (www.ec.europa.eu/public_opinion/archives/ebs/ebs_386_de.pdf), pp. 12 + 22.
② https://www.dailymail.co.uk/news/article-3661838/Au-revoir-English-French-say-language-no-legitimacy-kicked-Europe-Brexit.html,2018年11月24日查询。

(Danuta Maria Hübner)亦公开指出,作为英国公投脱欧的法律后果之一,英语将失去欧盟官方语言地位,但仍可作为工作语言;如欲保留英语的官方语言地位,需全体欧盟成员国同意,或者可以修改欧盟语言法规,允许国家拥有多种官方语言①。这种英语随英国自动脱欧说辞的依据是,英国是欧盟成员国中唯一提出将英语列为欧盟官方语言的国家,虽然英语也是爱尔兰与马耳他的官方语言之一,但是这两个国家在欧盟申请的官方语言分别是爱尔兰语和马耳他语。这一论据本身虽然属实,但是欧盟语言法规层面并没有语言功能与地位"自动"修改一说,也没有明确说明一个国家是否只能有一个欧盟官方语言,以及工作语言是否可以为非官方语言。法国政客言论报道一经刊出,欧盟委员会驻爱尔兰代表处随即在其官网上发表声明予以否定,并强调:"欧盟机构的语言制度的任何变化都需要得到理事会的一致投票,包括爱尔兰。"②在欧盟官方网站查询各成员国的欧盟官方语言,网页用词为"Official EU language(s)",而爱尔兰词条下明确写出了爱尔兰语与英语同时为该国的欧盟官方语言。这一标注方式似乎也承认了一个成员国同时能有一种以上欧盟官方语言。

与英语失势相对应的是法语将取而代之的言论。欧盟委员会英国脱欧事务首席谈判官巴尼耶(Michel Barnier)建议英国和欧盟之间的谈判应用其母语——法语进行③;欧盟委员会主席容克(Jean-Claude Juncker)发表欧盟年度"国情咨文"演讲时选择用

---

① https://www.politico.eu/article/english-will-not-be-an-official-eu-language-after-brexit-senior-mep/,2018年11月24日查询。
② https://ec.europa.eu/ireland/news/statement-on-behalf-of-the-European-Commission-Representation_en,2018年11月24日查询。
③ https://www.independent.co.uk/news/world/europe/brexit-negotiator-talks-french-michel-barnier-negotiation-insists-eu-article-50-conducted-a7373556.html,2018年11月24日查询。

法语,因为在欧洲"英语正失去重要性"①。无独有偶,法国总统马克龙(Emmanuel Macron)也曾多次在公开演说中表明欲将法语提升至世界第一语言,法国政府将拨款数亿欧元在全球推广法语,具体措施包括设立促进和学习法语的全球中心、增加法语在线使用,并向更多欧盟官员教授法语以削弱英语在布鲁塞尔的统治地位②。

政客有目的地选择语言,往往是出于其特定的政治交际意图,更具有象征意义,属于政治话语中的话术范畴,并不具法理性。但是,这种象征性含义并不可无视,特别是在英国脱欧这样的欧盟重大事件背景之下。同样,马克龙对法语的雄心壮志在众多人眼中是不切实际的,毕竟目前法语以 2.2 亿使用人口在全球仅排名第六,而且母语者仅有 7 500 万,与汉语、英语等相距甚远。就欧盟内部而言,虽然英国脱欧后英语作为母语的人口骤减,但英语作为外语的人口基数庞大(38%),使用人口综合数值仍稳居欧盟首位。再者,很难想象母语人数占优并且对欧盟经济贡献最大的德国会放弃自身的母语权利而支持法语,其他国家如荷兰、斯堪的纳维亚国家,甚至是东欧国家都在英语学习上有大量投入,他们亦会倾向于使用英语而非法语。比如德国和意大利的欧盟官员已公开回应法国言论,强调即便是在英国脱欧后的欧盟,英语的重要性仍不容置疑③。马克龙本人也曾承认,宣传法语是要证明法语和英语可以作为主要的国际语言共存④。由此看

---

① https://www.politico.eu/article/jean-claude-juncker-english-is-losing-importance/,2018 年 11 月 24 日查询。

② https://www.theguardian.com/world/2018/mar/20/macron-launches-drive-to-boost-french-language-around-world,2018 年 12 月 15 日查询。

③ https://www.telegraph.co.uk/news/2017/11/25/eu-should-force-uk-give-us-english-language-brexit-former-italian/, https://www.telegraph.co.uk/news/2016/06/28/english-language-could-be-dropped-from-european-union-after-brex/,2018 年 12 月 15 日查询。

④ https://www.telegraph.co.uk/news/2018/03/20/english-speaking-macron-campaigns-french-global-language/,2018 年 12 月 15 日查询。

来,法国是借大力推广法语来强调法国在欧盟及全球的重要性,而英国脱欧、德国困于内政纷扰、美国在特朗普政府领导下愈发孤立,法国恰恰视此为提升法语国际地位的有利时机。

按照欧盟的语言体制,英语并不会随英国"脱欧",并且就欧盟现今的语言格局而言,法语取代英语、重回欧盟成立之初的主导地位的可能性也不大。但是,从以上媒体报道中我们一方面可以发现欧盟语言政策的模糊性,另一方面可以看出成员国之间关系微妙。

实际上,在欧盟多语制、保护语言多样性和语言平等原则之下,语言竞争从未停止。在官方语言层面上,几乎每个成员国加入欧盟时都行使权力,将本国官方语言列入欧盟官方语言,也是借此维护和提高本国语言在欧盟甚至世界的地位、声望乃至竞争力。欧盟工作语言更是竞争的焦点领域,如本节将详细阐述的,多语制仅在十分有限的范围内得以实施,实际工作语言寥寥无几,语言之间差异显著。在国家层面,不少成员国,如法国、瑞典和波罗的海国家积极采取多种措施保护本国语言,波兰和匈牙利通过立法限制英语传播,以此维护相应语言在国内乃至欧盟的地位[①]。在教育领域,欧盟倡导多语学习却并未实现语种的多样化,反而促进了英语作为目标语和媒介语的传播。这些原本在英语霸权掩盖之下的竞争暗涌,在英国脱欧后有可能会渐渐凸显。

二、欧盟外语规划面临的困境

(一)欧盟语言体制的政治基础——平等之下的自主选择权与一票否决权

媒体关于脱欧后英语地位的法理讨论实则均基于"欧盟语言

---

① Phillipson, R. 2003. *English-Only Europe? Challenging Language Policy*[M]. London: Routledge.

1号规定"。这一规定源于 1957 年《建立欧洲经济共同体条约》第 217 款,被视为欧盟多语制的法律框架。"1 号规定"明确了哪些语言为共同体的官方语言和工作语言;官方公告、条例及其他具有广泛用途的文件应以所有官方语言发布。此外,还规定了成员国或其公民与共同体机构交流的语言使用规则,并赋予共同体机构根据各自议事规则决定语言使用的权力。"1 号规定"沿用至今,除了在第 1 条中根据新加入欧盟的国家增添官方语言与工作语言,其他各项条款均未作改动。《里斯本条约》第 34 条 d 款[1]和《欧盟基本权利宪章》第 41 条第 4 款[2],也均明确规定欧盟公民有权使用相应条约规定的任何语言致函欧盟机构,并得到相同语言的回复。需要指出的是,"1 号规定"第 1 条赋予所列语言的地位是 official languages and working languages,这一表述可以理解为官方语言和工作语言具有同等地位[3];同时,第 6 条又允许各机构自行选择工作语言,也就是说官方语言并不等同于实际工作语言[4],这些被选中的工作语言在地位和功能上具有特殊性,这也是欧盟语言政策中最具争议性的问题之一。

值得注意的是,如上文欧盟委员会爱尔兰代表处声明所言,"1 号规定"的前言里写明:"有关共同体机构语言的规定,由理事会在不妨碍欧洲法院议事规则所含规定的前提下,以全体一致决议确定。"也就是说,任何一个国家都可以一票否决对欧盟机构语

---

[1] Amtsblatt der Europäischen Union C 306/52, 17. 12. 2007 (https://eur-lex.europa.eu/legal-content/DE/TXT/PDF/?uri=OJ:C:2007:306:FULL&from=EN)

[2] Amtsblatt der Europäischen Union C 83/400, 30. 3. 2010 (https://eur-lex.europa.eu/legal-content/DE/TXT/PDF/?uri=OJ:C:2010:083:FULL&from=EN)

[3] 转引自戴曼纯,2017,欧盟多语制与机构语言政策[J],语言政策与规划研究(1),第 4 页。

[4] Ammon, U. 2015. *Die Stellung der deutschen Sprache in der Welt* [M]. Berlin/München/Boston: de Gruyter. p.740.

言使用的调整。该项规定与《尼斯条约》的第 290 条①完全吻合。由此可见,成员国在决定欧盟语言问题上,起着极其重要的作用。而正是因为该项规定的存在,使得欧盟语言政策的任何改动或革新都举步维艰,充满了成员国相互之间以及国家和共同体之间博弈的过程。

(二)欧盟多语制的实施——名义的平等与实际的不平等

"1 号规定"为欧盟多语制的基石,赋予了每个成员国和每种欧盟官方语言平等地位,但是在实施中却出现语言间的种种不对等现象,英语处于不容置疑的主导地位。英国脱欧之后,英语母语人口与欧洲母语大国差距巨大,仅能依靠外语人口占据主要语言首位,这一前所未有的境况使得多语制下的不平等性愈发明显。

1. 官方工作层面的不对等

"1 号规定"的第 1 条规定 24 种所列语言为"官方语言和工作语言",但在第 6 条中允许各机构在其议事规则中规定具体情况下所使用的官方语言。如此一来,根据是否为欧盟机构内部工作语言,24 种官方语言可分为两大类:"完全官方语言"(即工作语言)和"有限官方语言"(工作语言以外的其他官方语言)②。事实上,多语制的实施在欧盟各机构之间存在很大差异,尤其在口头交流中完全官方语言和有限官方语言的功能区分十分明显。

欧洲议会(European Parliament)和欧洲理事会(European Council)是完全多语机构,全部 24 种官方语言得以平等对待使用。而欧盟理事会(Council of the EU)只有在正式会议才使用全部 24 种官方语言,非正式会议和工作组工作时一般仅使用英语和

---

① Amtsblatt der Europäischen Union C 80/28, 10. 3. 2001(https://eur-lex.europa.eu/legal-content/DE/TXT/PDF/?uri=OJ:C:2001:080:FULL&from=EN)

② Ammon, U. 2015. *Die Stellung der deutschen Sprache in der Welt*[M]. Berlin/München/Boston: de Gruyter. p.719.

法语，偶尔也会使用德语，而且英语的比重越来越大。欧盟委员会（European Commission）只有正式会议才严格遵守多语制政策，其他会议往往使用一门主要工作语言——英语或法语。虽然委员会的议事规则中明确英、法、德三语为工作语言，但德语的实际地位仅为"文件语言"（Dokumentensprache），用于形成待审议文件的书面副本①。除此以外，还有单一工作语言的欧盟机构，如欧洲法院使用法语，欧洲中央银行（唯一在德国境内的欧盟机构）使用英语。欧盟机构众多，在此无法一一列举其语言机制或工作语言的具体情况，比较全面的介绍可以参见伍慧萍②、加佐拉（Gazzola）③或阿蒙（Ammon）④。

欧盟发布各类信息时，视信息重要性和紧急性，同时考虑成本效益和技术限制等因素，会差异化地选择语言。立法和关键政治文件、与重要公共利益相关的官方文件和广泛适用的信息一律以所有欧盟官方语言发布，不具有法律约束力的文件通常以英、法、德三语出版，而与国家当局、组织或个人通信的文件仅译为所需语言。专业信息、新闻及活动信息的发布，则视受众选择某几种语言，甚至单语。高时效性的信息，先根据目标受众用一种或几种语言发布文本，再逐步添加其他语言。值得注意的是，这种区别对待中，一般情况下被舍弃的是那些涉及 2004 年起新入盟的中东欧国家的语言；而如果只用一种语言发布时，选择的通常是英语。

---

① Ammon, U. 2015. *Die Stellung der deutschen Sprache in der Welt* [M]. Berlin/München/Boston: de Gruyter. p.746.
② Wu, H. 2005. *Das Sprachenregime der Institutionen der Europäischen Union zwischen Grundsatz und Effizienz* [M]. Frankfurt a. M.: Lang.
③ Gazzola, M. 2006. Managing multilingualism in the European Union: Language policy evaluation for the European Parliament [J]. *Language Policy*, (5): 393-417.
④ Ammon, U. 2015. *Die Stellung der deutschen Sprache in der Welt* [M]. Berlin/München/Boston: de Gruyter.

在欧盟机构和成员国政府机关的沟通中,亦有偏离多语制的现象。"1号规定"第3条规定:"共同体机构向成员国或受成员国管辖的人发送的文件应以该国的语言起草。"但是阿蒙和克鲁斯(Ammon & Kruse)[①]调查发现,德国联邦议院收到大量来自欧盟委员会的未翻译成德语的文件,绝大部分用英语撰写,对于德国议员再次寄送德语译文的要求,欧盟委员会始终未予考虑。这直接导致英语文件得不到及时有效处理,影响了成员国议会行使参与欧盟立法的权力。

上述欧盟内部运作和对外交流实质上都离不开翻译,欧盟各主要机构都有各自的翻译服务部门,2017年欧盟机构雇用了约4 300名笔译员和800名口译员,语言服务的费用总额约10亿欧元[②]。欧盟委员会的笔译部在2017年提供了205万页的翻译和编辑服务[③],口译员平均每天分配40次会议[④]。以目前24种欧盟官方语言计算,理论上任意两种语言之间翻译共有276种组合,如果考虑到双向翻译,这一数字还要翻倍,会议同声传译还需定时轮换口译员,那么所需人员数量还要成倍增长。显然,在实际操作中不可能同时配备如此大量的翻译人员,限制措施势在必行。比如在一定范围内实行"不对称机制",即所有与会者都以母语发言,但并不译入所有官方语言。再者,一些(欧盟)小语种之间很难找到直接对应的翻译人员,只能通过"接力翻译"(relay interpreting)来实

---

① Ammon, U. & Kruse, J. 2013. Does translation support multilingualism in the EU? Promises and reality—the example of German[J]. *International Journal of Applied Linguistics*, 23(1): 15-30.

② https://europa.eu/european-union/about-eu/eu-budget/expenditure_en,2018年12月20日查询。

③ https://ec.europa.eu/info/publications/annual-activity-report-2017-translation_en,2018年12月20日查询。

④ https://ec.europa.eu/info/publications/annual-activity-report-2017-interpretation_en,2018年12月20日查询。

现,比如芬兰语和斯洛伐克语这对组合之间的翻译就需要通过法语进行传递过渡①。通常英语、法语和德语会充当"接力语言",其中又以英语和法语居多。为了避免接力翻译中产生偏差,小语种母语者可能会在某些场合使用大部分与会者都掌握的语言,而这通常就是英语。这些措施虽然减少了人员投入,提高了翻译效率,但是赋予了被选中的主动语言或接力语言新的功能,无形中提高了它们、特别是英语的地位。

以上阐述表明,欧盟机构在实施多语制时存在明显差异,这既是政治考量的结果,又跟机构性质相关。而当工作效率为先时,会尽可能压缩工作语言,语言主要充当交际工具;当需要突出各成员国权益、平等时,会采取多语制,语言更多地成为身份和权利标记。纵观欧盟主要机构日常工作用语,英语的主导地位日趋明显,并逐渐吞噬法语原有的地位,而德语则被边缘化。这三种语言的使用和它们之间权重的变化,既有历史原因,又有地域因素影响,也与成员国语言政策不无关系,但更主要的原因是全球范围内英语在文化教育、科技和学术等诸多领域不可撼动的地位。

2. 外语教育层面的不平衡

欧盟公民虽然可以借助翻译了解欧盟动态,并自由选择任意欧盟官方语言与各机构交流,但欧盟公共空间内的交流互通与合作流动则更多依赖个人的外语能力。欧盟将提升公民多语能力视为其多语制的目标之一,并于2002年正式提出对公民多语能力的界定,要求未来的欧盟公民在本身母语之外,掌握2门外语,即"M+2"原则。为达到这一愿景,欧盟制定了一系列的行动计划,推出了各式交流学习项目,鼓励儿童早期外语学习和终身学习,比如制定欧洲语言共同参考框架、组织语言能力与语言教学测试、设

---

① https://ec.europa.eu/info/departments/interpretation/conference-interpreting-types-and-terminology_en,2018年12月20日查询。

立欧洲语言日等。

但是从"M+2"的实际推进情况来看,欧盟各成员国并未取得足够快的进展,成员国之间存在很大差异。欧盟官方统计数据显示,2016年只有30%的人口掌握两门或以上外语,这一数值自2011年以来未有提高,并且仍有超过三分之一的人口为不掌握任何一门外语的单语人。德国、法国和英国等大国公民多语能力离欧盟标准还有很大差距,达到"M+2"的人口比例仅为37%、25%和15%。欧盟公民对"M+2"的支持率(72%)仍明显低于对"M+1"的支持率(84%)①。"M+2"目标推进速度缓慢、成员国之间差异显著的原因之一在于,不同于欧盟机构语言规划,教育规划的制定和落实属于成员国主权范畴,成员国政府在语言学习方面承担主要责任,而欧盟只扮演支持和建议的角色。

特别需要指出的是,"M+2"的外语教育政策旨在提高个人多语能力,但并不意味着欧盟范围内的外语学习语种的多样化。欧盟并未对两门外语的选择标准做出明确说明,只在某些工作文件或报告中零星提到,除了欧洲大语种外,还应学习小语种、地区语言、小族语言、移民语言以及重要国际贸易伙伴国家的官方语言②。然而,欧盟学校真实教授外语的语种分布远没有如此丰富多样。2012年欧盟境内初中生平均每人学习1.6门外语,高中阶段平均每个学生学习1.4门外语③。英语是中小学阶段最主要的外语,且比重逐年提高,2014年欧盟境内几乎所有的初中学生学

---

① Spezial Eurobarometer 386. Die europäischen Bürger und ihre Sprachen 2012. (www.ec.europa.eu/public_opinion/archives/ebs/ebs_386_de.pdf). pp. 10.
② 如 Promoting Language Learning and Linguistic Diversity: An Action Plan 2004—2006(2003:10),更多分析例举见 Kruse, J. 2012. Das Barcelona-Prinzip [M]. Frankfurt a. M.: Lang。
③ https://ec.europa.eu/eurostat/tgm/refreshTableAction.do?tab=table&plugin=1&pcode=tps00056&language=de,2018年12月20日查询。

习英语(97.3%),之后的法语(33.7%)、德语(23.1%)和西班牙语(13.1%)差距十分显著,且多为学生的第二外语,学习上述四种外语之外语言的学生不足5%①。

显而易见,学校外语语种呈现越来越集中的趋势,"M+2"模式下的英语似乎成为一个必选项,其他欧洲大语言逐渐成为第二外语,而且欧盟公民对英语的重视程度不断提高,德语、尤其是法语的降幅明显②。这也印证了一些学者的推测:同时推广多种外语的学习,最终反而将导致语言学习集中到一种语言上,即竞争语言越多,越有利于英语的推广③。

三、欧盟外语规划的优化建议与构想

学术界对欧盟多语制的讨论从未中断过,众多学者提出了欧盟语言政策改革方向和原则,观点各异。总体而言,建议方案可以分为两大类:一类支持选取少量官方语言构成有限的多语组合,以满足欧盟机构的日常运作;另一类则主张单一通用语制,即将英语提升为欧盟的唯一工作语言。

多语方案往往基于多元标准的权衡考量,由于选取的标准各

---

① *Eurydice-Bericht. Schlüsselzahlen zum Sprachenlernen an den Schulen in Europa* 2017. (https://publications.europa.eu/en/publication-detail/-/publication/73ac5ebd-473e-11e7-aea8-01aa75ed71a1/language-de). pp.11-13.
② 67%的欧洲公民认为英语是对其个人而言最重要的两种语言之一,随后是德语(17%)、法语(16%)、西班牙语(14%)和汉语(6%)。98%的受访者相信学习外语对他们孩子的未来十分重要,其中79%的受访者认为学习英语尤其重要,法语和德语同为20%,随后是西班牙语(16%)和汉语(14%),较2005年德语和法语分别下降了8和13个百分点,参见 *Spezial Eurobarometer 386. Die europäischen Bürger und ihre Sprachen* 2012. (www.ec.europa.eu/public_opinion/archives/ebs/ebs_386_de.pdf), pp.8-9.
③ De Swaan, A. 2004. Endangered Languages, Sociolinguistics, and Linguistic Sentimentalism[J]. *European Review*, 12 (4): 567-580.

异，因此语种数量和组合方式也不尽相同。罗斯（Ross）①在其"区别化分层模式"中主张根据机构性质和场合选择使用全语制或英、法、德三语组合；克劳斯（Kraus）②则提出英、法、德三语组成的"选择性多语制"，以取得保护语言多样性和提高工作效率之间的平衡。阿蒙（Ammon）③根据各语言在欧盟的使用人数（母语＋外语）和国际地位，建议欧盟机构采用三类五种工作语言：第一梯队的英语、第二梯队的德语和法语以及第三梯队的西班牙语和意大利语。哈塞尔胡贝尔（Haselhuber）④综合考量了各语言母语者人数及分布国家数、作为外语的传播与使用、在国际组织的地位、公民接受度、相应成员国缴纳欧盟预算份额等十项标准，提出了包含英语、法语、德语、西班牙语和俄语共五种语言的"1＋4"方案。其中英语为全球范围内不可或缺的交际语言，而其余四种语言则代表了欧盟内的所有大语族：日耳曼语族、罗曼语族和斯拉夫语族。金斯伯格和韦伯（Ginsburgh & Weber）⑤基于成员国对其语言被剥夺权利的敏感度以及对欧盟语言体制的整体理解程度这两项指标，从不同角度加以运算比较，得出 2 至 11 种欧盟工作语言的多种组合可能。2018 年 8 月底，金斯伯格等学者发布了重新运算的

---

① Ross, A. 2003. *Europäische Einheit in babylonischer Vielfalt. Die Reform des Sprachregimes der Europäischen Union im Spannungsfeld von Demokratie und Effizienz*[M]. Frankfurt a. M.: Lang.

② Kraus, P. A. 2004. *Europäische Öffentlichkeit und Sprachpolitik. Integration durch Anerkennung.*[M]. Frankfurt a. M./ New York: Campus.

③ Ammon, U. 2015. *Die Stellung der deutschen Sprache in der Welt*[M]. Berlin/München/Boston: de Gruyter.

④ Haselhuber, J. 2012. *Mehrsprachigkeit in der Europäischen Union. Eine Analyse der EU-Sprachpolitik, mit besonderem Fokus auf Deutschland*[M]. Frankfurt a. M.: Lang.

⑤ Ginsburgh, V. & Weber, S. 2011. *How Many Languages Do We Need? The Economics of Linguistic Diversity*[M]. Princeton/Oxford: Princeton University Press.

结果，提出英国脱欧后英语将难以维持原来的使用频率和范围，而法语和德语将在欧盟处于主导地位①。

以凡·埃尔斯(van Els)②和范·帕里斯(van Parijs)③等为代表的一些学者围绕着语言公平这一核心概念，论证了确立英语为欧盟唯一的工作语言不仅最为可行，而且是最公平的方案。唯一共同语言在大幅度促进工作效率的同时，将促进公民参与政治和经济进程，成为争取更广泛公平的有效武器和核心资源。在当今全球化潮流的驱动下，非英语母语者使用的英语已有别于传统英语国家的标准，逐渐发展成为了英语的一种变体，摆脱了英语国家的身份烙印。英语作为通用语(English as a lingua franca，ELF)、全球语(Globish)或是欧洲英语(Euro English)即可被视作这样一种英语变体。

从最新的欧盟语言政策论著来看，单语制观点占据了上风。麦克·吉拉·克里斯托和博诺蒂④在英国脱欧背景下依次从成本与收益、自尊平等和机会均等三个角度重新考量了范·帕里斯⑤的语言公平理论，认为英国脱欧将减少英语崛起带来的不公正，从而增强了采用英语作为欧盟唯一或主要通用语的道德理由。没有英语母语国家充当语言正确性和标准化的仲裁者，欧洲英语能够找到最为适应自身需要的语用方式，创造独有的知识财富。

---

① http://www.cssn.cn/hqxx/201809/t20180915_4560880.shtml，2018 年 12 月 15 日查询。Ginsburgh 还表示，如果爱尔兰和马耳他不将提交给欧盟的官方语言换成英语，英语退出欧盟官方语言几成定局，这显然与"1 号规定"和欧盟官方声明相悖。

② Van Els, T. 2005. Multilingualism in the European Union[J]. *International Journal of Applied Linguistics*, 15(3): 263-281.

③ Van Parijs, P. 2011. *Linguistic Justice—for Europe and for the World*[M]. New York: OUP.

④ Mac Giolla Chríost, D. & Bonotti, M. 2018. *Brexit, Language Policy and Linguistic Diversity*[M]. Cham: Palgrave Macmillan.

⑤ Van Parijs, P. 2011. *Linguistic Justice—for Europe and for the World*[M]. New York: OUP.

欧洲英语不仅会受到非英语母语者的支持,而且从意识形态而言,爱尔兰和马耳他也会在复兴或维护本民族语言的同时更乐于支持这一中性的英语变体①。

纵观支持单语制的学者观点,英语作为唯一的通用语的确是提高工作和交流效率的最有效手段,考虑到英语在欧盟内部已是最常用的工作语言,并且其在全球范围内的地位也难以撼动,英语单语制似乎是欧盟机构语言实践发展的必然趋势。但是对于英语(或其变体)这一最有潜力成为通用语的语言是否能促进欧盟公民的身份认同,尚无定论。休伦(Hüllen)②、豪斯(House)③和阿蒙④认为只有母语才具备标记族群身份的功能,而通用语仅仅为交流沟通工具。再者,欧盟公民的集体身份认同包含欧盟和国家两个层面,其间关系微妙。2018年欧盟最新民调结果显示,71%的欧盟受访者认为他们是欧盟公民,但是绝大多数人(88%)的身份认同主要倾向于国家层面⑤。此外,全球范围内英语霸权及英美文化冲击、文化同质化⑥的大环境没有改变,英国脱欧后的欧洲英语在多大程度上能摆脱英语固有的象征意义仍然存在巨大的不确定性。况且许多欧洲人使用的英语更偏美式英语而非英式英

---

① Modiano, M. 2017. English in a post-Brexit European Union [J]. *World Englishes*, 36(3), 313-327.
② Hüllen, W. 1992. Identifikationssprachen und Kommunikationssprachen [J]. *Zeitschrift für germanistische Linguistik*, (20): 298-317.
③ House, J. 2003. English as a lingua franca: A threat to multilingualism? [J]. *Journal of Sociolinguistics*, 7(4): 556-578.
④ Ammon, U. 2015. *Die Stellung der deutschen Sprache in der Welt* [M]. Berlin/München/Boston: de Gruyter.
⑤ Standard-Eurobarometer 90. Anlage 2018. (http://ec.europa.eu/commfrontoffice/publicopinion/index.cfm/Survey/getSurveyDetail/instruments/STANDARD/surveyKy/2215), T110, T113.
⑥ Phillipson, R. 2003. *English-Only Europe? Challenging Language Policy* [M]. London: Routledge. p.11.

语，欧洲英语与全球范围内的 ELF 仍然没有足够的区分度，不足以形成特有的群体身份标志①。

反观上述多语制方案，考量的因素复杂多样，兼顾了语言实践和意识形态两个维度，但仍有不可避免的缺陷。首先，有的指标十分抽象，在实际衡量甚至计算时必须将抽象的概念转换成可观测、可检验的项目，一旦转化不当就会极大程度上影响测量的效度。其次，基于多重因素的综合考量中各指标的权重分配很难确定，任何量化和排序都有很大的局限性。再次，很多方案明显带有理想主义色彩。比如哈塞尔胡贝尔②将俄语列入他的一篮子语言计划中，而俄语并不是欧盟现有官方语言，语族这一语言学概念在欧盟语言政策制定中从未被考虑过。

无论是单语制还是有限多语制，其实施均需对"1号规定"进行修订，也就是说所有国家必须就某一方案达成一致。这就意味着相应国家需自愿舍弃自身权益，包括在欧盟工作中放弃使用母语和分担相应语言服务费用或经济补偿等，但是这种舍弃恰恰与欧盟倡导的所有成员国及其语言均平等的原则背道而驰。加之现今的欧盟中小学教育中，所有成员国均绝对青睐英语而忽视其他任何外语，鉴于中小学外语教育是欧盟未来语言生活的基石，可以说多语制的可行性从长远来看不容乐观。

四、欧盟外语规划需解决的问题

无论欧盟语言生活，还是学界对欧盟多语制的改革方案，其中

---

① Ammon, U. 2015. *Die Stellung der deutschen Sprache in der Welt* [M]. Berlin/München/Boston: de Gruyter. p.767.
② Haselhuber, J. 2012. *Mehrsprachigkeit in der Europäischen Union. Eine Analyse der EU-Sprachpolitik, mit besonderem Fokus auf Deutschland* [M]. Frankfurt a. M.: Lang.

折射出欧盟在语言规划方面有诸多未解之难题,而英国脱欧使得这一困境越发明显。

首先,在语言地位规划方面,欧盟虽然承认各官方语言均为工作语言,但各个机构在日常运作和翻译实践中会选用一种或几种语言,这实质上是对各个语言的地位与功能进行了区分,实施了语种配置。鉴于欧盟成员国仍可能继续增多,以欧盟目前的语言政策来看,会有更多语言成为官方语言,语言地位规划仍将是语言政策中的重要议题。英国脱欧公投后关于英语官方语言地位问题的媒体讨论,直接反映出欧盟在语言地位规划方面的不足或盲区。无论欧洲英语这一变体是否会成为欧盟机构唯一通用语言,是否会出现新一轮的语言竞争,欧盟都应该对各个语言的功能做出合理的配置及说明,特别是那些实质上未能成为工作语言的有限官方语言。

其次,英国脱欧后,在语言习得规划这一层面有许多值得关注的问题,比如欧盟公民外语学习的语种分布及各语种学习人数,欧盟境内及欧盟同英国之间学生交流和科研人员流动情况,移民语言学习的语种选择等。除了直接的语言学习,英语在学校教育中还越来越多地被用作教学语言,特别是在高等教育领域,英语在传授知识和科学研究中的媒介功能"还关系到在大学中外语和本国母语地位的高低,更关系到语言所承载的知识和文化的价值优劣问题"[①]。如若欧洲英语成为通用语,那么是否应该学习该种英语变体、使用该种变体教授课程?而这就取决于语言本体规划的推进。

许多学者认为欧盟语言政策不涉及本体规划,确实,从单个语

---

① Shohamy, E. 2012. A critical perspective on the use of English as a medium of instruction at universities[A]. In: Doiz, A., Lasagabaster, D. and Sierra, J. (Eds.), *English-Medium Instruction at Universities: Global Challenges* [C]. Bristol,Blue Ridge Summit: Multilingual Matters, pp.196-210.

言来看,语言的规范制定属于成员国权力管辖范围,但在多语使用规范方面,欧盟近年来也开始资助多语种术语库的建设,如"欧洲互动术语"数据库(Inter-Active Terminology for Europe,IATE)。该术语库旨在创建一个基于网络的界面,方便获取数据和多语种互译,并促进欧盟机构中的术语标准化。术语库 2004 年起在欧盟机构中使用,公共用户界面也已于 2007 年正式开放。再者,如果欧洲英语成为欧盟通用语,那么树立自身语言特色、制定语言规范、编纂字典等一系列本体规划的基本工作就迫在眉睫。目前,已经有不少语言学家发现了欧洲英语在词汇、句法等方面偏离传统英语的特点①,但都停留在零星的描述层面,还不成体系,不足以建构一种真正的语言变体及其规范。

最后,多语制框架下的欧盟语言规划还包含话语规划。洛·比安科(Lo Bianco)②认为话语规划是指研究语言表征与形象,并以劝说或是教育方式通过话语建构意识形态的一种语言规划。国家、机构等组织就其语言政策的宣传、声明、释义、讨论,通过话语在意识形态层面对其形象的建立、维护或是传播都属于话语规划范畴。欧盟从成立开始就将文化和语言多样性视为资源和特色,将保护这种多样性作为基本价值准则,建构了以尊重语言权利和语言平等为主要内涵的话语体系。英国脱欧公投结束后媒体对英语去留的报道一出,欧盟立即发布公告解释,也是维护其多语制形象的话语行为。欧洲英语一旦成为唯一通用语,在表层进行本体规划的同时,如何构建其深层内涵、促成集体身份认同,将是话语规划中一个不可避免的问题。同时,单一通用语与欧盟长期坚守

---

① Modiano, M. 2017. English in a post-Brexit European Union [J]. *World Englishes*, 36(3), 313-327.
② Lo Bianco, J. 2005. Including discourse in language planning theory[A]. In Bruthiaux, Paul et al, (Eds.), *Directions in Applied Linguistics: Essays in Honor of Robert B. Kaplan*[C]. Clevedon: Multilingual Matters LTD. pp.261-262.

的多语制在意识形态上是否相斥，也是欧盟必须面对的难题。

欧盟的座右铭是"多样性中的统一"（United in diversity），这也是对其语言政策最为贴切的总结。欧盟多语制始终在多元统一的困惑和矛盾中努力寻求平衡点。欧盟多语制实行至今，名义上的语言平等和各语言的真正地位之间存在巨大差异。欧盟机构实质上从未实现语言平等，反而越来越趋向于单语化，英语的统治地位愈发明显；从语言学习的语种分布来看，促进多语学习政策的最终受益者仍是英语，英语在中小学的普及对未来欧盟公民多语能力和机构多语制的发展有着不容忽视的影响。

随着英国脱欧，欧盟境内英语母语者数量骤减，与德语、法语等欧盟大语言的差距明显，加之法国频频发声欲大力推广法语，现有的语言格局被打破，是引发新的语言竞争还是为实现语言平等创造了新的契机，欧盟语言治理的走向值得关注。本节围绕着英、法、德等欧洲大语言，分析了欧盟语言政策所陷的困局和可能的走向。英语不可能跟随着英国脱欧，无论这只"房间里的大象"究竟是发展成"中立"的"欧洲英语"，从而充当欧盟通用语的角色，还是继续与其他大语言并列为欧盟常用工作语言，如何填补语言规划与意识形态领域的真空地带，在新的多样性格局中取得新的平衡统一，仍然是摆在欧盟面前的一道难题。学界对英国脱欧后欧盟语言治理与规划的研究刚刚起步，加之脱欧进程一波三折，仍有诸多不确定因素，本研究仅以文献数据分析为主，今后的研究可跟踪考察相关统计数据，辅以个案采访和问卷调查等实证研究方法，多方位分析研究欧盟和各成员国在语言治理方面的新动向。

最后，深入研究英国脱欧新形势下欧盟语言规划与治理的变化发展，对我国外语规划有重要借鉴意义。首先，语言规划旨在通过跨学科视角关注国家、社会和个人语言状况，协调语言关系，构建安全和谐的语言生活。我国是一个多民族多文化国家，多言多语共存，也面临着开发保护语言资源、解决语言矛盾、做好语言服务等重要任务。其次,我国正处于从"本土型"向"国际型"国家转型阶段,逐步走向国际事务的前台,话语权正在提高,语言接受更多的挑战和担当,对欧盟语言规划与政策及其落实情况在英国脱欧前后进行比较分析,总结经验,透析教训,厘清问题,可以为我国制定新时期语言规划与政策提供国际视野和实践参考。此外,欧盟致力于提升公民的多语能力,革新外语教学,持续关注欧盟语言教育政策的动态,对我国发展外语教育、培养国民多语能力有着实践指导意义。

第三节　丹麦哥本哈根大学外语教育规划研究[①]

随着全球化的深入发展,世界各国高校均以国际化战略作为实现一流大学建设的重要途径。面对高等教育国际化进程中日益突出的语言问题,不少国外高校纷纷制定并实施语言战略以应对日新月异的语言竞争挑战。当前正值中国高校"双一流"建设的重要时期,现有研究对高校外语规划关注不够,亟待加强。笔者以语言规划目标框架为理论基础,对丹麦哥本哈根大学"双语并行战略"进行分析和评价,并从五个方面对我国高校语言战略规划提出建议,希冀为我国高校外语战略规划提供借鉴和参考。

一、"双语并行战略"的提出背景

教育领域素来都是语言规划的重要研究领域。近年来,高等教育领域的语言规划,乃至高校语言战略研究在国外更是备受重视。从学校层面看,高校的教学、科研和社会服务都以语言为媒

[①] 本节合作者为上海外国语大学硕士王雅君,原文题目为:"双语并行战略"及其对我国高校语言规划的启示[J],云南师范大学学报(对外汉语教学与研究版),2017,15(06):73-81。

介,高校如何在不同场合和领域中规划不同语言的学习和使用已引起国外学者的广泛关注。除了常规的语言教育研究外,近年来,不少研究者将目光集中于如下几个方面:一是高校各个层面如何应对英语作为教学语言这一趋势;二是以非英语作为学术语言的规划问题;三是高校国际化进程中多语战略下各种语言间的博弈;四是高校"双语并行战略"的发展和演进[1]。总体而言,国外对于高校语言规划的研究已具规模,研究的深度和广度不断扩展。在我国,随着教育国际化的发展,尤其是"双一流"建设战略的实施,高校语言规划问题亟待引起重视。目前我国高校语言规划主要局限于语言教学领域,对高校层面的语言能力建设、语言使用规范、语言景观建设,以及语言战略规划等话题缺乏深入的调查分析,现有研究存在重视不足、问题意识缺乏、焦点单一等缺陷。面对建设世界一流大学和一流学科的时代重任,研究并制定全面的语言战略与语言规划举措是摆在语言研究者面前的重要任务和使命。早在 2008 年,丹麦哥本哈根大学就成立国际化以及双语并行中心以推进实施"双语并行战略",该战略问题导向突出、内容全面丰富。探究哥本哈根大学提出"双语并行战略"的背景,分析该战略的内容与特色,并对其进行评价,可以为我国在"双一流"建设中建构高校语言战略提供重要的借鉴和启示。

---

[1] Gill, S. K. 2006. Change in language policy in Malaysia: The reality of implementation in public universities[J]. *Current Issues in Language Planning*, 7: 1, 82-94; Bull, T. 2012. Against the mainstream: Universities with an alternative language policy [J]. *International Journal of the Sociology of Language*, 2012(216): 55-73; Cots, J. M., Lasagabaster, D. & Garrett, P. 2012. Multilingual policies and practices of universities in three bilingual regions in Europe [J]. *International Journal of the Sociology of Language*, 2012(216): 7-32; Källkvist, M. & Hult, F. 2016. Discursive mechanisms and human agency in language policy formation: Negotiating bilingualism and parallel language use at a Swedish university [J]. *International Journal of Bilingual Education & Bilingualism*, 19(1): 1-17.

哥本哈根大学(以下简称"哥大")是丹麦最有名望的综合性大学,也是北欧历史最悠久的大学之一。经过500多年的发展,哥大现拥有超过40 000名学生和9 000名教职员工,已发展成一所学科全面、集教育与科研于一身、多项科技成果领先世界的著名公立大学。在全球化时代,伴随着世界不断"缩小",知识分类体系逐步走向统一,知识的跨国流动加剧,各个国家的教育改革迅速被纳入全球教育体系,不同的民族国家正以开放的姿态学习互鉴,促进共同理解,真正进入了教育国际化时代[①]。哥大强调大学的意义在于服务社会,期望搭乘教育国际化快车,吸引国内外最优秀的学生以及高层次研究人员和教师,加强内外合作,不断提升其作为国际公认的研究型大学的地位。语言接触必然引起语言竞争[②],因此教育国际化必然会遭遇到语言间的博弈问题。在多语竞争中,最有可能胜出的语言无疑是英语,这当然不是偶然的,与新自由主义的权力和意识形态霸权存在固有联系[③]。但是不可否认的是,全球化进程促使英语成为全球语言体系的核心[④]。因此,高校如何制定合理的语言政策,在维护本族语地位并发挥其作用的同时,合理规划英语的地位成为亟待解决的问题。为实现这一目标,2008年,哥大成立国际化以及双语并行中心推进实施"双语并行战略"以服务于其教育国际化战略。

二、"双语并行战略"的内容评析

哥大提出的"双语并行战略"是指在某一领域内两种语言扮演平等的角色,语言选择取决于在特定情境中该语言的适用性和效

---

① 杨启光,2011,教育国际化进程与发展模式[M],社会科学文献出版社。
② 李宇明,2016,语言竞争试说[J],外语教学与研究(2)。
③ Phillipson, R. 1992. *Linguistic Imperialism* [M]. Oxford: OUP.
④ 张红玲,2007,跨文化外语教学[M],上海外语教育出版社。

率。在哥大,丹麦语和英语并行使用,哥大高度重视丹麦语作为学术语言的重要地位,同时鼓励使用英语并将其作为学校的教学和行政语言[①]。此外,哥大提出的"双语并行战略"并不限于丹麦语和英语,也涵盖其他语言服务,鼓励大学教职员工和学生使用多种语言。为了更为清晰地解读该语言战略的内容,我们借助开普兰和巴尔道夫提出的语言规划目标框架进行评析。开普兰和巴尔道夫提出的语言规划目标框架涵盖四种语言规划活动类型,即语言地位规划、语言本体规划、语言习得规划以及语言声望规划[②]。每种语言规划对应多个目标,特别的语言规划包含多种语言规划类型,可能有多个目标,目标之间不是彼此独立的,也不是孤立实施的,而是作为更广泛目标的一部分。基于此框架可以发现哥大的"双语并行战略"主要从五个方面开展语言规划,推进和保障战略实施。

(一) 语言管理机构

为推进和实施"双语并行战略",哥大专门成立国际化以及双语并行中心(The Centre for Internationalization and Parallel Language Use)(以下简称 CIP)来研究和应对各类语言问题。CIP 是一个充满活力的场所,其核心价值观包括经验共享、激辩和协作。CIP 旨在推广以研究为基础的语言战略,从而促进校内人员对于丹麦语、英语以及其他语言的掌握,不断提升哥大的国际形象。CIP 极其注重研究,其研究领域包括:并行语言在实践中的应

[①] Siiner, M. 2016. University administrators as forced language policy agents. An institutional ethnography of parallel language strategy and practices at the University of Copenhagen[J]. *Current Issues in Language Planning*, 17: 3-4, 441-458.

[②] Kaplan, R. B. & Baldauf, R. B. Jr. 2003. *Language and Language-in-Education Planning in the Pacific Basin*[M]. Berlin: Springer.

用、外语和二语习得及教学、语言政策、语言学习效果、学术背景下的语言能力测试。此外，该中心开展多样的研究活动。以研究为基础制定的语言战略更加切合实际、提供的语言课程更能满足需求，体现其科学性、先进性。CIP的管理团队认为让教职员工参与语言战略的制定、实施至关重要，注重实践与反馈。在哥大之外，该中心也不断加强与丹麦社会以及国际组织和机构的合作。CIP不仅扮演着语言政策研究者、制定者的角色，倾听各方意见，还提供语言研究以及语言学习方面的信息、资源，推出多样化语言课程，并组织各色活动。在行政上，CIP设在人文学院，隶属于教育副院长。从它的组织结构来看，该中心不断加强与英语、日耳曼语和罗曼语系研究院以及北欧语和语言学研究院的合作，力求与学校所有六个学院的管理、行政、教育和研究部门建立联系。

为保障"双语并行战略"的顺利实施、提升全体成员的多语能力，CIP推出国际化和语言技能项目，该项目是一个在2013—2016年期间实施的跨学科合作项目。其目的是制定一些倡议，以加强整个大学学习环境的国际化，注重改善学校的学习及研究环境，提升学生的语言以及跨文化交际能力、吸纳优秀人才。此外，哥大推出"让更多的学生使用更多样的语言"2013—2018五年项目，为学生出国学习做准备、提升学习环境以及工作场所的国际化水平。五年发展期分为两个阶段：项目第一年注重需求评估，以后的四年为发展阶段。由于该语言项目是面向用户和用户驱动的，因此注重所有相关机构的意见，以此配合以研究为导向的需求分析。

（二）地位规划

语言地位规划指的是为实现某些社会、机构或个人目的选择使用某种语言以达到特定的语言目标，语言地位规划的主要目标是以公开或含蓄的方式确定某种语言在某个社会中的地位，公开的语言地位规划通常采用官方化、国语化和禁止使用三种形式①。2004年丹麦领导人会议、北欧部长理事会、丹麦文化部均指出为应对英语作为国际通用语的强势地位,应将"双语并行战略"提上议程,同时鼓励多样化语言的使用,彼此之间和谐共存,互不侵犯②。哥大的语言地位规划响应国家号召,旨在使丹麦语和英语成为两种并行语言,同时尊重其他语言的使用。从整体来讲,哥大的语言战略服务于学校整体发展战略。纵观哥大发展战略,无不体现其国际化需求。哥大强调自主研究以及基于研究开展教学,战略实施关键点有三:一是教研结合,二是加强内部合作,三是密切外部联系,这使得哥大成为一个多语竞争之地。为配合学校整体发展战略,哥大提出"双语并行战略",把丹麦语和英语置于平等地位,同时倡导使用多样化语言。学校希望通过丹麦语服务丹麦社会,同时发挥英语在国际教学以及学术领域作为信息解码和媒介的积极意义。

(三) 本体规划

语言本体规划是对语言本身的改造,既包含赋予缺乏书写系统的语言一套完整的正字体系,也包含完善现有的正字法,主要包括编典和细化两个方面。编典实质上是一个标准化过程,可分为文字化、语法化和词化,细化包括词语现代化、文体现代化、革新

---

① Kaplan, R. B. & Baldauf, R. B. Jr. 2003. Language and Language-in-Education Planning in the Pacific Basin [M]. Berlin: Springer.
② Internationalisering af de danske universiteter: Vilkår og virkemidler [Internationalization of Danish universities: Terms and measures] [Z]. Copenhagen: Danish Rectors' Conference, 2004; Deklaration om nordisk språkpolitik [Declaration on Nordic Language Policy] [Z]. Copenhagen: Nordic Council of Ministers, 2007; Sprog til tiden [Language in time] [Z]. Copenhagen: Danish Ministry of Culture, 2008.

(语言净化、语言改革、文体简化、术语统一)以及国际化[1]。在全球化背景下,科技发展日新月异,外来科技名词层见叠出,术语统一和规范等充斥着语言竞争。非英语国家的科研人员遇到新术语,就面临着采用英语、翻译或者另造新词/字的艰难抉择[2]。哥大希望丹麦语在国际学术领域占有一席之地,因此提出丹麦语应作为一种学术语言,在此背景下,用丹麦语进行术语翻译以及创制新词被提上议程。与此同时,随着全球化的深入发展,英语逐渐成为通用语,其地位日益增长。然而,当英语用于国际交流时,可能需要对其语言语料进行正式或非正式的更改。语言可以在结构和词汇两个方面进行简化,或者忽略部分语用信息,以便语言的使用者更易于理解[3]。在此方面,哥大正着手解决这些问题。

(四) 习得规划

语言规划学者罗伯特·库珀(Robert Cooper)将语言习得规划从豪根(Haugen)提出的语言规划模型中的"实施"部分分离出来,赋予其独立地位,成为一种新的语言规划类型[4]。语言习得规划也叫作语言教育规划,主要关注教育中的语言规划问题。语言教育规划是指制定宏观政策,采用具体的方法和材料,支持个人和社区的语言发展,以实现不同语境中语言的多样化功能,这些目标

---

[1] Haugen, E. 1982. The implementation of corpus planning: Theory and practice [A]. In J. Cobarrubias & J. Fishman (Ed.), *Progress in Language Planning: International Perspectives* (pp. 269 - 290) [C]. Berlin, Boston: De Gruyter Mouton; Kaplan, R. B. & Baldauf, R. B. Jr. 2003. *Language and Language-in-Education Planning in the Pacific Basin* [M]. Berlin: Springer.
[2] 赵守辉,张东波,2012,语言规划的国际化趋势:一个语言传播与竞争的新领域[J],外国语(上海外国语大学学报)(4)。
[3] Kaplan, R. B. & Baldauf, R. B. Jr. 2003. *Language and Language-in-Education Planning in the Pacific Basin* [M]. Berlin: Springer.
[4] Cooper, R. 1989. *Language Planning and Social Change* [M]. Cambridge: CUP, pp.29-34.

可能会满足社会、机构或个体需要。语言习得规划包括六个目标：一是确定教育规划的对象；二是确定课程；三是确定教学方法与教材；四是建立评估体系；五是反映社会需求；六是确定教育资源投入；七是确定师资供给①。

1. 确定教育规划的对象

哥大提供的语言课程是其一大亮点，其课程不是随意设置，而是基于研究，量身定制，因时而变。针对学术研究人员、行政人员、留学生等群体的不同需要，提供不同的语言课程，确保教职员工及学生的语言能力达到"双语并行战略"可以执行的水平。哥大为全校师生提供的课程主要包括三类：一是一对一的语言训练，这主要针对研究人员，使其克服语言障碍完成特定任务，比如会议演讲、文章发表等；二是量身定制的语言课程，这主要针对特定的研究群体或行政人员，上课地点灵活；三是 CIP 的常规语言课程，全体师生均可参加。此外，为学生提供的语言课程则更为多样，比如英语学术写作、报告技巧等。由此可见课程的覆盖面之广、针对性之强。

2. 确定课程

在哥大校园工作中，大部分沟通都是以丹麦语进行，比如电子邮件、会议等，在午餐和咖啡时间也经常讲丹麦语，对于正在学习丹麦语的人来说，这可能是一个挑战。因此，学校提出了"让我们讲丹麦语吧！"这一口号，提供免费的市场导向型丹麦语言课程。该项目包含的丹麦语言课程持续 18 个月，共 250 节，以面授和网络授课两种形式穿插进行来提升学生的听、说、读、写能力，培训基本语言技能、学习相关语言技巧并且传递文化内容。此外，学校同样注重外语教育并鼓励以英语为媒介进行授课，倡导学术成果面

---

① Kaplan, R. B. & Baldauf, R. B. Jr. 2003. *Language and Language-in-Education Planning in the Pacific Basin* [M]. Berlin: Springer.

向广泛受众。最终实现所有教师以及学生无论在国内环境还是在国际环境中都能够根据不同情景、不同需要使用丹麦语、英语甚至其他任何语言。

3. 确定教学法

CIP 的主要目标之一是提供高质量的语言课程,旨在满足所有参与者的需求。语言教学采用交际教学法,并以教学研究和二语习得研究为基础。经验分享、激辩和协作是其语言课程发展的核心要素,因此 CIP 的员工定期参加团队会议,在课程开发和教学方面与同事分享经验并交流意见。

4. 建立评估体系

CIP 提供英语语言能力认证评估,帮助受试者认清自己的水平,有针对性地进一步提高学习者的语言能力,同时为需求分析提供依据。测试名为学术人员英语口语水平测试(Test of Oral English Proficiency for Academic Staff),过程持续两个半小时,包含三个环节:热身讨论、迷你演讲、回答问题。测试过程内涵丰富,互动性强。测试结束后,CIP 不仅给出分数,还为参加者提供书面以及口头反馈,提供测试全过程的录像资料,并组织后续会议。因此学术人员英语口语水平认证是一个重要的能力提升工具,注重如何提升参与者的英语语言水平,并为需求分析提供数据,而不是局限于测试结果的得出。

5. 反映社会需求

语言规划不是凭空想象,要关注与语言规划相关的社会环境,倾听来自不同群体的声音。高校语言规划是一个复杂的过程,需要将政治、经济、社会、宗教、人口结构、教育和文化等复杂的社会环境因素纳入考虑。此外,来自国际和国家组织以及政府机构在宏观和中观层面的外部政策限制学校自主权。为应对这种复杂性,需要不同的参与者加入语言规划行动,确保语言政策的合理性。语言规划参与者可以形成一个从国际到国家,再到地方直至基层和个人的等级序列，处于该序列不同层面的规划者所做出的尝试、付出的努力相互作用，既有利于共同利益的协调与合作，也不乏矛盾和冲突。实际上，大学语言规划需要连续的自上而下以及自下而上的广泛合作，以适应语言规划环境中各种相互矛盾的需求。通过分析哥大的"双语并行战略"可以发现，学校为语言政策的利益相关者提供广泛的参与空间，不仅加强校外合作，重视校内各个学院间的联系，而且注重将学生纳入语言政策的研究、制定和实施。

6. 确定教育资源投入

高校语言战略的成功实施需要国家的支持、相关部门的协作、充足的师资、完善的设施，而这一切都以稳定可靠的资金来源为保障。我们发现，无论是在哥大的"双语并行战略"的介绍之中，还是对其他配套项目的描述中，都很少提及资金来源。仅有在"让我们讲丹麦语吧！"这一项目中，提到其丹麦语课程是免费的。此外，在"让更多的学生使用更多样的语言"这一五年项目中提到每年60万丹麦克朗被作为种子基金，指导委员会将按照一套标准每年两次通过申请款项，但是并未明确资金来源。语言政策以及相关配套项目中对于资金保障的回避或者模糊提及难以真正确保语言战略的实施，往往导致理想与现实的较大差距。

7. 确定师资供给

高校语言战略的成功推广不能仅停留在表面，缺乏明确细致的课程和相关项目保障的高校语言战略规划最终只能沦为一纸空文。学校针对推广语言政策推出的语言课程以及其他课程应关注多种因素对教学效果产生的影响，除已经提到的学生的准入条件、教学大纲、教学方法、评估体系、社会需求、资源投入等，师资供给也会在很大程度上影响教学质量，进而对高校语言规划行为产生或积极或消极的作用。为保证课程效果，学校应明确师资供给，不仅注重教师数量，更应把教师质量作为重中之重。反观哥大的"双语并行战略",尽管学校推出基于研究、量身定制的多样化语言课程,配以丰富的语言课程项目,但是对师资供给却只字未提。学校开设课程、启动项目的初衷无可非议,但是对师资供给的忽略在日后难免会带来令人失望的结果。

(五) 声望规划

德国语言学家哈尔曼(Haarmann)在地位规划和本体规划之外提出语言规划的另一个新的维度,即声望规划[①]。语言声望规划发生在政府活动、机构活动、群体活动以及个人活动四个不同层级之中,每个层级反映不同的声望,其影响效率也不尽相同。声望规划是指制定语言政策并鼓励使用某种特定的语言形式,在重要或有声望的情境中得以充分利用语言的全部功能[②]。语言声望规划最主要的目标是语言推广,即制定政策提高某种语言在某个国家的地位以及声望。语言地位规划、本体规划、习得规划的完成并不代表语言规划活动的结束。为确保语言政策的影响力,语言推广不容忽视。此外,语言规划和政策推进不仅要求不同层次的机构推广语言,还要求个人和团体通过在重要领域使用该语言来实现语言智识化。大多数情况下,语言规划关注地位规划、本体规划、习得规划,而声望规划往往被忽视。然而,全球化的深入发展使得世界被不断压缩,各国联系不断增强,英语几乎无处不在;语言声望规划可以确保在多种语言构成的生态环境中某种语言拥有稳固的地位,在此背景下,语言智识化的重要性日渐上升[③]。哥大将丹麦语与英语置于平等地位,强调丹麦语用于全体教职员工以

[①] Haarmann, H. 1990. Language planning in the light of a general theory of language: a methodological framework[J]. *International Journal of the Sociology of Language*, 1990(86): 103-126.

[②][③] Kaplan, R. B. & Baldauf, R. B. Jr. 2003. *Language and Language-in-Education Planning in the Pacific Basin*[M]. Berlin: Springer.

及学生的生活、工作和学习,倡导把丹麦语作为一种科学语言、专业语言、高等文化语言,不断提升丹麦语的社会声望。

三、借鉴与启示

"他山之石,可以攻玉"。哥大基于教育国际化导向的整体发展战略提出了"双语并行战略",把丹麦语和英语放在同等重要的位置,同时注重推广多样化语言。该战略在内容建设方面有不少可圈可点的经验可资借鉴,这些经验值得中国高校关注和参考。在"双一流"建设进程中,中国高校应加强对语言战略的重视,全面关注语言管理、英语作为教学语言(EMI)规划、学术语言规划问题、外语教育规划四个方面。

(一) 语言管理

为推进并确保语言战略实施,哥大专门成立 CIP 来研究和应对各类语言问题,以求更好地实施和推进"双语并行战略"。CIP 不但是语言政策研究和管理机构,也是一个资源提供者,负责提供语言研究以及语言学习方面的信息、资源,推出多样化语言课程,并组织各类语言活动。这一语言管理机构的建设具有重要借鉴价值。高校不仅是国家培养高素质人才的重要基地,也是维护和保护国家语言文字的重要阵地。加强高校语言管理既是历史和社会赋予的使命,也是应对和解决高校语言问题的迫切需要。中国高校通常均设有语言文字工作委员会,负责推广普通话、进行普通话测试等具体工作。但从语言战略角度看,高校语委的语言管理职能单一模糊,缺乏科研规划。因此,对高校的语言管理工作必须做到与时俱进、开拓创新,扩大并明确其职能范围,注重科学研究。参考哥大经验,中国高校可以从管理理念、管理机制、管理队伍、管理手段四个方面入手,营造良好的语言环境,全面提高人才素质,逐步实现高校示范社区、社区辐射社会的长远目标。

(二) 英语作为教学语言(EMI)规划

为顺应全球化发展趋势,高校改革不断加快,以英语为媒介的教学已经成为高等教育国际化改革的热点。哥大在其网站首页的"学在哥大"板块中明确表明英语作为教学语言的地位,为国际留学生提供以英语为媒介的课程。此外,哥大的 CIP 致力于开发英语作为教学语言的多样化课程。进入 21 世纪以来,中国高校将英语作为教学语言的规划步伐日益加快。早在 2001 年,教育部就发文要求在本科教育方面积极推行使用英语等外语进行专业课讲授;教育部与财政部也共同推出"2007—2010 三年计划",支持建设了 500 门双语教学示范课程;上海市教委从 2009 年起开展"上海高校示范性全英语课程"建设,每年在全市范围重点资助建设 100 多门示范性课程。但是,由于对 EMI 规划缺乏经验和配套措施,学界对于高校双语教学问题的争论不绝于耳,甚至有学者提出高校双语教育与母语使用能力培养相冲突[1],英语作为教学语言的地位备受争议。此外,我国高校双语教学在制度体系、师资力量、学生水平、教材选用等方面依然面临种种问题[2],存在教学目标定位模糊、课程设置不合理、适任教师不足、学生外语水平低下、教材选取失误和教学方法落后等缺陷。这既反映出双语教育这一热点话题备受关注,同时也预示着妥善规划双语教育的紧迫性。

(三) 学术语言规划

在全球化浪潮下,知识与技术无国界的人类共享性日益凸显,学术研究不再是一项"闭门造车"的活动,各个高校不断加强学术

---

[1] 蔺丰奇,2003,高校实施"双语教学"中存在的问题及对策[J],复旦教育论坛(3)。
[2] 侯丽、陈倩,2017,基于问题导向的双语教学研究[J],科技创新导报(3)。

跨国交流与合作以实现其国际化战略目标,学术国际化成为一个热门话题。在此背景下,我们必须注重语言在学术研究的国际交流和传播中所扮演的"桥梁"作用,高度重视学术语言规划。英语在学术领域无疑拥有"至高无上"的地位,但是哥大同样重视丹麦语在这一领域所扮演的角色,明确丹麦语作为学术语言的地位,对其进行进一步规范、完善。相比国外,我国国际学术语言规划研究尚未系统开展,导致学术语言规划领域的语言问题日益突出[①]。因此,合理规划学术语言,最终达到汉语学术在世界上兴起这一境界是我们为之努力的方向[②]。

(四) 外语教育规划

哥大为顺应全球化发展趋势、迎合高校国际化潮流,把语言教育特别是英语教育列为重点关注对象,明确学生准入标准,提供富有针对性的语言课程,选取先进的教学方法,建立针对性明确的英语语言能力认证评估体系,倾听多方意见。改革开放和经济全球化使世界范围不断"缩小",外语(尤其是英语)的媒介作用日益明显。在此背景下,我国高等教育尤其是高等外语专业教育事业发展迅速,然而若冷静地审视我国高校外语教育的现状,可以发现问题依然存在,其中既包括外语教育本身存在的缺陷,也包含社会对外语学科地位的质疑。在新的历史时期,以国家政策为指导,加强教研结合显得尤为重要。具体来讲,充分发挥外语专业教学指导委员会的作用,制定外语教育整体发展规划,探索外语学科新观念,完善外语教师资格认证制度,明确学生准入标准,提供以研究为基础的语言课程,创新外语教育方法,健全外语能力评估体系,关注各方意见,使外语学科真正承担起为国家和社会发展服务的

---

① 沈骑、夏天,2013,国际学术交流领域的语言规划研究:问题与方法[J],外语教学与研究(6)。
② 桑海,2013,中国学术国际化的三重境界[J],理论视野(7)。

重大使命①。

  "双一流"建设是我国国家战略转型,实现高等教育国际化战略发展的重要任务和使命。在此背景下,如何制定合理的高校语言战略以适应日新月异的发展环境,服务和对接国家总体发展战略,实现建设世界一流高校和一流学科的宏伟目标已经成为亟待解决的问题。我们希望高校语言战略的制定将以多元的视野,以"大道多容"的心态,以开放的气息,坚持从本国本民族实际出发,取长补短、择善而从。我们欣喜地看到,中国高校在"双一流"建设中,与世界顶尖高校的差距正不断缩小。参考和借鉴世界一流大学的语言战略,全面思考语言战略规划,服务于高校整体发展战略,有助于提升中国高校国际对话和交流能力,争夺世界高等教育领域的国际话语权,也有利于打造一批具有国际视野、开放包容的世界一流大学。

---

① 戴炜栋、吴菲,2010,我国外语学科发展的约束与对策[J],外语教学与研究(3);沈骑,2015,外语学科发展的责任与使命——略论许国璋外语教育思想三观[J],当代外语研究(11)。

第三章　外语教育规划的中国问题

第一节　语言规划视域下的大学外语教学改革

改革开放 40 多年来,高校公共外语教学改革始终备受关注,是中国外语教育政策与规划的重点领域之一。早在 1978 年召开的全国外语教育座谈会上,关于高校公共外语教学这一受众群体较大、涉及面极广的外语教育政策性问题,就被专题研究过[1]。当时有一大批专家,如许国璋[2]、桂诗春[3]和王季愚[4]等都对高校外语教学改革的方针与任务,进行过深入而细致的思考。40 多年来,中国高校公共外语教学得到了全面恢复与发展。大学外语教学伴随着国家经济建设、科技进步、社会变迁与高等教育发展步伐,开创并经历了从课程体系到教学模式,从课程整合到技术融合,从规模发展到内涵提升改革与创新之路[5]。在回顾和总结大学外语教学发展历程中取得的成绩的同时,有学者反思 40 多年来

---

[1] 李传松、许宝发,2006,中国近现代外语教育史[M],上海:上海外语教育出版社,第 386—387 页。
[2] 许国璋,1978,论外语教学的方针与任务[J],外语教学与研究(2)。
[3] 桂诗春,1980,我国应用语言学的现状与展望[J],现代外语(4)。
[4] 王季愚,1981,回顾与展望——为中国外语教学研究会成立大学准备的发言稿[J],外国语(5)。
[5] 胡壮麟,2015,对中国外语教育改革的几点认识[J],外语教学(1);王守仁,2017,转变观念　深化改革　促进大学外语教学发展[J],中国大学教学(2);胡壮麟,2018,不忘初心,改革开放——高等教育改革 40 周年有感[J],当代外语研究(3);蒋洪新,2018,关于新时代英语教育的几点思考[J],外语教学(2)。

高校外语教学改革中存在的问题。在对宏观改革问题的反思中,蔡基刚指出国内对于中国外语教育定位的讨论明显缺失,同时他提到中国高校英语教育政策是"失败的"①。蔡先生是国内最早从语言政策角度考虑外语教育问题的学者之一②。无论他的观点正确与否,我们认为大学外语教育的定位和政策规划问题,是值得学界关注并深入讨论的一个重要问题。

一、大学外语教学的属性与定位之争

近年来国内对大学外语教学的定位产生过较大的争论,争论焦点在于大学英语课程的人文性与工具性上。笔者曾就全球化3.0时代背景下对中国外语教育的价值定位困局做过讨论,提出建构中国外语政策多元互补的战略价值取向③,也从政策价值与课程价值维度对这个问题进行过讨论④,提出大学英语教学是具有多元价值取向的,必须根据具体课程设置目标来确定。事实上,现有人文性与工具性的争论,是混淆了教学的教育性与教育的教学性,两者并不具可比性。一方面,外语教学的人文性是毋庸置疑的,这是一个教育学问题。语言教学的人文性体现是具有整体意义的,韩宝成⑤就将人文素养与语言能力、心智能力一起作为整体外语教育的三个目标提出来,这也与其他课程或是专业教学的教育性是一致的。另一方面,外语教学的工具性是一个教学论的问题,任

---

① 蔡基刚,2017,中国高校英语教育40年反思:失败与教训[J],东北师大学报(哲学社会科学版)(5)。
② 蔡基刚,2003,外语能力培养与我国外语政策[J],外语与外语教学(5)。
③ 沈骑,2017,全球化3.0时代中国外语教育政策的价值困局与定位[J],当代外语研究(4)。
④ 沈骑,2011,外语教育政策研究的价值之维[J],外语教学(2);沈骑,2014,转型期大学英语课程的价值追问[J],外语电化教学(2)。
⑤ 韩宝成,2018,整体外语教育及其核心理念[J],外语教学(2)。

何否定语言教学的工具性价值的提法,都是错误的。所以,从教育逻辑上看,外语教学的人文性与工具性是一般性与特殊性的关系①。但是上述争论的产生,却在一定程度上说明当前大学外语教学的定位不明、价值取向不清晰。现有的学术讨论在很大程度上,都忽视了大学外语教学在高等教育体系中的基本属性与价值定位问题。

  当前,随着国际形势变化、中国国际地位提升、大学"双一流"建设提速、人工智能等高科技革命浪潮日盛,大学外语教学应当何去何从? 如何适应并服务于新时代发展的客观需求? 2018年,教育部高等教育司在北京召开了加强公共外语教学改革工作会议,正式提出要从国家战略高度规划公共外语教学,为主动服务"一带一路"建设,加强国际组织人才培养工作,启动了面向非外语专业学生的公共外语教学改革试点工作,在国家政策层面对大学外语教学做了重要导向,对教学实践将会产生深远影响。近些年来,大学外语改革步伐加快,关于大学外语教学改革规划与政策的研究备受重视,但是相较于传统微观的教学研究而言,从语言政策与规划角度研究大学外语教学改革的研究成果明显不多,且较为零散②。我们认为衡量和评价大学外语教学改革的成功与否,需要客观地从语言政策与规划角度全面考察与分析,不宜仓促下结论。国外语言规划学者开普兰(Robert Kaplan)等人③认为有时语言教育规划不成功,是由多方面原因造成的,需要从整体复杂和动态语言规划过程来看。因此,无论是理性与客观分析大学外语教学改革的成败得失,或是重新思考大学外语教学的定位与政策规划问题,都需要从语言规划与政策角度,重新审视大学外语教学规划

---

① 杨启亮,2008,教学的教育性与教育的教学性[J],教育研究(10)。
② 魏芳、马庆株,2010,语言教育规划视角中的外语教育[J],南开语言学刊(1);王银泉,2013,从国家战略高度审视我国外语教育的若干问题[J],中国外语(2)。
③ Kaplan, R., Baldauf, R. & Kamwangamalu, N. 2011. Why educational language plans sometimes fail[J]. *Current Issues in Language Planning*, 12(2): 105-124.

的价值定位,构建新时代大学外语教学规划思路,希冀以此推动新时代大学外语教学改革的深入前进。

二、高校语言教育规划的内容框架

近年来,语言教育规划的内容进一步拓展,形成了宏观、中观与微观语言规划三位一体的全方位规划格局。仅以高等教育领域的语言规划为例,传统高校语言规划主要关注宏观层面的语言教育规划文本的制定,并没有关注到高校的语言生活全貌,更没有重视高校语言规划问题的复杂性与系统性。这就导致高等教育领域的语言教育政策因"高高在上",却"不接地气"。而另一方面,高校存在的众多语言教育问题却无人问津,高校语言课程与教学缺乏整体规划,语言教学在高校难免处于被边缘化的尴尬境地。著名语言政策与规划研究学者罗伯特·菲利普森(Robert Phillipson)从高等教育国际化的大趋势着眼,在他提出的高校语言规划分析框架中,指出高校语言习得/教育规划就是一个创建并维持语言实践共同体的过程,为此,高校语言教育规划内容包括:1)明确规划的功能与目标;2)关注以提升语言应用能力为主体的学习过程;3)重视元语言能力、元交际能力与跨文化能力的培养,以适应多语社会翻译与对比语言学习需求;4)充分考虑到计算机与网络技术与语言教学的整合,尤其是语言学习中的自我学习能力培养;5)充分考虑语言在高校师生不同阶段知识吸收与知识创造过程中所扮演的角色;6)充分考虑语言在高校内外载体上的知识分享与传播的作用(如国际学术论著、本地大众媒介、教科书、参考书与网络等载体)[①]。

---

① Phillipson, R. 2017. Additive university multilingualism in English-dominant empire: The language policy challenges[A]. In Facetten der Mehr-sprachigkeit. *Reflets du Plurilinguisme*[C]. Michael Langner und Vic Jovanovic(Hg.). Bern: Peter Lang, pp.139-161.

这个语言教育规划内容构成是基于欧洲高校面临多语社会环境所提出的规划要素及内容,意在促使高校直面语言社会现实,充分考虑语言多样化与高校发展战略定位,开展具有整体与系统意义的语言教育规划。

三、大学外语教学价值的重新定位

从高校语言规划与语言教育规划理论看,改革开放以来,大学外语教学是中国高校语言教育规划最有特色的一个领域,世界上没有第二个国家会在高等教育阶段如此重视并普遍地开展大学外语教学。中国大学外语教学的投入与受众之多,都堪称世界外语教育史之最。在新时代,大学外语教学实际肩负着中国高等教育领域国际化的重任,同时也是人力资源规划与发展中提升人才国际素养(global competence)的基本途径。因此,重新认识和定位大学外语教学的价值取向也成为当务之急。

(一) 实用工具价值

改革开放40多年来,大学外语教学的实用工具价值是其安身立命之本。从改革开放之初为恢复与加强国家引进国外先进科技与文化,到为经济建设培养外语专业人才;从为接轨国际、走向世界输送外向型人才,再到服务于国家走出去战略,致力于提升大学生的国际交流与合作能力。大学外语教学改革实际上是顺应并服务于中国高等教育从精英化向专业化、从大众化向国际化转型的发展,都是切实为提升大学生外语能力而服务的重要课程(群)。当前,在"一带一路"建设与全球治理新格局之下,大学外语教学更应当在"一专多能"(外语能力)和"一精多会"(外语)两个方面发挥作用。因此,大学外语教学必须强化以提升学生语言应用能力为目标的教学内容,除了日常外语使用能力之外,不仅需要考虑到国家战略和社会发展的客观需求,同时也应该服务于学生的专业需求、升学需求与未来职业发展的需要,科学系统地规划并设置各类外语课程,丰富大学生的外语学习体验与经历。鉴于我国高校层次与类型较多,各高校就应该因地制宜地结合校本特色开展大学外语教学,开设一些"人无我有""人有我优"的外语课程,而不应当拘泥于"千篇一律"的语言基本功教学,避免重复简单与机械的语言技能训练。

(二) 文化调适价值

大学外语教学是提高学生跨文化能力与国际素养的重要途径。外语学习从本质上看,就是一个跨文化学习与体验的过程,语言与文化之间也是无法隔离开来相辅相成的关系。在全球化语境下,大学外语教学规划的文化调适功能也不可偏废。一方面,外语教学并非只是外国文化的单向"传声筒",而应当鼓励双向的"文明互鉴"。改革开放40多年来,大学外语教学侧重于介绍与传播西方国家,特别是欧美的文化习俗、思想文化乃至价值观,在一定程度上,"欧风美雨"盛行,中国本土文化严重失语。如何利用外语教学传播中国文化,加强高校外语思政教育,是当前大学外语教学改革亟须思考的重要问题。另一方面,外语教学的文化调适,必须维护人类文化多样性,促进世界不同文明互动融合。早在2001年,联合国教科文组织第31届大会通过了《联合国教科文组织文化多样性宣言》,该宣言提出的背景就是针对欧美文化霸权,尤其是"美国文化全球化"对于世界文化多样性的重要影响,提出文化多样性是人类共同遗产。正如汤哲远所说:"人类文明是多元化的文明,是不同民族文化的共同体,就文化层面而言,全球化显然不是单一价值体系的西方文化,而是世界不同民族的文明互动融合呈现出来的一种态势。"[1]在注重中国本土文化传播的同时,大学外语教

---

[1] 汤哲远,2007,"孔子"为什么要走向世界[N],中国教育报,2007-06-23。

学还应充分考虑到语种和文化多样性问题,特别是在推进"一带一路"建设过程中,大学外语教学在坚持英语教学为主的前提下,可以适当增设小语种语言与文化课程,融入区域国别知识,向学生充分展示世界不同民族的文化思想、价值观与风俗习惯,拓宽学生的跨文化学习体验的国际视野。

(三) 话语建构价值

大学外语教学不能忽视其对外话语建构的价值。众所周知,语言表征着权势,具有影响和建构话语主体自身形象,获取或是争夺话语表达权利,从而影响他人行为的作用。李宇明先生从语言学角度,认为国际型的中国必须拥有国际话语权,他提出了话语权的三个层次:"一是发言权,即有资格发言,有机会发言。二是影响力,即有人愿意听发言,听了之后有所响应。三是话题权,即有设置话题的权力,有控制话题发展的能力。"[1]他认为话语权的获取和争夺,在很大程度上受制于经济、政治、文化、教育、科技和军事等因素,但是语言文字也会起到很大作用[2]。国际话语权的提升,离不开现在乃至未来国家高层次人才的对外话语能力建设。从外语规划角度看,语言的实用价值与文化调适价值是提升对外话语能力的基础,而话语建构能力则是对外话语能力的终极目标,这也是新时代大学外语教学改革的根本取向。根据高校"双一流"建设、高等教育知识创新战略以及教育部发布的《高等学校基础研究珠峰计划》等重大战略部署,大学外语教学必须在话语建构方面有所作为,不能止步于对学生一般意义的听说读写能力的培养,必须拓展并提升学生国际学术话语、专业知识国际交流、学科前沿国际对话和中国知识国际表达这四种对外话语能力,从而提升中国的

---

[1] 李宇明,2012,当代中国语言生活中的问题[J],中国社会科学(9)。
[2] 李宇明,2006,中国的话语权问题[J],河北大学学报(哲学社会科学版)(6)。

国际学术话语权。

四、新时代大学外语教学改革的规划思路

基于高校语言教育规划的内容框架与大学外语教学的价值定位,我们提出了大学外语教学改革的规划新思路。

(一) 大学外语教学规划的功能与目标

国家在基础科学研究与科技创新战略发展新形势下,都对高层次人才的外语能力提出了新的要求。当前中国高校发展肩负着教书育人、科学研究、社会服务、文化传承与国际合作五大任务[①],大学外语教学必须紧密服务于不同类型高校发展、各类学科专业建设的现实需求,制定具体可行、差别化的外语教学规划的功能与目标。例如:双一流高校的大学外语教学必须充分对接高校新的定位,为冲击世界一流大学和一流学科服务,以提升学校整体外语能力、提高人才全球科技文化素养、夺取国际话语权为教学规划目标。再如,一些行业特色鲜明的高校外语教学规划,就应当对接行业发展和科技发展需求,加大对各类人才科技外语能力和对外交流能力的培养,这对服务于"一带一路"建设具有重要意义。对于地方应用性本科高校而言,服务地方经济与社会发展、提升各类人才的语言服务能力,应当成为这类院校大学外语教学规划的主要目标。

(二) 提升语言应用能力

提升学生的语言应用能力是实现教书育人这一根本目标的基石,也是大学外语教学工具性价值所在。改革开放 40 多年以来,

---

① 刘宝存、张伟,2017,国际交流合作:经济全球化时代大学的新使命[N],中国教育报,2017-04-27。

大学外语教学改革在这方面积累了很多经验和做法，从课程教材建设到教学模式改进，从教学评价到考试测试，都取得了长足的进步。但是，由于学习者差异较大、师资水平参差不齐和教学资源不足等现实原因，大学外语教学距离学以致用这个目标还有很大的差距。因此，从外语教育规划过程角度，研究大学外语课堂教学问题与规律，寻找并发现社会与高校对于学生外语能力的现实要求，分析制约和影响学生外语能力提高的因素，已成当务之急。此外，从服务于"一带一路"建设和全球治理等国际化使命看，大学外语教学需要切实提高外语的语种建设，在有条件高校试点开展大学第二甚至是第三外语课程建设，打破公共外语教学存在的语言单一的现状，实现高校多语发展的新局面。

（三）提高国际文化素养

国际文化素养是高校文化传承的重要使命，同时也是国际合作的现实基础。随着中国成为世界关注的国际型国家，高等教育承担的文化使命与对外交流任务频繁，教育与文化外交也日益成为大国外交的必要组成部分。在世界多元化与跨国流动加剧背景下，大学外语教学需要在原有偏重于欧美的跨文化教学基础上，利用区域国别研究的力量与知识体系，整合构建"超文化"教学模式，即把全球化语境下的文化身份流变作为重要问题来对待，融合世界不同文化要素于外语教学之中，提升学生对于不同的异文化甚至是日新月异创生的混合文化（hybrid culture）的鉴赏和比较能力，为形成国际文化素养打下坚实的基础。

（四）深度融合人工智能

在人工智能等高科技发展冲击下，大学外语教学改革也要加强与技术的融合与创新，探索深入融合学习科学的教学模式。尽管目前的 AI 技术还处于一种弱人工智能阶段，仅能对外语教学提供一种辅助手段，尚无法彻底替代传统的外语课堂教学模式。但是，从语言技术发展趋势看，对传统外语教学产生颠覆性作用的学习科学势不可挡，人与机器深度融合的学习科学系统是大势所趋，大学外语教学必须提前应对并开展相关研究。人工智能时代的外语教育与研究都将面临一场深刻的变革与创新，这意味着外语教师将从传统语言知识讲解与简单的听说教学中解脱出来，但同时也对大学外语教学的"含金量"提出更高要求。传统的外语课堂可能将要面临一场技术革命，未来的外语课堂将是外语教师积极引导学生从事自主学习与探索，充满课堂互动与对话，集教学指导与研究分析于一体的教学资源空间。这将对现有教学模式、课程体系乃至师资水平带来巨大的挑战。

（五）科学知识双向互动

科学知识的国际传播事关中国对外话语体系建设和国际学术话语权大局。无论是基础科学研究，还是应用科技创新，都离不开国际学术交流与对话。此外，高校的科学研究与社会服务的双重使命，都决定了大学外语教学必须服务于科学研究国际传播与交流的需求。在双一流建设高校的国际化战略中，如何促进本土科学知识体系国际传播，需要强大的外语服务能力作为支撑，大学外语教学责无旁贷。一方面，大学外语教学需要加大与各类专业学科的融合，打造出服务于本校学科特色的专门用途外语课程，促进外语课程与专业的衔接与整合，大学外语教学应为学生架设获取和学习国际最新知识的"桥梁"；另一方面，大学外语教学还需要强化学生的国际学术交流能力培养，建立涵盖论文写作、文献阅读、资料检索等与学术交流密切联系的实践性课程教学体系，或是建立类似国外高校那样的写作中心，为提升中国本土知识的国际传播能力创造语言条件。从我们对国内部分一流高校的调研情况看，目前这两方面的工作都已经有所起色，但效果并不显著。除了客观上高校管理部门重视与投入不足之外,一个重要原因还是各大高校较为缺乏胜任这类教学的师资,这是大学外语教学规划必须重视的问题。

自改革开放以来,中国大学外语教学从无到有,从弱变强,逐步发展成为中国高校提升学生外语能力的基础,也是中国高等教育培养学生国际素养、提高国际学术话语能力的重要支撑。在当前国家和高校战略发展的重要机遇期,大学外语教学改革与规划不能简单定位成一门基础公共课,而应当重新定位其价值,通过高校语言教育规划的顶层设计,积极创新课程体系,从政策制定、制度创新、语言文化、科学技术和话语规划等方面开展大学外语教学规划,为在新时代构建具有鲜明特色、对接并服务于国家战略和高校发展全局的大学外语教学体系创造有利条件。

第二节 语言教育规划视域下的大学英语课程规划[①]

大学英语教学改革是中国外语教育规划的主要领域之一。但是相对于大学英语教学研究的庞大体量而言,学界从语言教育规划角度探讨大学英语课程改革的成果尚不多见。本研究首先爬梳大学英语课程规划的三大路径,以大学英语教育实践中存在的现实问题为导向,分门别类、统计分析国内 42 所双一流高校外语培养方案在大学英语课程规划中存在的问题。经过梳理发现,我国大学英语课程规划集中于工具性和文化性范式探索,资源范式规划不足。本节不仅分类别探讨了大学英语教育存在的问题,并且

---

① 本节合作者为同济大学博士生孙雨,原文题目为:语言教育规划视域下我国大学英语课程规划研究[J],外语学刊,2023(06):34-41。

尝试在语言教育规划理论指导下拟构出我国大学英语课程规划的基本框架。研究结果能为我国高校大学英语教学的课程改革、建设和研究提供参考和帮助。

一、大学英语课程规划的三大路径

大学英语课程规划是外语教育规划的重要组成部分。正确理解其发展路径有助于把握外语教育规划的方向。库珀[①]认为,语言规划需注重语言习得与教育活动规划,教育领域的语言规划关系到语言传承与安全。开普兰和巴尔道夫[②]指出,语言教育规划是人力资源发展的重要组成部分,旨在培养和维持个人或团体在特定语言环境中的语言能力,满足其在社会、机构和个体需求中的多种用途。大学英语课程规划是当前中国语言教育规划的重要任务之一。

(一) 大学英语课程规划的工具路径

自改革开放以来,我国外语教育规划经历重要转变,从政治导向转向服务社会经济发展大局。特别是随着我国加入世界贸易组织,大学英语教育逐渐成为主导。对于大学英语教育的"工具性"和"人文性"的讨论也引起学界关注。蔡基刚[③]对英语教学目标提出质疑,主张英语教学应注重其工具性目标和价值。语言作为人们交流的主要工具,不同语言因其交际功能的不同而具有不同的价值。在外交和沟通过程中,英语教育的有效性和实用性首先体

---

① Cooper, R. 1989. *Language Planning and Social Change*[M]. Cambridge: CUP, p.45.
② Kaplan, R. B. & Baldauf, R. B. Jr. 2003. *Language and Language-in-Education Planning in Pacific Basin*[M]. Berlin: Springe, p.217.
③ 蔡基刚,2019,外语教育政策的冲突:复合型人才还是英语专业人才培养[J],东北师大学报(哲学社会科学版)(4)。

现为其作为工具的价值。英语教育规划的工具范式在使用价值方面体现为满足国家和社会对外语人才的需求以及交换价值。例如，个人通过"投资"英语学习，获取英语语言文化资本，从而获得经济收入、求学、就业和职位晋升等外显收益。

(二) 大学英语课程规划的文化路径

语言作为各自文化的传播媒介，其文化价值取向随着语言规划中心的转向从语言本体向个人逐渐凸显。在大学英语课程规划中，重视文化路径的设计和实施对于培养学生的跨文化交际能力、全球意识和语言技能都具有重要意义。黄文红和方帆[1]对6位来自不同学科、以英语作为教学媒介（EMI）的教师对中国大学的文化和文化教学的看法与实践进行研究，其结果显示，人文社科背景的教师对文化有动态的理解，而科学、技术、工程和数学背景的教师没有意识到将文化教学纳入EMI课堂的必要性。顾晓乐[2]对1 170名中国大学EFL教师开展的全国性调查报告指出，由于中国缺乏行政鼓励、支持或必要条件来推动教师在语言教学中跨文化维度的实施，大多数教师未能成功地将文化融入他们的教学实践中。

(三) 大学英语课程规划的资源路径

鲁伊兹（Ruiz）[3]正式提出语言资源观，认为在实践过程中可

---

[1] Huang, W. & Fang, F. 2023. EMI Teachers' Perceptions and Practices Regarding Culture Teaching in Chinese Higher Education[J]. *Language, Culture and Curriculum*, 36: 2, 205-221.

[2] Gu, X. 2016. Assessment of intercultural communicative competence in FL education: A survey on EFL teachers' perception and practice in China[J]. *Language and Intercultural Communication*, 16: 2, 254-273.

[3] Ruiz, R. 1984. Orientations in language planning[J]. *NABE Journal*, 8(2): 15-34.

以将语言少数族裔社区看作专门知识的重要源泉。在语言规划实践中,语言作为资源的规划主要包括:智识、政治、经济、文化、社会和权利6个方面①。语言资源观的提出是语言规划积极融入人类语言日益多样化语言生活现状、缓和语言矛盾、维护语言生态、避免语言冲突的学术主张,成为当代语言规划研究的重要范式。在外语课程规划中,强调学生的多样性和多语言能力,承认学生来自不同的语言背景,拥有丰富的语言资源。通过鼓励学生使用他们的母语和其他语言资源来促进跨文化交流和学习,创造一个鼓励学生之间的语言互动和合作的环境。通过小组讨论、合作项目和语言交换活动等方式,鼓励学生分享和利用彼此的语言资源。结合语言和其他模态,如视觉、听觉和身体活动,设计多样化的学习活动。通过使用图片、视频、音频和角色扮演等资源,激发学生多感官参与,提高他们的语言学习效果。

二、中国大学英语课程规划调查

(一) 研究设计

本研究拟解决以下问题:1)大学英语课程的结构、教学方法、课程内容规划的工具性、文化性和资源性导向方面有何问题?2)从语言资源视角出发如何构建有效的大学英语课程规划体系?

本研究根据格拉瑟和施特劳斯(Glaser & Strauss)②提出的"程序化扎根理论",利用Nvivo11.0辅助进行三级编码的数据分析方法,对数据不断进行比较、抽象、归并,逐渐提炼概念类属、关

---

① Ruiz, R. 2010. Reorienting language-as-resource[A]. In J. Petrovic (Ed.), *International Perspectives on Bilingual Education*[C]. Charlotte, NC: Information Age, pp.155-172.
② Glaser, B. & Strauss, A. 1967. *The Discovery of Grounded Theory: Strategies for Qualitative Research*[M]. Chicago: Aldine.

联类属和核心类属,呈现大学英语课程改革存在的问题及影响因素。本研究主要根据学校的学术声誉、师资力量、研究成果、教学质量、学科排名、国际化水平指标选取42所国内世界一流大学建设高校的大学英语培养方案,这42所大学涵盖不同地区、不同类型的高校,代表国内高等教育的多样性。研究这些大学可以获得更全面的数据,有助于了解国内大学英语人才培养的共同特点和差异。然后对培养体系部分进行集中研究,主要包括以下3个阶段:

一级编码:建立"问题库"。通过搜集整理42所高校大学英语培养方案中存在的"问题",共整理出数百条课程相关问题。然后小组成员确认问题,去除不属于调研范围的问题词条,共建立高校外语教育"课程类"问题库232条。

二级编码:进一步归纳整理一级编码形成的232条"课程类"问题文字表述,整合出更高层次的类属,即提取核心问题、核心关键词、核心概念,进而简化各类问题,对其命名。

三级编码:在一级编码和二级编码的基础上进行"问题"归类与统计。将命名的问题进行"同类合并",首先将提取出的问题经过一次合并得出二级分类,将同类的二级分类再合并得出一级分类,发现"课程问题"的一级分类方式有两种:课程种类和课程问题类型。最后对课程问题进行统计:为了便于结果分析和讨论,以两种分类方式交叉制成表格,统计具体问题的数目,计数标准为各类问题被"提及"的次数。

在编码过程中,研究者的主观判断和个人经验可能影响结果。对于工具性、文化性和资源性的编码,理解和观点不同可能导致不同编码结果。选择分析的文本数据前,偏向性和个人喜好可能导致编码偏差。研究者可能偏向选择支持特定观点的文本,而忽视其他观点。同时,多个编码者参与的情况下,他们之间的理解和判断可能不一致,导致编码结果不一致。为了检验编码信度,研究者进行百分比同意度和内部一致性检验。研究者自身在 14 天间隔内对培养方案文本内容解读稿进行编码,比较两次结果后,发现内部一致性为 95.27%。此外,一名应用语言学博士生对同一份文稿进行编码,经检验后得出一致性为 92.36%,显示编码信度较高。

表 3.1 三级编码示例

三级编码	二级编码	一级编码
工具性导向	国家需求	中国高校发展肩负着教书育人、科学研究、社会服务、文化传承与国际合作五大任务
	社会需求	大学英语教学必须紧密服务于不同类型高校发展、各类学科专业建设的现实需求,制定具体可行、差别化的外语教学规划的功能与目标
	个人需求	提高学生的听说读写、综合运用英语的能力
文化性导向	课程数量	合理安排大学英语课程的数量,给学生充分的自由学习时间
	课程内容	合理安排教学课程内容,兼顾思想文化学习
	教师培训	保证大学英语教师的培训学习权利,提升教师的业务水平
	教师数量	兼顾英语专业师资的前提下,配备充足的大学英语教师数量
资源性导向	外在价值	大学英语教学应当服务于国家安全、经济、文化、外交、公共关系领域
	内在价值	大学英语教学应体现其文化传承、身份建构和文化体系建构等

(二) 大学英语课程规划问题调查结果

通过对 42 所高校大学英语培养方案搜索、整理,对 232 条课程类问题提取、定性、归类和统计,结果显示工具性导向问题有136条,占59%;文化性导向问题有67条,占29%;资源性导向问题有29条,仅占12%。

1. 工具性导向大学英语课程规划存在的问题

语料的归纳统计揭示的问题是:在制定课程《教学大纲》或确定课程模式之前,对学生、社会或学校自身的需求缺乏完整且动态的需求分析。常俊跃[①]的研究也发现大学英语课程和研究生英语未能充分关注学生和社会的需求。缺乏或不充分的需求分析可能导致课程内容对学生个人成长或就业帮助有限,与学生的相关性不高,从而削弱其学习动机。此外,这可能会浪费学生的时间和大学英语教育资源[②]。因此,需要深入探讨以下问题:如何实现全面而科学的需求分析;如何权衡学校、学生、机构和社会各方的需求;如何确保具体的课程设置与实施相匹配。此外,大学英语课程涵盖的专业范围广泛,不同专业学生的需求各异,这也需要重点研究。

在人才培养目标规格方面,有以下具体问题需要解决:大学英语课程缺乏明确要求,导致课程内容中缺乏文化知识的渗透,对文化理解能力的培养不受重视。一些专业由于建设时间较短,人才培养目标规格需要进一步探索完善。此外,大多数学校重视学生的语言能力培养,但忽视语言应用能力的培养,导致后续课程设置和课程实践偏向研究型。作为纲领性文件,"人才培养目标和规格"决定着培养何种类型的人才,对课程设置和课程实践具有指导性作用。因此,人才培养目标规格需要具备明确性、方向性和灵活性等特征,以更好地指导具体的课程设置和课

---

① 常俊跃,2021,对我国外国语言文学学科及其学科方向设置的思考[J],中国外语(3)。

② 陈冰冰,2011,追求课程和教学的本真意义——整体课程论视域下大学英语课程新思考[J],外语电化教学(3)。

程实践。

大学英语作为公共外语课程的必修课，普遍存在过于偏重语言基础知识传授、而相对忽视语言运用和交际能力培养的问题。这表现在课程设置过多关注文法、词汇等基础知识，而较少注重实际语境中的语言运用和沟通技能的培养。学生可能在实际交流中显得不够灵活，缺乏应对真实语境的能力。为解决此问题，需要课程更强调口语、听力、写作等实际应用技能的培养，采用互动式学习和实践任务，评估方式也应更多元化，以便全面了解学生的语言能力。这样的改进有助于更好地满足学生未来在职业和社交生活中对英语能力的需求。

2. 文化性导向大学英语课程规划存在的问题

文化导向问题涵盖课程设置、教材和师资。希夫曼（Schiffman）[1]指出，与语言相关的行为、知识、文化、思维方式和特定语境与"语言文化"（linguistic culture）紧密相关。因此，大学英语课程改革的文化导向取决于教材选择、课程结构调整和师资配置。

（1）大学英语课程设置问题

课程设置规范与否的参考标准是《大学英语教学指南（2020版）》。大学英语课程设置，或采用复合型人才培养模式，或采用应用型人才培养模式，其课程设置没有"全面"解读并依据《大学英语教学指南》，使得课程设置和人才培养目标/模式出现对位偏差。由此可见，课程设置/实践前要对文件纲领作细致、准确、全面的解读，尽量向实现人才培养目标的方向靠近。

课程设置也不能仅仅依靠于或受限于文件规定，否则会出现"课程设置一刀切"的问题。如大学英语课程设置、研究生公共英

---

[1] Schiffman, H. F. 1996. *Linguistic Culture and Language Policy*[M]. London: Routledge.

语课程设置注重统一性,但缺乏多元性和灵活性。因此学校具体的课程设置在与文件纲领保持一致的情况下,还需结合自身学校、学生具体的情况。"课程设置没有统一规划管理",不仅选修课程存在这一问题,大学英语也同样存在课程管理问题。

"课程设置不合理"的问题指向各类专业课程或具体课程设置"理念不合理"的问题,比如课程设置以及实践偏重知识的教授,忽视运用知识即相关能力的培养。大学英语教学要培养的是学生的知识、技能还是能力,侧重点应当在哪里?如何创新课程体系建设?这些问题还值得进一步探索研究。

同时,在课程结构设计中,需要在事先对各类专业学习者及社会需求有明确的理解,对其重要程度进行评估,并将其所占学时学分与整个课程改革的文化导向联系起来。将课程内容与实际生活和职业需求紧密结合,强调实际语言运用能力,使学生感到学到的内容直接关系到他们的生活。通过与学习者及社会需求密切关联,大学英语课程能够更好地维系基础英语的课程地位,使学生更具备实际应用能力,更好地迎接未来的挑战。

此外,大学英语课程设置碎片化,大学英语课程被分解为听、说、读、写、译几个部分授课,导致语言学习被分为若干个子目标,学生只在特定技能上接受培训,难以培养他们在真实语境中综合运用听、说、读、写、译等多方面语言技能的能力。学生可能难以将从分散课程中获得的知识与实际语言运用场景相结合,导致学习缺乏上下文支持,难以在实际情境中应用所学内容。而且,针对学生的评估可能变得更加复杂,难以全面准确地评价学生在听、说、读、写、译等方面的整体水平。

(2) 大学英语课程内容与教材问题

在外语教学中存在课程内容和教材的主要问题包括教材选择困难、教材使用问题、注重知识而轻视能力、缺乏系统性和衔接性、陈旧滞后、单一枯燥、难度过大、内容过多及不适宜。值得注意的是,文化和文化安全类课程设置相对较少。部分外语教师未形成有效的文化传承与培养意识,过度强调外语的工具性和实用性,对中华民族传统文化的重视不足[①]。同时,学生在学习外语过程中逐渐吸纳西方文化和价值观,部分人持有"外语至上"态度,削弱对民族文化的认同感和自豪感,导致学生对语言文化安全意识淡漠,缺乏对西方文化和价值观念的辨识能力。

(3) 大学英语课程师资问题

大学英语课程师资问题主要包括6种类型:师资培训缺乏、合格教师缺乏、教学方法共识不足、教学理论方法不足、教学手段单一和忽视学生需求。首先,师资培训缺乏,大学英语课程的文化性导向需要教师具备专业知识,但目前师资培训不足,甚至空白。其次,外语教师缺乏专业背景知识,专业教师缺乏语言技能,因此文化导向的师资建设任重道远。另外,大学英语课程教学方法和手段单一,目前主要依赖教师讲解、语言解析和操练,缺乏灵活性。这导致学生在课堂上的积极性和兴趣下降,多元化教学方法的探索任重道远。传统的以教师为中心灌输模式使学生变得被动,积极性不高,效果不理想。此外,在教学过程中,教师往往忽视学生,过于关注知识传授,对学生的文化知识接受和能力发展关注不足,缺乏师生和生生之间的互动,也鲜有为学生创造活动展示的机会。这些文化导向对大学英语课程改革带来巨大的挑战。

3. 资源性导向大学英语课程规划存在的问题

资源性导向占比偏低,说明我国当前大学英语课程的资源范式需要进一步挖掘。大学英语课程教育目前主要集中在工具范式和文化范式上,但单一的工具范式或文化范式已无法满足当今中国的发展需求。在全球化时代,外语教育规划需要综合考虑不同

[①] 文旭、莫启扬,2013,大学英语教材:问题与思考[J],外语学刊(6)。

专业、领域和行业对应用型和复合型外语人才的战略需求，同时充分考虑我国英语教育对专业人才英语能力的培养和建设，进一步挖掘大学英语课程的资源范式。

在大学英语教学领域，应融合语言工具范式和文化范式，建构并拓展英语学习的资源价值范式。中国的大学英语教学应摆脱单一的工具性教学范式，逐步融合文化范式，以建构并拓展大学英语学习的资源价值范式。大学英语教学的资源价值体现在多个层面，其中语言的交际与使用只是工具性层面，而深刻融合专业知识与学科体系相关的文化、科技、政治、社会与经济等多个层面才是更为重要的。在国家基础科学研究与科技创新战略发展的新形势下，高层次人才的培养过程需要更加注重资源性价值取向的培养要求。

当前，中国高等教育的发展任务包括教学、科研、社会服务、文化传承以及国际合作等5个方面。为了服务于不同类型高校的发展和各类学科专业的建设，大学英语教学必须制定具体可行、针对差异的外语教学规划，以满足现实需求并达成其功能与目标。

三、语言资源观指导下大学英语课程规划体系建构

开普兰和巴尔道夫[1]认为语言规划的流程包括：预调查规划、规划调查、规划报告、政策制定和政策评估一系列流程。基于此以及国家对我国大学英语教育规划的需求，我们根据鲁伊兹[2]的资

---

[1] Kaplan, R. B. & Baldauf, R. B. Jr. 1997. *Language Planning: From Practice to Theory*[M]. Clevedon: Multilingual Matters LTD.

[2] Ruiz, R. 2010. Reorienting language-as-resource[A]. In J. Petrovic (Ed.), *International Perspectives on Bilingual Education*[C]. Charlotte, NC: Information Age, pp.155-172.

源观,初步构建了我国大学英语课程规划的基本框架(如图3.1):

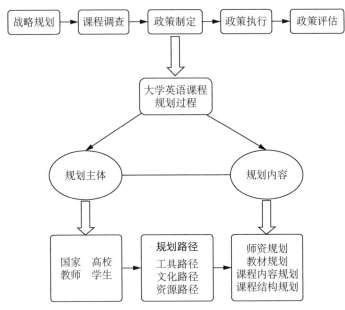

图 3.1　语言教育规划视域下的大学英语课程规划体系

具体而言,大学英语课程规划主要体现在三个方面:

第一,注重英语语言工具性。在数智时代,特别是在人工智能等领域的快速发展推动下,大学英语教学改革亟须加强与技术的深度融合与创新,并且需要探索深入融合学习科学的教学模式。在调查阶段可以利用人工智能和数据分析技术,为学生提供个性化学习路径和反馈,根据学生的学习表现和需求,定制适合其个人水平和学习风格的学习资源和活动。执行阶段通过在线协作工具、讨论论坛、视频会议等促进学生之间的协作和交流,远程合作完成项目、讨论问题、分享资源,增强学习效果和互动。在评估阶段可以利用科技工具培养学生的自主学习和反思能力,例如使用电子笔记、学习管理应用、学习日志等记录学习过程、制定计划和进行反思总结,提高学习效果和效率。

第二,注重大学英语教学的文化性。高校的文化传承使命包括培养国际文化素养,这不仅是使命的重要组成部分,也是高等教育领域开展国际合作的基础。政策制订阶段将文化元素有机融入英语教学,包括背景、习俗、价值观等。教师选择适当的文学作品、电影、音乐等展示和讨论相关文化内容。执行阶段通过比较不同文化的差异和共同点,帮助学生理解和欣赏不同文化。教师引导学生进行跨文化交流和讨论,促进跨文化认知和理解。组织学生参与英语相关的文化体验活动,如展览、节庆、戏剧演出。评估阶段采用多样化方式,如口头表达、写作、演讲、小组讨论等,鼓励学生分享关于文化的见解和体验。通过这样的教学,学生增强文化自信,培养国际文化素养。

第三,注重大学英语教学的资源性。提高学生语言应用能力是教育的基石,也是大学英语教学的核心价值。在调查阶段,教师可以收集并利用多样化的教学资源,如教科书、教学材料、多媒体资料和在线课程,满足学生的不同学习需求。实施阶段,教师充分利用现代技术工具(如电子白板、投影仪、计算机和互联网),丰富教学内容,并引导学生利用学习管理系统和在线学习平台进行自主学习。创建学习社区和合作平台,例如在线论坛、博客和社交媒体群组,促进学生之间的交流和资源分享。评估阶段及时收集学生反馈意见和建议,了解他们对教学资源的需求和评价,并根据反馈不断优化和完善教学资源的选择和使用。

在数智时代,大学英语教育须有更高远和宏大的目标。政府和高校应将其提升至国家语言战略地位,在不同阶段进行重新规划。在国家语言安全战略下,应统筹规划大学英语教育,确保其为国家利益服务。同时,需要研究语言资源规划,了解实际要求,分析影响学生外语能力的因素,并合理规划大学英语教育。

传播中国声音,展现真实、立体的中国形象对国际传播能力建设至关重要。科学知识的国际传播对于构建中国话语体系和提升国际学术话语权具有重要作用。加强国际学术交流与对话有利于促进基础学科和应用技术的创新和发展。高等教育机构作为科研与社会服务机构,大学英语教学不可或缺,为科学研究国际传播与交流服务。英语仍然是国际学术交流的主要语言,衡量学术国际话语权需考量领军人物及团队的创新成果在国际的影响力①。在高校国际化战略中,提高学术话语权和地位需加强本土科学知识体系的国际传播。大学英语课程改革对于促进我国科学文化传播至关重要。

在语言教育规划资源观指导下,大学英语教学须与各专业学科融合,统一工具性、文化性和资源性,并创建专门用途英语课程以衔接专业。大学英语教学是学生获取和学习国际最新知识、培养跨文化沟通技能的桥梁。加强学生国际学术交流能力,建立实践性课程体系,如论文写作、文献阅读和资料检索等,是提高学术话语权和国际传播能力的语言条件。

第三节　大学英语教材中的国家意识研究②

外语教材并非简单的知识学习工具,也是传递文化价值观的重要载体,是受国家意志影响的文化产品③。然而在 1998 年之

---

① 文秋芳,2021,中国应用语言学的学术国际话语权[J],现代外语(4)。
② 本节合作者为同济大学博士生赵丹,原文题目为:大学英语教材中的国家意识研究:框架与方法[J],外国语文研究(辑刊),2022(01):103-118。
③ Apple, M. W. & Christian-Smith, L. K. (Eds.). 1991. *The Politics of the Textbook* (1st ed.)[M]. London: Routledge; Gray, J. 2010. *The Construction of English: Culture, Consumerism and Promotion in the ELT Global Coursebook* [M]. Basingstoke: Palgrave.

前,我国大学英语教育的工具属性被放大①,英语教材被看作是价值中立的教学工具。直至1999年《大学英语教学大纲(修订本)》颁布,大学英语教材中的文化属性才受到重视②。教材对"国际视野"的关注导致西方文化价值观打着"跨文化"的幌子大举入侵,实施单向"文化灌输",以至于其中国家意识缺席、中华文化赤字③。长久以来,外语界更多关心的是"怎么教",而针对"教什么"这一根本问题关注不够。随着中国特色社会主义进入新时代,外语教育不仅要培养具备"国际视野"的跨文化人才,更需要把他们培养成为中国特色社会主义接班人④。大学英语教材是筑牢外语人才国家意识的主阵地与中心域⑤,其意识形态价值观建设将直接关系到"培养什么人"和"为谁培养人"这一教育的根本问题⑥。而现阶段的大学英语教材文化价值观建设尚待开展,需要切实贯彻国家教育主管部门关于国家意识培育的相关要求。本文基于国家意识的概念理论,探讨外语教材与国家意识之间的关系,在此基础之上,尝试提出大学英语教材国家意识的研究框架、路径和方法,为后续实证研究提供有效抓手。

---

① 沈骑,2017,全球化3.0时代中国外语教育政策的价值困局与定位[J],当代外语研究(4)。
② 刘艳红、Lawrence Jun Zhang、Stephen May,2015,基于国家级规划大学英语教材语料库的教材文化研究[J],外语界(6)。
③ 刘可红、吴华,2005,外语教育的文化取向研究——评《新视野大学英语》读写教程美国化文化取向[J],现代大学教育(4);沈骑,2019,新中国外语教育规划70年:范式变迁与战略转型[J],新疆师范大学学报(哲学社会科学版)(5);杨枫,2020,外语教育国家意识的文化政治学阐释[J],当代外语研究(6)。
④ 陈新仁,2020,高校外语教育中的全球视野与国家意识[J],外语教学与研究(1)。
⑤ 郑富芝,2020,尺寸教材悠悠国事——全面落实教材建设国家事权[N],人民教育,2020-02-18(Z1);韩震,2019,论三科教材"统编":教材是国家事权[N],中华读书报,2019-11-20(006)。
⑥ 徐锦芬,2021,高校英语课程教学素材的思政内容建设研究[J],外语界(2)。

一、国家意识视域下的外语教材研究

(一) 国家意识概念厘定

自 2014 年习近平总书记首次提出"中华民族共同体概念"重大论断以来,国家意识研究备受学界关注[①],来自民族学、人类学、社会学、政治学等学科的研究者从多视角切入,对国家意识的内涵与外延展开研究[②]。学术界认为,国家意识是中华民族共同体意识的核心,分认知、情感、行为三个维度[③]。认知维度指国家成员了解中华民族的知识(历史、政治制度和国情等),并认识到中华民族"多元一体"的特征;情感维度指个体对于国家整体性认同感和归属感,其核心是对伟大祖国、中华民族、中华文化、中国共产党、中国特色社会主义的认同;行为维度指个体积极传承中华民族文化、弘扬中华民族精神,以及维护中华民族大团结表现出来的行为倾向。荣司平[④]基于上述三方面提出意志维度,指个体对国家的预期需要切合实际,不可期望过高,以免对国家失望。

外语界高度关注国家意识在外语教育中的作用[⑤],但就外语教育场域中何为国家意识这一问题存在不同看法。其中,杨枫认为国家意识是对国家认知、认同和期待的概念集合,必须坚持国家意识与国际视野互为主体的外语教育原则,超越狭隘的文化义和

---

① 雷振扬、兰良平,2020,铸牢中华民族共同体意识:研究现状与深化拓展[J],中南民族大学学报(人文社会科学版)(4)。
②③ 高承海,2019,中华民族共同体意识:内涵、意义与铸牢策略[J],西南民族大学学报(人文社科版)(12)。
④ 荣司平,2014,论国家意识的结构[J],青海社会科学(2)。
⑤ 杨枫,2019,高等外语教育的国家意识、跨学科精神及应用理念[J],当代外语研究(2);杨枫,2020,外语教育国家意识的文化政治学阐释[J],当代外语研究(6);沈骑,2019,新中国外语教育规划 70 年:范式变迁与战略转型[J],新疆师范大学学报(哲学社会科学版)(5);陈新仁,2020,高校外语教育中的全球视野与国家意识[J],外语教学与研究(1)。

团心态①。陈坚林则认为,国家意识应包括国家战略、国家规划、国家方针,国家意识的核心要素是国家发展②。陈新仁指出,外语人才的国家意识应包括国家认知、国家认同、国家责任、国家立场和国家期待五个方面③。不同学者对国家意识在外语教育领域的内涵有不同见解。从外语教育国家意识分析的客观需求和教材研究可行性出发,本文借鉴陈新仁提出的外语人才国家意识培养的五个维度——国家认知、国家认同、国家责任、国家立场和国家期待④构建大学英语教材国家意识研究框架。

(二) 教材与国家意识的关系

关于教材与国家意识的关系,现有文献主要关注的是"三科"统编教材的建设与国家意识之间的关系⑤。与此同时,通过对教育行政部门相关文本的梳理,我们发现高校教材是体现党和国家意志,体现党和国家对教育的基本要求,体现国家和民族基本价值观的重要渠道⑥;其核心功能是育人,是培育和践行社会主义核心价值观,体现中华优秀传统文化教育、革命传统教育、总体国家安全观教育等国家意识元素的关键载体。⑦ 由此可见,教育行政部门高度认可高校教材在铸牢我国大学生中华民族共同体意识方面

---

① 杨枫,2020,外语教育国家意识的文化政治学阐释[J],当代外语研究(6)。
② 鲍敏、陈坚林,2019,国家意识与我国外语教育规划——第二届"一带一路"外语教育规划圆桌会议述评[J],语言政策与语言教育(1)。
③④ 陈新仁,2020,高校外语教育中的全球视野与国家意识[J],外语教学与研究(1)。
⑤ 于宏伟,2020,统编高中历史教材"中华民族共同体"内容评述[J],基础教育研究(3);韩震,2019,论三科教材"统编":教材是国家事权[N],中华读书报,2019-11-20(006)。
⑥ 郑富芝,2020,尺寸教材悠悠国事——全面落实教材建设国家事权[N],人民教育,2020-02-18(Z1)。
⑦ 中华人民共和国教育部,2019,教育部关于印发《中小学教材管理办法》《职业院校教材管理办法》和《普通高等学校教材管理办法》的通知. http://www.moe.gov.cn/srcsite/A26/moe_714/202001/t20200107_414578.html#03。

的作用。

英语教材作为西方语言、文化承载最多的媒介之一,是学习者接触外来价值观的最直接的载体,理应受到国家教育和行政部门的高度关注[①]。通过对 1980 年以来大学英语教学政策文件[②]的梳理,我们发现中国近 30 年的大学英语教学目的呈现出两个趋势:一是从工具性向人文性的转变,二是由国际视野向中国立场的转变。国家意识这一概念在教学大纲中越来越明晰,越来越重要。最新修订的《大学英语教学指南(2020 版)》更是明确了教材建设的目标:"应自觉坚定文化自信,坚持中华文化的主体性,坚守中国文化的话语权,充分体现中国特色、中国风格。在教材内容的选择上应自觉融入社会主义核心价值观和中华优秀传统文化,引导学生树立正确的世界观、人生观和价值观。"[③]以上内容,为学界开展大学英语教材国家意识研究奠定了强有力的政策基础。

(三) 英语教材国家意识的前行研究

纵观国内外文献,我们并未找到与外语/英语类教材国家意识完全切题的实证研究。国外英语教材文化研究相当丰富,但关注外语教材国家认同与国家意识的相关研究并不多见,有关研究多聚焦于民族主义思潮对教材内容的负面影响[④]。仅有韩国的一项

[①] 张虹、于睿,2020,大学英语教材中华文化呈现研究[J],外语教育研究前沿(3)。
[②] 具体文件包括:1980 版、1986 版、1999 版《大学英语教学大纲》,2007 版《大学英语课程要求》,2015 版、2017 版、2020 版《大学英语教学指南》。
[③] 教育部高等学校大学外语教学指导委员会,2020,大学英语教学指南[M],北京:高等教育出版社,第 40 页。
[④] Hino, N. 1988. Nationalism and English as an international language: The History of English textbooks in Japan[J]. *World Englishes*, 7: 309-314; Schneer, D., Ramanathan, V. & Morgan, B. 2007. (Inter)nationalism and English Textbooks Endorsed by the Ministry of Education in Japan[J]. *TESOL Quarterly*, 41(3): 600-607.

研究分析了韩国统编英语教材强化韩国国家认同的路径与手段①。

反观国内文献,与英语教材国家意识切题的研究同样缺乏。现有研究更多聚焦于我国英语教材的中华文化内容呈现,具体分为以下三个方面:其一为学生需求与教材文化供给匹配度,如张蓓和马兰②发现教材主要呈现英美文化的状况无法满足学生的跨文化需求,导致即使语言能力优秀的学生在用英语表达中国传统文化时仍集体失声。其二为教材中的国别文化呈现比例,如刘艳红等③的大规模教材语料库研究指出,教材中英美文化呈主导而其他国家文化被忽视,中国本土文化被边缘化。其三为中华文化呈现内容与呈现方式,如张虹和于睿④发现新近出版的教材在中华文化的融入比例上,虽较老版教材有所改善,但文化呈现方式以课后练习的隐性呈现为主,在课文等中的显性呈现不足,并且存在中国文化内容呈现不恰当、活动设计思辨不够的问题。上述研究中,国外研究强调对微观数据的质性分析,国内研究侧重量化数据的统计和描述,两者从研究范式和研究方法论两个层面为教材中的国家意识分析奠定了重要基础。

需要指出的是,教材文化呈现研究无法与教材国家意识研究画等号,前者仅是后者的一个维度。教材的国家意识研究需要构建系统、全面的分析框架,而现有的分析框架缺乏准确捕捉教材国家意识全貌的能力。构建大学英语教材国家意识的研究框架是开展教材国家意识实证研究的前提和基础,对社会主义新局面下我

---

① Kim, S-H. & Lee, H. 2021. Asserting Koreanness in South Korean middle school English textbooks[J]. *World Englishes*, 1-18.
② 张蓓、马兰,2004,关于大学英语教材的文化内容的调查研究[J],外语界(4)。
③ 刘艳红、Lawrence Jun Zhang、Stephen May, 2015,基于国家级规划大学英语教材语料库的教材文化研究[J],外语界(6)。
④ 张虹、于睿,2020,大学英语教材中华文化呈现研究[J],外语教育研究前沿(3)。

国大学英语教材的建设和评价起关键性作用。

二、大学英语教材国家意识的研究路径和方法

我们借鉴陈新仁[①]提出的外语人才国家意识培养的五个方面——国家认知、国家认同、国家责任、国家立场和国家期待,构建大学英语教材的国家意识研究框架。与此同时,考虑教材内容分析的适用性和可行性,我们对上述五方面交叉和重叠内容进行归纳、整合并重新定义,构建边界清晰、区分明确的教材国家意识研究框架,分为以下四个维度:

1. 国家认知:教材呈现了适当比例的中华文化,且文化信息准确、充分地展示了我国的历史、地理、政治、经济、制度、外交等国情。

2. 国家认同:教材内容中体现出对国家的深厚情感、信任和自豪感。教材内容中需要体现出四个自信,即文化自信、理论自信、道路自信和制度自信。其中的文化自信包括母语自信,不能动辄认为西方的制度好、语言美。

3. 国家责任:教材内容应能够激发学习者的爱国精神,坚定他们对于国家发展和稳定的责任心,确立报效祖国、服务社会的志向。认同国家利益大于一切,个人利益服从国家利益,警惕个人唯我主义、功利主义的不良影响。

4. 国家期待:教材应引导学习者形成正确合理的国家期望,而不是不切实际的奢望。如果教材中塑造的国家预期与现实的差距过大,会导致学习者对国家失望。

下文将围绕上述四个维度构建大学英语教材国家意识的研究框架,并详述其研究路径和研究方法(见图3.2)。

---

① 陈新仁,2020,高校外语教育中的全球视野与国家意识[J],外语教学与研究(1)。

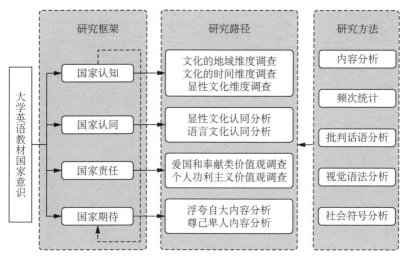

图 3.2 大学英语教材国家意识研究示意图

(一) 教材中国家认知内容的分析路径和方法

教材中的国家认知是指,学习者通过教材学习对国家的历史、地理、政治、社会、外交等国情的了解和掌握。为确保学习者对我国基本国情有准确认知,大学英语教材当中需呈现相当比例的中华本土文化。然而,"文化"这一概念十分宽泛,定义种类多达数百个①。因此,相比定义"文化",制定切实可行、分类明确的大学英语教材文化分析框架更具实践意义。针对这一问题,学者也提出过外语教育中的文化分析框架②,但现有框架多基于跨文化交际的视角提出,缺乏教材内容对于提升学习者国情认知的考虑。综合教材研究的现状和国家认知的调查需求,教材中的文化调查维

---

① 季羡林,1995,西方不亮,东方亮——季羡林在北京外国语大学中文学院的演讲[J],中国文化研究(4)。
② Byram, M. 1997. *Teaching and Assessing Intercultural Communicative Competence*[M]. Clevedon: Multilingual Matters.

度主要由文化地域维度、文化时间维度和显性文化维度三个方面构成:

1. 文化的地域维度调查

西方学界针对英语教材文化的地域维度分析主要有两种模式。第一种将教材文化分为母语文化、目的语文化和国际目标语文化①;第二种依据英语在世界范围内的分布,分为内圈国家文化、外圈国家文化和扩展圈国家文化②。

考虑到内容分析的可操作性,教材中文化的地域维度分类主要由中华文化、非中华文化、中外文化对比和共同文化组成③。首先,教材中中华文化的恰当占比是学习者形成充分国家认知的基础。通过调查中华文化与非中华文化内容占比和分配,研究者可对教材中中华文化的呈现比例有直观判断;其次,中外文化对比将两个及以上国家的文化进行讨论和比较,不仅有助于培养国际视野和跨文化交际能力,更有利于提升学习者的文化自觉④意识,使他们从全球视角审视中国发展,了解中国"范式"。共同文化指的是全世界面临的共同话题,如:全球变暖、环境保护、互联网、饮食健康等。研究者可以采用内容分析法,对教材中四个地域维度的文化数量和比例进行调查。

2. 文化的时间维度调查

国内外研究较少考察教材中文化的时间维度。现有对外日语

---

① Cortazzi, M. & Jin, L. 1999. Cultural mirrors: Materials and methods in the EFL classroom[A], in E. Hinkel (Ed.), *Culture in Second Language Teaching and Learning*[C], Cambridge: Cambridge University Press, pp.196-219.

② Kachru, B. 1992. World Englishes: Approaches, issues and resources[J]. *Language Teaching*, 25(1): 1-14.

③ 刘艳红,Lawrence Jun Zhang,Stephen May,2015,基于国家级规划大学英语教材语料库的教材文化研究[J],外语界(5)。

④ 费孝通,1997,反思·对话·文化自觉[J],北京大学学报(哲学社会科学版)(3);康莉、徐锦芬,2018,大学英语教材中的文化自觉及其实现,外语学刊(4)。

教材(Japanese as Foreign Language Textbooks)的文化调查结果显示,教材对日本传统文化如插花、茶道等关注更多,而忽略了日本当代的生活文化①。而针对中国教材的调查研究表明,现行中国大学英语教材中主要关注中国现代文化和传统文化,较少呈现中国的新民主主义革命的相关文化②;韩国中学英语教材则重视国家历史文化的呈现,在强化学习者对本国历史认知的同时,唤起他们的爱国之情③。

因此,在中国语境之下,我们认为可借鉴国内相关研究④,对大学英语教材中三类时期的文化展开调查。一是中华传统文化,指在五四运动以前的几千年积累和传承下来,至今仍影响着现代社会的中国古代文化;二是革命文化,指1921年—1949年间,中国共产党领导中国人民在伟大革命和阶级斗争中构建的文化;三是现代文化,指1949年中华人民共和国成立后,在新生活方式和科技水平下形成的中国特色社会主义新型文化。

3. 显性文化维度调查

显性文化多指一些看得见摸得着的文化元素。就分类的科学性而言,较多显性文化分类方案存在类目互相重叠、边界不清或类目不全等问题,并不适合作为实证研究的分析框架。因此,实证研究者往往对前人提出的文化框架进行修订和改造,以符合自身研

---

① Kumagai, Y. 2014. On learning Japanese language: Critical reading of Japanese language textbook[A]. In S. Sato & N. Doerr (Eds.), *Rethinking Language and Culture in Japanese Education* [C]. Bristol, Blue Ridge Summit: Multilingual Matters, pp. 201-217.
② 张虹、于睿,2020,大学英语教材中华文化呈现研究[J],外语教育研究前沿(3)。
③ Kim, S-H. & Lee, H. 2021. Asserting Koreanness in South Korean middle school English textbooks[J]. *World Englishes*, 1-18.
④ 张虹、于睿,2020,大学英语教材中华文化呈现研究[J],外语教育研究前沿(3);王陆正、赵岩,2021,统编小学语文教材中的"中华文化认同":内容呈现与教学路径[J],民族教育研究(2)。

究需求,以有效回应研究问题①。

  为增加内容分析的可行性,我们拟结合胡文仲②和袁家明③的研究,将教材中的显性文化分为文化产品、文化实践和文化人物三个类目。文化产品包括历史、政治、经济、文学、艺术、科技等集中反映人类文明各领域的文化元素(如:天安门、五星红旗、四大名著等);文化实践反映社会成员的日常生活与实践,包括饮食起居、风俗习惯、行为准则、社会传统、生活方式等文化元素(如:中国传统节日、社会制度、居住习惯、衣着、出行方式等);文化人物是指具备文化代表性的个人,包括史、政、商界和娱乐界的知名人物(如:周恩来、秦始皇、鲁迅、杜甫、任正非、陈道明等)。

  需要指出的是,英语教材中的显性文化内容是对事实的呈现,也是对历史、地理、政治、语文等学科知识的呼应。一方面,英语教材中的语篇有相当比例选自英、美或西方国家出版机构,其作者或对中国历史、国情的认知或存在偏差,或持反华态度;这种偏见和刻意抹黑可能以隐性方式进入教材,对学习者形成准确国家认知造成干扰。另一方面,一些夸大事实、以偏概全的内容将中国的某些成就无限放大,形成"中国第一"的声音。然而,理性认知一旦让位于感性的盲从,会在无形中助长民粹主义情绪,导致学习者产生不切实际的国家期待,并在发现理想与现实的差距之后对国家产生失望。

  意识形态对教材内容的影响一直以来都是教材研究的热点问题之一。一方面,现有研究关注教材回避事实、断章取义的问题;

---

① ③ Yuen, K. M. 2011. The representation of foreign cultures in English textbooks [J]. *ELT Journal*, 65(4): 458-66.
② 胡文仲,1985,不同文化之间的交际与外语教学[J],外语教学与研究(4)。

如中国香港历史教材中对于鸦片战争的美化问题①；日本历史教科书中对于慰安妇、南京大屠杀、七三一部队等内容的模糊化处理问题②；中国台湾社会教科书"去中国化"，显"台湾化"的倾向③等。另一方面，也有研究注意到狭隘民族主义对教材内容带来的影响，如：极端民族主义情绪对韩国历史教科书内容的负面影响④；民族主义和军国主义思潮对过去120年间日本英语教科书的影响⑤；民族主义情绪对日本2000年后英语教科书中国别文化对立的影响⑥。以上研究充分证明政治和意识形态对教材国家认知内容的负面影响是存在的，进一步凸显开展大学英语教材国家认知内容调查的紧迫性和必要性。

因此，我们建议在获得量化数据基础之上，研究者可对涉及历史、地理等国情主题的教材单元进行局部分析。批判话语分析法和视觉语法是有效挖掘语篇和图片中价值取向的工具⑦。首先，研究者可以分析历史主题语篇，以判断其是否存在歪曲事实、断章取义、选择性呈现历史等问题，如：一篇以鸦片战争为背景的阅读课文以 China Opens Its Door to the World 为题是极不合适的，其中主动语态的使用给读者以"中国主动敞开国门欢迎八国联军"的错觉，容易造成学习者对史实的误读。其次，可以对教材语篇和

---

① 韩震，2019，论三科教材"统编"：教材是国家事权[N]，中华读书报，2019-11-20(006)。
② 步平，2000，关于日本历史教科书问题[J]，抗日战争研究(4)。
③ 肖振南、沈晓敏，2020，台湾地区青年"国家认同"危机与社会教科书国家观念变迁[J]，台湾研究(6)。
④ 王生，2010，试析当代韩国民族主义[J]，现代国际关系(2)。
⑤ Hino, N. 1988. Nationalism and English as an international language: The history of English textbooks in Japan[J]. *World Englishes*, 7: 309-314.
⑥ Schneer, D., Ramanathan, V. & Morgan, B. 2007. (Inter)nationalism and English textbooks endorsed by the Ministry of Education in Japan[J]. *TESOL Quarterly*, 41(3): 600-607.
⑦ Fairclough, N. 1992. *Discourse and Social Change*[M]. Cambridge: Polity Press.

图表进行调查,以判断教材内容的政治站位和意识形态问题,如:教材语篇或图表中如将台湾、香港、新疆、西藏等省份和地区与中华人民共和国以并列关系呈现,即是对我国领土主权事实的严重歪曲。此外,研究者还可以调查教材中的插图,如地图类插图是否与国家官方机构发行的版本有出入。再次,还可以对China 一词的搭配和语境共现进行检查,分析其中关于"中国"的"所做"与"所说"的内容是否符合事实;并关注与中国有关的量化数据如排名、百分比等,是否有相关数据来源的标注,引用是否权威等。

(二) 教材中国家认同的分析路径和方法

教材中国家认同维度的分析与国家认知维度的分析有较大区别。后者主要调查教材中历史、地理、政治等国情的客观事实信息的呈现频次和比例;而前者聚焦教材是否能够塑造学习者对国情以及文化的自信和自豪感。为判断大学英语教材是否能让学习者形成国家认同的观念,教材中的国家认同可以从显性文化认同和语言文化认同两个维度展开分析:

1. 显性文化认同分析

显性文化认同指教材中展现出的对中华显性文化的信任和自豪感和对外来文化的客观看待。下设两个类目:中华文化的价值取向和外来文化的价值取向。首先,针对中华显性文化的价值取向呈现,研究者可采用上文提及的中华显性文化维度分类调查结果,即文化产品、文化实践、文化人物,采用内容分析法分析中华显性文化中体现出的认同祖国、信任祖国的情感,制定编码表,统计频次以及占比,以回答"国家认同观念在教材中的呈现比例如何?"这一研究问题。其次,针对外来文化的价值取向呈现,研究者应主要关注教材中是否存在"外来崇拜"倾向,是否盲目认为外国的制度优、文化好。研究者可依旧采用内容分析法,调查教材中外来文化显性的内容,分析语篇呈现价值取向。需指出的是,以上对于两个类目的数据统计仅为呈现量化结果,并不能成为评价教材在国家认同方面优劣的直接依据,需结合教材局部内容的质性分析才能做出准确判断。

教材的质性分析通常是用来回答"教材通过什么方式呈现和渗透价值观"这一问题。研究者可从以下三个方面入手。第一,系统性,即教材中对于中华文化的认同是否在教材前言、单元听力、阅读、课堂练习、插图等位置全面系统地得以呈现。王陆正和赵岩[①]在对统编小学语文教材进行中华文化认同的分析之后发现,教材综合运用各板块体现中华文化认同、渗透社会主义核心价值观;其中的插图注重表现中华文化内容,突出中华绘画的风格。第二,思辨性,即教材对典型"崇洋媚外"语篇的处理方式,是通过另外的语篇或任务练习对"欧风美雨"价值观进行强化,还是通过课后任务和练习的设置,引起学习者对"问题"语篇的思辨和反思?有实证研究表明,以上两种做法会导致截然不同的国家认同效果,"问题"语篇若加以合理利用,能够有效培养学习者本土文化意识,成为提升文化理解力的重要资源[②]。第三,多视角,即国家认同和文化认同的价值取向是否以宏观、中观和微观相结合的视角在教材中呈现;是否以"自塑"和"他塑"的形式呈现。

2. 语言文化认同分析

语言文化认同指对于语言中承载的文化现象的认同,如与语言密切相关的行为、态度、文化形式(包括姓名和地址的形式)、刻

---

① 王陆正、赵岩,2021,统编小学语文教材中的"中华文化认同":内容呈现与教学路径[J],民族教育研究(2)。
② McConachy, T. 2018. Critically engaging with cultural representations in foreign language textbooks[J]. *Intercultural Education*, 29(1): 77-88.

板印象、思维方式等一系列内容的组合①。大学英语教材中的语言文化是语言类教材独有的文化价值观负载,以隐性的方式"润物细无声"地影响学习者的文化认同,是分析大学英语教材中国家认同观念渗透的重要路径。针对教材中语言文化认同的调查,建议研究者可以从英译姓名顺序、中国英语变体和英语语言态度这三个重要的语言文化维度进行解析:

第一,英译姓名顺序调查。

众所周知,汉语姓名一般秉承姓在前名在后的传统,与英语中前名后姓的顺序相反。为此,不少出国访问、留学的华人为避免国际交流中的麻烦,顺应欧美做法,采用先名后姓的顺序展示自己的姓名。学界尽管针对姓名英译顺序这一问题展开了辩论②,却未能达成共识。近年来随着中国国际地位和影响力的提升,中国政界、商界、学界人士纷纷出现在国际场合发出中国声音,表达中国立场。事实证明,越来越多的华人采用先姓后名的中国方式在国际公开场合介绍自己,展示席卡和姓名牌(如:彭丽媛 2015 年联合国"可持续发展教育优先"会议中的演讲;钟南山 2020 年关于新冠疫情溯源问题接受外媒的采访;杨澜 2017 年主题为《重塑中国的年轻一代》TED 演讲;金星 2017 年《达沃斯经济论坛》座谈等),这其中折射出的文化认同、文化自信、国家认同观以及中国立场是显而易见的。因此,通过调查大学英语教材中中文姓名英译后的顺序,研究者或可从语言文化层面窥见教材呈现出的国家认同。事实上,研究发现③,韩国初中英语教科书在姓名顺序上已体现出这

---

① Schiffman, H. 1996. Linguistic Culture and Language Policy[M]. London: Routledge, p.4.
② 范仲英,1990,谈谈中国姓名的英译问题[J],中国翻译(5);卫纯,1991,姓名翻译问题浅见[J],中国翻译(6)。
③ Kim, S-H. & Lee, H. 2021. Asserting Koreanness in South Korean middle school English textbooks[J]. World Englishes, 1-18.

一立场。在研究样本中85%的教科书采用韩国传统,强调先姓后名的顺序,且在单元任务和练习中不断巩固这一顺序,在英语学习的过程中体现并强化国家认同。

第二,中国英语变体调查。

中国作为全世界英语学习和使用人数最多的国家之一,其英语变体的合法性近年来愈发得到中国英语学习者承认,中国英语在世界英语中的地位也日渐提升。中国英语(China English)是世界英语在中国社会文化环境中的本土化形式,它以规范英语为核心,具有鲜明的中国文化特色,是增强学习者文化归属感的重要元素[1]。近年来,关于明确中国英语地位,体现中国英语元素的呼声渐涨[2]。也有研究从语音、词汇、句法、语用四个方面归纳出中国英语的特征[3]。研究者或可从以下三个方面,采用内容分析法,开展教材中国英语内容的调查,包括:中国英语特征的视听材料占比、中国英语特征的文章占比、中国英语特色词汇呈现等。首先,中国英语特征视听材料出现在教材这一具有官方属性的出版物中,有助于转变学习者对中国英语的态度,提升中国式英语发音和句法形式在学习者心目中的"合法性",从而缓解他们的语言不安全感[4],成为更加自信的英语使用者。调查中国英语特征的视听材料在所有视听材料中的占比,可以判断教材是否有足量的中国英语听力材料,以提升中国英语在学习者心目中的地位。其次,中国作者的文章蕴含中国英语的语篇、语用、语法、句法等特点,是学习者了解中国英语特征的第一手资料。增加这一类文章在教材中的呈现,能有效增加学习者对中国英语书面语体特点的认知。再

---

[1] 李文中,1993,中国英语与中国式英语[J],外语教学与研究(4)。
[2] 贾冠杰、向明友,1997,为中国英语一辩[J],外语与外语教学(5)。
[3] He, D. & Li, D. C. S. 2009. Language attitudes and linguistic features in the "China English" debate[J]. *World Englishes*, 28: 70-89.
[4] 沈骑,2020,语言安全理论的源与流[J],当代外语研究(3)。

者,中国特色的英语词汇和表达为中外文化交往、文明"互鉴"提供有效途径,让世界了解中国的同时,也让中国走向世界。教材对相关词汇和表达的呈现,如中国传统文化中的 Tai Chi(太极)、Yin and yang(阴阳),又如中国现当代文化中的 One-China Principle(一个中国原则)、Reform and Opening up(改革开放)和神舟十二号载人飞船成功发射后外媒在报道中一致使用的 taikonaut(中国航天员)等等,不仅能唤起学习者的"四个自信"和国家自豪感,还为他们讲好中国故事、传播中华文化提供中国社会主义特色的英语语言资源。

第三,英语语言态度分析。

语言态度分析是指特定地区人群或族群看待英语的方式,对该语言在社区中的作用和功能的感知,以及对该语言在特定社区中广为接受的语言形式和结构的看法[1]。教材中不恰当的英语语言态度会潜移默化地导致学习者产生"英语是优等语言"的认知[2],甚至对自身母语认同造成损害。鉴于此,研究者可以采取量化和质性结合的方法,调查教材当中中国英语使用者的地位、英语语言的声誉。

首先,可以采用内容分析法和语境共现法,调查教材中的文本、语音和插图,统计教材中英语使用者群体是否多元;关注其中华人/中国英语使用者的比例、职业和地位,判断教材中构建的话语社区的人群构成[3],以判断教材中形成的虚拟话语社区是否承认华人英语者的"合法"地位。其次,研究者还可以借助批判话语

---

[1] Blommaert, J. 2005. *Discourse: A Critical Introduction*[M]. Cambridge: Cambridge University Press.
[2] Phillipson, R. 1992. *Linguistic Imperialism*[M]. Oxford: Oxford University Press.
[3] Kubota, R. 2011. Learning a Foreign Language as Leisure and Consumption: Enjoyment, Desire, and the Business of Eikaiwa[J]. *International Journal of Bilingual Education and Bilingualism*, 14: 473-488.

分析工具,调查与 English 或 English Language 的词汇搭配(collocation)和语境共现(concordance)来判断教材中是否存在美化英语、贬低其他语言的现象。通过对多套"十二五"国家级规划大学英语教材的调查,我们发现文本中与 English 一词的搭配和语境共现存在 glorious、happy tolerance、willing to accept、language of lovely and powerful opportunity 等积极表述,将英语描绘成象征西方社会自由、包容的产物。而 French 一词的语境共现则体现出法语的保守、刻板和不宽容的形象。然而,语言学界普遍共识是,任何一种语言都是人类宝贵的资源,或许存在使用人数多寡之分,却不应有高低贵贱之别。这种典型的"英语语言美、文化好"的价值导向,不仅误导学习者的英语语言态度,并且会削弱他们的母语认同感。

(三)教材中的国家责任分析路径和方法

大学英语教材不仅需要塑造学习者正确国家认知,树立国家认同,还需培养学习者热爱祖国、报效祖国、服务社会的情怀和责任感[1],培养他们处理个人的"小我"与祖国和人民的"大我"之间关系的能力,将"小我"融入"大我"之中[2]。为系统调查教材中呈现出的国家责任精神,不仅需要分析教材中呈现出的爱国情怀和国家责任感,还需关注其中的个人主义、利己主义倾向。前者对学习者国家责任感的培养起正面效应,后者有负面影响。因此,研究者可以从爱国和奉献类价值观呈现、个人利己主义价值观呈现两条路径,对教材中的国家责任观念进行调查:

1. 爱国和奉献类价值观呈现调查

关于教材中国家责任价值观的调查,已出现在一些统编语文

---

[1] 陈新仁,2020,高校外语教育中的全球视野与国家意识[J],外语教学与研究(1)。
[2] 习近平,2019,在纪念五四运动100周年大会上的讲话[J],中国共青团(5)。

教材的研究中。例如,吴永军①通过对比1993年前后出版的香港和内地九年义务教育初中语文教科书,发现爱国(爱乡、爱家)的价值观在两类教材中随处可见。同时教材还对"小我服从大我"的价值观类目进行了有机渗透,通过呈现奉献(忘我、舍己、利群、牺牲等)、合作、敬业(事业重于名利)等类目的语篇,强化个人利益服从国家利益的价值观。因此,研究者可借鉴前人的研究范式,采用内容分析法,对涉及爱国、奉献、敬业等主要价值类目的教材内容进行统计。研究者还可根据研究需要设置次级编码,使数据统计更加精细化。

2. 个人功利主义价值观的呈现调查

个人功利主义是新自由主义思想中的一个核心理论观点,认为个人利益服从国家利益的行为是反人性的,倡导实用主义、功利化思想,将"唯我主义"视为思想和行为的哲学基础②,进而造成个人和集体、国家、社会的对立。新自由主义作为80年代起主导西方意识形态的思想观念,对西方世界的影响广泛且深远。英语教材作为学习者接触西方文化最多的教材之一,不同程度地受到自由主义价值观的影响,尤其是其鼓吹的"个人主义""功利主义"在教材中的渗透,会使教材呈现出反集体主义倾向,是对国家责任观念的否定。因此,十分必要对教材中"个人主义""功利主义"等价值类目呈现和渗透方式进行挖掘,以判断其是否体现了与国家责任、国家义务相矛盾的价值取向。针对教材中个人功利主义的分析,主要可以从教材单元主题分布、会话人物之间的关系和交流场域、主题语篇的微观分析三条路径开展调查:

---

① 吴永军,1999,中国大陆、香港九年义务教育初中语文教科书价值取向的比较研究[J],教育理论与实践(11)。
② 蒋笃君,2014,新自由主义思潮对大学生的影响及对策[J],思想理论教育导刊(10)。

首先，可以调查各个主题在教材中的频次和占比，以此判断教材是否存在利己主义和实用主义价值倾向。应用语言学者约翰·格雷（John Gray）指出，英语教学作为一种语言服务产业，常常会将消费主义、个人或事业的成功、旅行作为英语学习的终极目标，并以此来激励学习者付出持久努力[1]。因此，与消费主义、个人成功、旅行相关的内容往往也是英语教材关注的话题。多项针对英语教材的调查发现，教材中超半数的单元主题都与金钱、职场、购物、时尚和明星有关，而对于如亲情、自然环境、艺术、政治、历史等与个人名利关联较少的知识却显得关注不足[2]。教材通过对金钱、求职、购物和时尚等领域知识的反复呈现，实质上是对个人主义和功利主义价值观的强化。

其次，通过调查教材中会话者之间的关系和交流场域，也可以判断其中个人主义价值倾向。巴巴伊和谢赫希（Babaii & Sheikhi）[3]的研究发现，在四套被调查的英语教材中有 20.1% 的会话人关系为面试官和面试者，5.7% 为同事关系，4.9% 为顾客与客服关系；交流的场域中 33.1% 为职场，16.9% 为商务场景。这一系列数据显示，教材对于职业场景和商务场景知识呈现比例较高，以隐晦的方式传递出对职业发展和个人成功的关注，突出教材的个人功利主义价值倾向，而忽略了诸如牺牲、奉献和敬业等价值取向的呈现。

最后，研究者还可以对教材主题语篇展开质性分析，采用批判话语分析法，挖掘教材中隐性的个人主义、利己主义价值观的

---

[1] Gray, J. 2010. *The Construction of English: Culture, Consumerism and Promotion in the ELT Global Coursebook*[M]. Basingstoke: Palgrave.
[2][3] Babaii, E. & Sheikhi, M. 2018. Traces of Neoliberalism in English Teaching Materials: A Critical Discourse Analysis[J]. *Critical Discourse Studies*, 15(3): 247-264.

渗透方式。熊涛和袁周敏[1]发现某英语教材语篇和写作任务多次强调"学好英语"与"获得好工作"之间的关系。这种关系的强调凸显了英语作为文化资本和可交换商品的属性[2]，而削弱了其作为个人学习先进科技、了解世界文化、传播本土文化的工具属性。

教材中的功利主义价值观多以隐性方式呈现，在长期学习过程中对个体学习的动因和目标产生潜移默化的负面影响。研究者可结合以上三个方面，采用内容分析和批判话语分析等研究方法，深入分析英语教材中的个人功利主义倾向。

（四）教材中的国家期待分析路径和方法

国家期待奠基于国家认知和国家认同[3]。为了让学习者拥有合理的国家期待，教材既需要在国家认知层面避免对事实的夸大，也需在国家认同层面摒弃盲目排外以抬高自己的做法，超越狭隘的文化义和团心态[4]。

人民日报官网曾于 2018 年连发三文点名批评网络自媒体中盛行的"吓尿体""哭晕体""跪求体"和"厉害体"等文风，并列举"美国害怕了""日本吓傻了""欧洲后悔了""全球首款""世界第一"等"雄文"，痛批网络生态中弥漫的浮夸自大体使公民对现阶段国家政治、经济、科技、外交等基本国情的误判，进而导致沙文主义和民粹主义情绪的滋生。教材内容尽管在语体方面与自媒体宣传内容

---

[1] Xiong, T. & Yuan, Z. M. 2018. "It was because I could speak English that I got the job": Neoliberal Discourse in a Chinese English Textbook Series[J]. *Journal of Language, Identity & Education*, 17(2): 103−117.
[2] Bourdieu, P. 1991. *Language and Symbolic Power*[M]. Cambridge: Polity Press.
[3] 荣司平，2014，论国家意识的结构[J]，青海社会科学(2)。
[4] 杨枫，2019，高等外语教育的国家意识、跨学科精神及应用理念[J]，当代外语研究(2)。

有所不同,但两者均具备价值观宣传品的特质①。前文中也讨论了教材内容受狭隘民族主义负面影响的例子,这进一步证明教材若内容不当,则有可能导致学习者形成狭隘民族主义情绪。因此,对教材相关内容进行分析,以判断其内容是否有益于培养学习者切合实际的、合理的国家期待是至关重要的。因此,研究者可以针对教材中呈现的浮夸自大现象和尊己卑人现象进行调查和分析。

1. 浮夸自大内容分析

针对这一分析路径,研究者可采用批判话语分析法,分析教材中展现中国成就的单元,利用主题分析工具(thematic analysis),统计"世界第一""全球首款"等内容出现频次。其次,还可以通过调查以上语篇中与"中国"这一概念搭配的情态动词短语,以判断语篇态度呈现浮夸倾向或谨言慎行倾向。情态(modality)是指作者对事件发生可能性的主观判断②。例如:句子 China will/might overtake US as the top world's economy 中,might 的使用相对 will 更体现出客观、严谨、反浮夸的态度。

2. 尊己卑人内容分析

针对这一现象,研究者可聚焦中外文化对比的语篇内容,采用内容分析法,判断其中是否存在贬损外国文化、抬高本土文化的语篇,并计算其频次。在此基础之上,可对个别语篇进行批判话语分析。其中一个有效分析工具为"代词"使用的分析,是否出现 we Chinese 和 you American 的相关表述,这样的表述不仅容易以偏概全,还会刻意将人们按照"我们"和"你们"进行文化族群区分,导

---

① Apple, M. W. & Christian-Smith, L. K. (Eds.). 1991. The Politics of the Textbook (1st ed.)[M]. London: Routledge.
② Fairclough, N. 2003. Analysing Discourse: Textual Analysis for Social Research [M]. Philadelphia: Psychology Press.

致对立情绪①。

例如：一篇来自日本英语教科书的语篇很好地说明了这一问题：That is why when we Japanese abandon dogs, the English criticize us, saying that we are not fulfilling our responsibility as human beings. It follows from their way of thinking that mercy killing is the proper way of handling unwanted dogs。

可以看出，教材语篇将西方（the English）和日本（we Japanese）进行对立，甚至敌对的做法，极易导致教材使用者对异己文化的排斥，进而对跨文化交流产生畏惧，对本国的外交关系形成误判，不利于合理国家期待的形成。

大学英语教材中国家意识元素的缺失带来的直接危害是外语人才培养环节中的国家认同、制度认同、文化认同和语言认同等方面的问题。另一个潜在的危险就是，外语教材国家意识的缺位导致一些外语学习者境界不高，个人利己主义倾向严重，报效祖国意识不强②。

习近平总书记指出，要大力"培养能够担当民族复兴大任的时代新人"，大学英语教材正是培养时代新人过程中最重要、最直接、影响最深远的工具之一。它本身既是国家意志的载体，也与其他学科教材形成合力，对其他学科教育中呈现的国家意识进行有效补充。本文基于外语人才国家意识培养的四个方面：国家认知、国家认同、国家责任和国家期待，构建大学英语教材国家意识研究框架，并详述四个维度的研究路径和研究方法，以期为大学英语教材中的国家意识建构和实证研究提供有效抓手，助力外语教材国家意识的建设。我们认为，随着课程思政、总体国家安全观理念的提

---

① Fairclough, N. 2003. *Analysing Discourse: Textual Analysis for Social Research* [M]. Hove: Psychology Press.
② 陈新仁，2020，高校外语教育中的全球视野与国家意识[J]，外语教学与研究(1)。

出,国家教材委员会的成立,有关教材国家意识的研究会愈来愈受学界重视。外语研究者应主动关注外语教材研究中的现实问题,积极开展对接国家需求的教材研究①,为筑牢外语人才的国家意识贡献自己的力量。

---

① 沈骑,2020,语言安全理论的源与流[J],当代外语研究(3);陈新仁、杨金龙,2021,新时代外语研究者的国家意识构建刍议[J],当代外语研究(4)。

第四章 外语教育规划的研究方法

第一节 外语教育规划的教育学方法

教育学是外语教育研究的母体学科之一,外语教育规划从本质上兼顾了教育学与语言学的学科特性,是教育语言学学科的一个重要分支。笔者通过思考教育语言学的学科建构和学术创新问题,尝试对中国外语教育规划研究在学科主体确立、实施学科整合战略以及倡导超学科研究范式三个方面进行探索和思考。

一、教育语言学的学科身份辨识

由于学科机构、机制和话语的差异,国外学者对于"学科"一词的理解与国内学术话语体系略有差别,但是对于相对独立的学科地位或是身份的确立,国内外的关注程度却是一致的。教育语言学究竟是一个独立学科,还是一个尚不成气候的研究领域?这是我们认识和把握学科内涵无法回避的核心问题。基于学科论的观点,我们不妨从学科实践和学科分类标准两个角度来辨析教育语言学的学科身份。

(一) 教育语言学的学科实践

国外关于教育语言学学科地位和身份的争议由来已久。斯波斯基(Spolsky)于 1972 年提出这个学科名称时,并没有考虑到这个新学科学术"合法性"的问题,尽管他本人在新墨西哥大学早在1976年就创立教育语言学研究生项目,但在学科身份与归属问题上,他的观点较为模糊。他认为教育语言学是应用语言学的一个分支学科,同时也指出教育语言学是语言学与教育学的交汇[1]。著名语言学家韩礼德(M. A. K. Halliday)认为教育语言学是一个研究领域,它既不是教育学与语言学的交叉点,也不是语言学的分支[2]。美国蒙特雷研究院凡·利尔(van Lier)教授[3]也不认为教育语言学是个独立的学科,而只是一个重要的研究领域,他认为一个相对独立的学科或是领域的形成,需要有历史形成的学术活动,具有明确组织机构和自成体系的运行法则,例如要具备固定的系、所、专业、学位、教材、课程等要素才能被称作学科。对此,美国宾夕法尼亚大学南希·洪恩伯格(Nancy Hornberger)教授的回答较为明确,她在总结宾大教育语言学25年学科发展的经验时,对于凡·利尔的疑问给予积极回应。她认为教育语言学在研究理论和实践上具有重大创新,是以语言在教学和学习中的作用为核心,以现实问题作为研究起点,探索教育与语言广泛领域的"整合",从语言学及其他相关学科寻求解决问题之道的独立学科[4]。有学者也指出教育语言学已经满足凡·利尔所提出的诸如机构、

---

[1] Spolsky, B. 1978. *Educational Linguistics: An Introduction*[M]. Rowley, MA: Newbury House, pp.1-9.
[2] Halliday, M. A. K. 1990. New ways of meaning: The challenges to applied linguistics[J]. *Journal of Applied Linguistics*, 6: 7-36.
[3] van Lier, L. 1994. Educational linguistics: Field and project[A]. In J. E. Alatis (Ed.), *Georgetown University Roundtable on Language and Linguistics 1994*[C]. Washington, D.C.: Georgetown University Press, pp.197-209.
[4] Hornberger, N. H. 2001. Educational linguistics as a field: A view from Penn's program on the occasion of its 25th anniversary[J]. *Working Papers in Educational Linguistics*, 17(1-2): 1-26.

专业、系所、论著和刊物等一系列学科实践指标[1]。洪恩伯格结合美国以及世界上20多个国家著名高校开设教育语言学学科的实践经验,指出教育语言学已成为具有庞大学术网络的国际性学科[2]。

综上可见,学术争鸣对于学科发展是必要而有益的科学探索,它能在很大程度上推动新兴学科的蓬勃发展,而另一方面,学科实践和创新对于提升和确立学科地位也具有现实意义。

(二) 教育语言学作为学科的判定标准

评判一门学科是否成熟,也可从现代学科论视角来审视学科划分的标准问题。众所周知,科学分类是科学发展、繁荣和日益分化之后的产物。就学科分类而言,传统的分类标准一般是以研究对象或是研究方法这两种方式来区分的。首先,较为常见的学科分类是以研究对象划分学科,比如语言学中语音学、语用学、句法学等具有明确的研究对象,分类较为方便。其次,也有基于特有的研究方法来区分学科的,如对比语言学、话语分析、语料库语言学等研究,是以一种具体方法或是具体工具为特征。囿于历史和社会的限制,人们对于学科的认知还是比较保守的,而这与当前大科学时代的客观需求却是背道而驰的。传统学科观认为每一个学科的研究对象与该学科、研究对象与方法总是一一对应的。但随着现代科学的发展,原来严格的学术分界变得模糊起来,很多学科和

---

[1] Hult, F. M. 2008. The history and development of educational linguistics[A]. In F. M. Hult & B. Spolsky (Eds.), *The Handbook of Educational Linguistics*[C]. Malden: Blackwell Publishing Ltd, pp. 10-24; Hult, F. M. 2010. Theme-based research in the transdisciplinary field of educational linguistics[A]. In F. M. Hult (Ed.), *Directions and Prospects for Educational Linguistics*[C]. New York: Springer, pp. 19-32.

[2] Hornberger, N. H. 2014. Foreword: Educational linguistics in China[A]. 俞理明主编,教育语言学在中国[C],上海:华东师范大学出版社,1-4.

方法有可能同时指向同一个对象。大科学时代的学科发展日益从绝对对立的封闭性走向相互协作,呈现出学科交叉融合的新态势,学科也从单一目标走向综合整体性转变,从单维度要素向多维度问题转型①。因此,学科分类也就有了第三类方式:即在科学研究中综合运用多门学科的知识和理论来解决某一相对具体的实际问题,这类学科的特点就在于其可操作性强,以现实问题为导向,研究对象可以属于某一领域内部活动,也可以是非该领域独有的问题,具有双重性特征,研究问题具有综合性②。

教育语言学就是运用多门学科知识、理论以及方法以解决和研究教育领域中的相对具体实际语言问题的综合性学科。首先,从学科创立背景看,教育语言学正好诞生于 20 世纪 70 年代,当时正是科技革命全面开展、学科交叉以及新兴学科蓬勃发展的高潮时期,因此,教育语言学从提出到发展符合学术潮流,领学术风气之先。其次,从研究对象看,教育语言学具有相对固定的学科材料域和题材,即聚焦正式和非正式教育场域的语言问题,这里既包括教育领域内部语言问题,如语言习得和语言教学问题,也包括非教育领域独有的语言问题,如语言多样性、语言规划与管理、语言身份、语言生态等议题,涉及社会学、人类学、文化学以及政治学等领域。这些问题虽非教育领域独有,但却是现代教育中不容忽视的语言问题,需要借助多学科理论、知识和方法来研究。这也是教育语言学所具有的双重性特征。最后,从学科哲学基础看,教育语言学研究关注的根本问题是人在教育和发展过程中的语言问题,具有人本主义和实用主义哲学基础③,主张捍卫和维护教育机会公平和社会正义。有学者在评价南希·洪恩伯格学术兴趣时说,"她

---

① 刘大椿,2008,学科整合与交叉学科时代的到来[J],中国外语(5)。
② 瞿葆奎、唐莹,2010,教育科学分类:问题与框架——《教育科学分支学科丛书》代序[A],载吴康宁,教育社会学[M],北京:人民教育出版社。
③ 梅德明,2012,教育语言学的学科内涵及研究领域[J],当代外语研究(11)。

总是用自己的学术活动为处于社会边缘的人群发声呐喊①。"可见,教育语言学能够在方法上借鉴多学科理论和方法,打破学科界限与隔阂,是一门通过聚焦教育中的语言问题,将多学科研究理论与方法整合于一体的综合性学科,以新学科标准而言,教育语言学已经发展成为一门学科,具有独立的学科身份。

二、教育语言学的学科属性探究

斯波斯基(Spolsky)认为教育语言学全部的学科意义来源于现实世界中的语言和教育之间的相互依赖的关系②。相互依赖关系实际上界定了教育语言学的学科属性和本质,那么"依赖关系"指涉的是什么?是指教育语言学就是语言学与教育学的交叉学科或是学科之间架设的"研究桥梁",是与语言教育研究画等号吗?前苏联科学院院士、著名哲学家凯德罗夫(Bonifatii Mikhailovich Kedrov)③曾指出:"过去,学科的内在联系只被看作是各门科学之间过渡的'桥梁',然而在这些'桥梁'以外的地方,由这些'桥梁'所联结起来的科学的'两岸',仍然和从前一样是相互独立的,且自身封闭的。然而,当同一个研究对象要求同时从不同方面加以研究的时候,就第一次产生了突破上述的封闭状态而走向相互协作的必要。"从常规思维看,教育语言学似乎是语言学与教育学的学科交集部分,语言教育研究似乎也就是两者之间的"桥梁",长期以来,这一桥梁也是应用语言学、特别是外语教学的传统领域。但是这种看似正常的研究桥梁,在韩礼德看来,是不具有整体意识的学

---

① Ruiz, R. 2011. Afterword: Cooking with Nancy[A]. In F. M. Hult & K. A. King (Eds.), *Educational Linguistics in Practice*[C]. Bristol: Multilingual Matters, pp.173-178.
② Spolsky, B. 1978. *Educational Linguistics: An Introduction*[M]. Rowley, MA: Newbury House, p.2.
③ 凯德罗夫,Б. 1981,论现代科学的分类[J],国外社会科学(6)。

术活动,会导致研究的碎片化(fragmentation)①。事实印证了韩礼德的观点,在这一传统领域"深耕细作"的外语教师正处于两者之间的"桥梁"之上,传统研究往往只关注语言教学内部的微观教学问题,对学科"两岸",要么"敬而远之",重复语言技能的教学经验总结,成为缺乏研究能力的"教书匠",最终只能"望洋兴叹";要么就是浅尝辄止,机械地把语言学或是教育学理论单向地应用于实践,正是由于这种"单行道"研究思维,导致语言与教育理论与实践的关系变得固定和静止,忽视两者互动的联系。长期以来,以理论为导向的应用语言学沿用的是"自上(理论)而下(实践)"的研究方式,将语言学理论单向地应用于实践,检验某一语言学理论是否"有用"的标志,也就看是否对教育实践有指导意义,即所谓的应用性。斯波斯基认为应用语言学绝不是语言学的应用,试图直接应用大量不相关的、不恰当的理论模式去解决一系列极为狭隘的语言教学问题都是"缺乏核心的徒劳"(soulless attempt)②。国内外学者如斯波斯基③、韩礼德④、郭熙⑤、文秋芳⑥、束定芳和华维芬⑦以及王银泉⑧等都曾对传统应用语言学缺乏问题意识、理论和教学实践脱节等问题造成的学科"身份危

---

① Halliday, M. A. K. & Burns, A. 2006. Applied linguistics: Thematic pursuits or disciplinary moorings?[J]. *Journal of Applied Linguistics*, 3(1): 113-128.
② Spolsky, B. 2008. Introduction: What is educational linguistics?[A]. In F. M. Hult & B. Spolsky (Eds.), *The Handbook of Educational Linguistics*[C]. Malden: Blackwell Publishing Ltd, p.1.
③ Spolsky, B. 1978. *Educational Linguistics: An Introduction*[M]. Rowley, MA: Newbury House.
④ Halliday, M. A. K. 1990. New ways of meaning: the challenges to applied linguistics[J]. *Journal of Applied Linguistics*, 6: 7-36.
⑤ 郭熙,2003,语言教育若干问题之管见[J],语言教学与研究(3)。
⑥ 文秋芳,2011,中国应用语言学研究者要顶天立地[J],外研之声(4)。
⑦ 束定芳、华维芬,2009,中国外语教学理论研究六十年:回顾与展望[J],外语教学(6)。
⑧ 王银泉,2013,从国家战略高度审视我国外语教育的若干问题[J],中国外语(2)。

机"提出过批评和警告。

　　洪恩伯格认为教育语言学探讨的不仅仅是学科间的桥梁问题,更要考虑学科的深度融合问题,即"两岸"问题,也就是她提到的"深度聚焦,视野开阔"①学科特点。由于学科具有双重性特征,教育语言学的研究范围超越语言教育领域,涉及大语言学与大教育学的关系。例如广义的应用语言学并不是只针对语言教育,但是教育中必然还会牵涉到一些不容忽视的语言问题;同样地,现代教育学的学科分支也日益庞杂,语言作为学科教育外,还会涉及其他与语言学有关的教育问题。教育语言学立足语言学和教育学"两岸",既要探讨语言学对教育学的意义,"强调语言是学校和整个社会教育过程中必不可少的成分"②,同时也要研究教育学对于语言学的价值③。因此,我们认为在学科属性上,教育语言学的立足点主要体现在如下三个方面:

　　第一,教育语言学将语言教育问题视为学科基石。基于人本主义范式,将人的语言能力发展和语言习得机制作为研究重心。这里包括母语习得、识字读写能力、语言社会化、二语/外语学习等语言教育领域内部的活动,属于"语言教育活动的教育语言学",即

---

① Hornberger, N. H. 2001. Educational linguistics as a field: A view from Penn's program on the occasion of its 25th anniversary[J]. *Working Papers in Educational Linguistics*, 17(1-2): 1-26.

② Johnson, K. & Johnson, H. 1998. *Encyclopedic Dictionary of Applied Linguistics* [M]. Oxford: Blackwell, p.104.

③ Stubbs, M. 1986. *Educational Linguistics*[M]. Oxford/New York: Basil Blackwell; van Lier, L. 1994. Educational linguistics: Field and project[A]. In J. E. Alatis (Ed.), *Georgetown University Roundtable on Language and Linguistics 1994*[C]. Washington, D.C.: Georgetown University Press, pp.197-209; Hornberger, N. H. 2001. Educational linguistics as a field: A view from Penn's program on the occasion of its 25th anniversary[J]. *Working Papers in Educational Linguistics*, 17(1-2): 1-26.

狭义的教育语言学①,这是教育语言学的研究焦点(narrow focus),但其研究范式与传统方法不同,我们将在下文讨论。

第二,语言的教育学价值,关注"从语言到教育"的学术研究,主要考察语言学对于教育学的影响。在学校和课堂内外,语言触及教育学诸多领域和问题。凡·利②提出6个核心领域:第一,语言与内容相融合的第一或第二语言教学,如双语教育等形式;第二,学校课程的教学语言,例如数学与物理课程的教学语言;第三,学校和社会的话语关系,例如教师与家长的沟通与交流;第四,学校与就业单位之间的关系,如毕业生语言使用能力是否能胜任工作,工作领域话语与学校话语比较,以及实习、跨文化职业培训等诸多领域话语分析;第五,批判语言学研究,即从语言使用视角审视学校课堂教学互动、教材编写以及考试中的权力与控制关系;第六,师生的课堂话语交互行动研究。在经济全球化、文化多样化以及信息化大潮下,语言在教育领域的学术知识获取、个人能力提升以及社会文化身份建构等方面的作用日益明显,近年来这些领域逐步为国内外研究者所关注,已经成为教育语言学研究的热点领域。

第三,教育的语言学价值,或是"从教育到语言"的学术研究,主要考察教育学对于语言学的影响。教育语言学从双向互动层面,重视教育对于语言学研究的价值和意义。一方面,教育学在语言学教学方法发挥重要作用。在论及教师教育问题时,凡·利③和韩礼德④认为语言学教育对教师的基础作用,提出"如何教

---

① Stubbs, M. 1986. *Educational Linguistics*[M]. Oxford/New York: Basil Blackwell.
②③ van Lier, L. 1994. Educational linguistics: Field and project[A]. In J. E. Alatis (Ed.), *Georgetown University Roundtable on Language and Linguistics 1994*[C]. Washington, D.C.: Georgetown University Press, pp.197-209.
④ Halliday, M. A. K. 2012. Linguistics in teacher education[A]. In R. Carter (Ed.), *Linguistics and the teacher*[C]. London: Routledge, pp.10-15.

语言教师语言学"的现实问题。为广大语言教师对语言学不致产生恐惧和畏难情绪,韩礼德指出语言学课程设置、教学内容以及教学方法的调整和变革至关重要,他反对传统教条式灌输语言学知识的方式,主张从功能和意义层面理解语言学,教师在掌握语音、音系、语义、句法等语言学基础之外,还需要深刻研究语言变异、变体、双语现象、多语问题、语言意识形态以及语言规划等面向社会的语言学现象和机制,而学习语言学的目的并不是为了教学,而是促进教师对于现实环境中学生语言学习过程的真正理解[1]。凡·利尔[2]提出应当采用经验的、过程的、批判思维或是任务式教学方法,来改善语言学在教师专业发展中的边缘地位。

另一方面,教育实践对于语言进化、发展、变异和传承也起到重要作用,同时也为语言学研究提供大量的现实数据,尤其是对语言学理论和语言发展而言,教育实践活动是理论创新的源头活水。在科学史上,理论新发现往往都是在现实问题探索中最终获得的。正如奥地利科学哲学家费耶阿本德(Paul Karl Feyerabend)所言:"促进科学进步的知识并不是直接来自理论,而是来自实践的参与。"[3]以英国著名教育社会学家、语言学家伯恩斯坦(Basil Bernstein)著名的语码理论(code theory)为例,他在20世纪60—90年代长期深入英国工人阶级子女学校进行调查,通过对课堂教学互动的观察,他发现英国底层工人阶级子女和中产阶级子女在使用语言的方式上存在明显差异,形成两种不同的语码(codes),即说话方式,分别为"限制型语码"(restricted code)和"精致型语

---

[1] Halliday, M. A. K. 2012. Linguistics in teacher education[A]. In R. Carter (Ed.), *Linguistics and the Teacher*[C]. London: Routledge, pp. 11-13.
[2] van Lier, L. 1994. Educational linguistics: Field and project[A]. In J. E. Alatis (Ed.), *Georgetown University Roundtable on Language and Linguistics 1994*[C]. Washington, D.C.: Georgetown University Press, pp. 197-209.
[3] 费耶阿本德,保罗,2002,告别理性[M],陈健等译,南京:江苏人民出版社,第284页。

码"(elaborate code)[①],由此揭示出教育中存在的语言不平等机制。教育语言学正是借助于教育学的广泛实践,才为语言学研究提供了"活生生"的真实数据,使得教育语言学走出"书斋",不再"闭门造车",成为一门"顶天立地"的学问。

三、教育语言学的研究范式解读

韩礼德在反思应用语言学学科发展问题时,曾多次提出应用语言学研究范式存在的问题,他指出应用语言学应以主题探索(thematic pursuit)为取向,而不是以语言学理论作为研究起点[②]。他认为传统应用语言学把语言作为研究对象,将语言学理论应用来解决具体问题,这种研究范式实质上是一种理论驱动的研究,而真正的应用语言学研究是将语言更多地看作是引起或激发问题的工具或是手段,是基于不同社会背景进行"超学科"(transdisciplinary)范式的主题探索[③]。韩礼德这一以"主题"而不是"理论"为导向的学科研究范式观点意义深刻而全面。一方面,以主题为导向的研究,将会是应用语言学跳出以语言学理论为支撑和探索目标的窠臼,从而改变永远居于二流次要学科地位的命运[④]。另一方面,韩礼德提出主题探索必须采用"超学科"而不是一般意义的

---

① Bernstein, B. 2000. *Pedagogy, Symbolic Control and Identity: Theory, Research and Critique*[M]. Oxford: Rowman & Littlefield.
② Halliday, M. A. K. 1990. New ways of meaning: the challenges to applied linguistics[J]. *Journal of Applied Linguistics*, 6: 7-36; Halliday, M. A. K. 2007. Applied linguistics as an evolving theme[A]. In J. Webster (Ed.), *Language and Education*[C]. Beijing: Peking University Press, pp. 1-19; Halliday, M. A. K. & Burns, A. 2006. Applied linguistics: thematic pursuits or disciplinary moorings?[J]. *Journal of Applied Linguistics*, 3(1): 113-128.
③ Halliday, M. A. K. & Burns, A. 2006. Applied linguistics: thematic pursuits or disciplinary moorings?[J]. *Journal of Applied Linguistics*, 3(1): 113-128.
④ Markee, N. 1990. Applied linguistics: What's that?[J]. *System*, 18(3): 315-323.

跨学科(interdisciplianry)研究范式①。超学科研究体现的是一种"整体意识"(holistic view),是以某一主题(事件、问题)作为研究的起点,然后整合相关学科的方法论和分析工具进行深入调查和研究。

  韩礼德明确指出教育语言学具有超学科性②,他的主题探索观点与斯波斯基所倡导的实践问题为导向的研究范式可谓"不谋而合"。洪恩伯格也反复强调教育语言学以语言和教育中的现实问题为研究导向,以教育实践作为研究的出发点(starting point)③。教育语言学研究的立纲之本就是以具体的问题作为研究中心,整合语言学以及其他相关学科知识,以超学科研究范式,将实践与理论、研究与政策有机融合,动态关联而不进行孤立研究④。由此也就形成教育语言学"基于实践"(practice-based)—"问题驱动"(problem-driven)—"政策指向"(policy-oriented)三位一体的"3P"研究范式。其中,"政策指向"这一范式直接揭示出教育语言学真正的学科使命,正如斯波斯基所言:"教育语言学家

---

① 超学科性(transdisciplinarity)是在跨学科研究的基础上出现的一种新的研究范式,它把传统跨学科合作的旧形式与科学复杂性世界观所塑造的知识和文化统一的新追求区分开来,其动力源自对学术研究实际应用的需求以及对新知识的追求。超学科研究与交叉学科、跨学科等研究范式差异的讨论,可以参见 Halliday (1990)、Halliday & Burns (2008)、Hult(2008)、胡壮麟(2012)以及胡壮麟和沈骑 (2014)。
② Halliday, M. A. K. 2007. Applied linguistics as an evolving theme[A]. In J. Webster (Ed.), *Language and Education*[C]. Beijing: Peking University Press, pp. 1-19.
③ Hornberger, N. H. 2001. Educational linguistics as a field: A view from Penn's program on the occasion of its 25th anniversary[J]. *Working Papers in Educational Linguistics*, 17(1-2): 1-26.
④ Hult, F. M. 2008. The history and development of educational linguistics[A]. In F. M. Hult & B. Spolsky (Eds.), *The Handbook of Educational Linguistics*[C]. Malden: Blackwell Publishing Ltd, pp. 10-24.

的首要任务是为语言教育政策的制定和实施提供信息。"①因为通过直接或间接地关注教学实践,教育语言学家的研究成果可以用来指导科学合理的语言教育政策的制定,这些政策就可以更好地指导教学实践,另外,研究成果还可以用来引导有效的教学实践,贯彻语言教育政策。教育语言学以"问题探索"为研究导向,是区别于传统应用语言学研究范式的一次颠覆和创新,不仅能够在很大程度上改变"困扰"应用语言学学科发展的理论与实践的关系问题,而且将两者有机结合,在从问题到实践为主导的研究中,推动学科理论的进步和发展。

四、教育语言学对外语教育规划的学科意义

教育语言学的学科创新对于我国外语教育规划研究具有重要的学科借鉴意义和指导价值,为中国外语教育研究提供了学科发展新思路,它不仅为外语教育学科建设和创新提供了行动纲领和规划蓝图,也有利于外语学科从自身发展中找到问题,兴利除弊,革故鼎新。

(一) 确立外语教育研究的学科主体地位

改革开放40多年来,中国外语教育事业快速发展,外语学科的成就也有目共睹,但是外语教育研究体系的规划工作却存在较大的问题,较为突出的就是外语教育研究缺乏顶层设计,致使学科主体地位缺失。一方面,在我国外语学科中,语言学、文学和翻译

---

① Spolsky, B. 1974. The Navajo reading study: An illustration of the scope and nature of educational linguistics[A]. In J. Quistgaard, H. Schwarz, & H. Spong-Hanssen (Eds.). *Applied Linguistics: Problems and Solutions: Proceedings of the Third Congress on Applied Linguistics* [C]. Copenhagen, 1972 (vol. 3, pp.553-565). Heidelberg: Julius Gros Verlag.

学形成三个主要方向,外语教育研究只能屈居于语言学方向之中的应用语言学名下,或以外语教学法冠名,或以二语习得研究代之,缺乏相对独立的学科地位。其次,外语学科下虽有"外国语言学与应用语言学"二级学科,应用语言学似乎是占据学科的"半壁江山",但从我们对国内主要高校的学科调研情况来看,理论语言学还是主流,应用语言学被视为语言学理论的应用的观念大行其道[1],并出现韩礼德所言的研究"碎片化"格局,外语教育研究还是"不受待见",相关研究者的学术处境尴尬。因为在传统观念中,外语教育研究一度都被认为是"不登大雅之堂"[2]。在这样的现实局面之下,外语教育研究者就连学术地位都无法得到保障,学科地位更是奢谈,其学科边缘地位不言而喻。

但是,随着中国从本土型国家向国际型国家转型,国家和社会对外语人才需求正处于旺盛高峰期,无论是国家外语能力的拓展和提升,还是备受关注的高考外语考试改革,大量的外语教育现实问题都"呼唤着"科学的外语教育研究。不少学者[3]都强调理论联系实际,"走进课堂""接地气"的外语教育研究的重要性。此外,外语教育研究除了教育领域内部核心问题外,还牵涉到国家政治、历史、文化、经济、社会等诸多相关学科领域,其研究领域和范围已经远远超越"应用语言学"或是"外语教学法"的范畴。因此,教育语言学对于外语教育研究的学科意义首先就在于要确立外语教育研究的学科主体性地位,将外语教育研究建立为运用多门学科知识、理论以及方法以解决和研究外语教育领域中的具体实际语言问题

---

[1] 俞理明、严明,2013,教育语言学思想:兴起、发展及在我国的前景[J],外语与外语教学(5)。

[2] 戴炜栋、王雪梅,2006,建构具有中国特色的外语教育体系[J],外语界(4);束定芳,2007,外语教学改革:问题与对策[M],上海:上海外语教育出版社,第2页。

[3] 束定芳,2007,外语教学改革:问题与对策[M],上海:上海外语教育出版社;桂诗春,2011,应用语言学家的责任和良心[J],外国语(1);文秋芳,2011,中国应用语言学研究者要顶天立地[J],外研之声(4)。

的综合性学科。我们认为应该在现有外国语言文学一级学科下增设外语教育研究二级学科，在有条件的重点高校先行试点开展"外语教育研究"学科建设和研究生培养工作，统筹开展外语教育学科规划工作。以学科建设的形式提升外语教育研究的主体性地位，改变现有外语学科"重理论、轻教学"的局面。可喜的是，在学界同仁的奔走呼告之下，2023年新颁布的外国语言文学一级学科中，新增"外语教育学"二级学科方向，给了外语教育研究一个相对独立的学科地位。

（二）实施外语教育研究的学科整合战略

建立"外语教育研究"学科并不是简单地给原来"外语教学法""二语习得研究"，或者是大学英语教学研究以一个学科的"名分"，更不是在外语学科与教育学科之间建立一个交叉学科那样"穿新鞋，走老路"，而是应该整合现有外语学科、教育学以及其他相关学科，深挖外语教育研究学科内涵，实施学科整合战略。我们可以借鉴教育语言学的三个学科立足点，开展外语教学研究、外语研究中的教育学以及教育学中的外语问题研究三个维度的理论与实践探索。首先，外语教学研究为学科核心领域，研究要立足外语课堂现实问题，重视外语"教"与"学"的内涵和本质，以学生外语能力提升与发展作为重点；关注中小学外语课程与教学、教材、教法与测试评价；全面探索大学外语教学、外语专业教育以及研究生外语教学等领域中关于教学模式、课程改革、教师发展等广受关注的现实问题。

其次，外语研究中的教育学将与时俱进地关注"从外语到教育"的学术研究。当前一系列涉及外语研究的教育新问题层出不穷：第一，近年来在教育国际化背景下，中小学英汉双语教育、国际中学SAT、AP课程、大学双语教学、高校全英语教学的学位课程都如雨后春笋般开设起来，这些课程都涉及外语作为教学语言问题,有的还涉及国家文化安全等敏感问题,需要深入研究;第二,留学大众化不断催生出来的 SAT 考试、雅思和托福以及其他语种国外考试和评价的教育问题对社会影响很大,有待研究;第三,国家发展与社会转型对于外语教育的影响值得研究,如外语语种选择、语言学习起始年龄、学习期限等问题在历史上就对中国外语教育产生过巨大影响;第四,个人外语能力与就业、求职、晋升和发展之间的关系及其对外语教育的反拨作用需要系统研究;第五,可以从批判主义视角审视外语教育过程中的权力与操控,例如在全球化、信息化、城市化不同进程中,外语教育与不同背景的学习者受教育机会、教育价值以及效率与公平等问题;第六,外语教育研究中的师生话语身份建构等一系列教育学问题都是值得关注的领域。

最后,教育学中的外语问题研究,首当其冲的就是外语教师教育和专业发展中的语言问题。不可否认,无论在外语教师教育,还是教师专业发展培训中,我们对教师语言专业知识的关注要远远超过其实际语言教学能力的培养,这也是当前外语教师语言教学能力与综合素质不高的原因之一。因此,外语教师必须学习教学理论,重视外语课堂的教学语言能力提升,提高语言知识讲解和语言实践能力①。此外,我们还要加强探究在外语课堂教育实践中,对于学生外语使用、跨文化素养以及思辨能力的作用和价值,科学考察外语学习与母语习得之间语言迁移等问题。

(三)倡导基于现实问题的超学科研究范式

教育语言学基于"问题探索"的超学科研究范式对于外语教育研究同样具有借鉴和参考价值。首先,外语教育研究必须在教学实践中发现问题,用问题来驱动研究和理论创新。这有助于帮助外语研究者走出"迷信理论,重复研究,无视实践,盲目建构"的误

---

① 束定芳,2014,外语课堂教学中的问题与若干研究课题[J],外语教学与研究(3)。

区。赵永青等①指出近十年来大学英语教学研究中存在缺乏对教学研究的真实关切以及研究方法缺乏的现实问题。这与部分研究者脱离第一线教学实践不无关系。基于课堂观察和教学实践,束定芳②从宏观和微观等维度提出了一系列外语课程教学中存在的新问题,值得研究者关注。

其次,外语教育研究必须关注和重视政策指向,这是一个不容忽视的问题。有不少教师以为,政策研究是国家和政府的事,"跟自己没有关系"。事实上,外语教育政策研究是将外语教学理论与理念付诸具体外语教学实践的制度纽带,是将教育外部世界的国内外社会、经济、历史、文化和教育等领域的发展与外语教育内部的实践衔接的关键点。中国外语教育历史上出现的波折,同时外语教学理论创新不足,在很大程度上都与政策研究缺乏有着直接联系③。教育语言学认为教师不仅是政策"执行者"(agent),教师同时也是政策"制定者"(policy maker)④。外语教育研究从实践到问题,都要观照现实政策,要为政策的调整、制定、实施和评价提供真实、详细的数据和信息。近来关于大学英语向学术英语转向产生较大争议⑤,其实质就是大学英语教学政策指向问题,是"牵一发而动全身"的问题,不能"一蹴而就",凭着长官意志"拍脑袋"

---

① 赵永青、李玉云、康卉,2014,近十年我国大学英语教学研究述评[J],外语与外语教学(1)。
② 束定芳,2014,外语课堂教学中的问题与若干研究课题[J],外语教学与研究(3)。
③ 束定芳、华维芬,2009,中国外语教学理论研究六十年:回顾与展望[J],外语教学(6)。
④ Ricento, T. K. & Hornberger, N. H. 1996. Unpeeling the onion: Language planning and policy and the ELT professional[J]. *TESOL Quarterly*, 30(3): 401-427.
⑤ 文秋芳,2014,大学英语教学中的通用英语与专用英语之争:问题与对策[J],外语与外语教学(1);蔡基刚,2014,从通用英语到学术英语——回归大学英语的教学本位[J],外语与外语教学(1);王守仁、姚成贺,2013,关于学术英语教学的几点思考[J],中国外语(5)。

就能决定的。我们必须基于问题,在教学实践中开展扎扎实实的调查,用具体数据和事实说话,为外语政策变革提供科学参考。

最后,"问题探索"必须倡导"超学科"研究范式,用整体意识指导研究。从事外语教育研究者,需要广泛涉猎并了解来自应用语言学、人类学、区域研究、教育学、文学、外语教学、理论语言学、心理学和社会学等领域的知识。他们不仅应当掌握必要的理论与分析工具,还要具备系统和创新性地整合这些不同学科知识和研究方法的能力①。以大学英语课程研究为例,研究者需要首先走出自己专业的"象牙塔",超越学科领域和认识论的界限,从国家发展、社会进步和教育变革大环境着眼,考虑具体的地区差异、民族差异、城乡差异和校本特色,综合运用课堂观察和访谈,进行话语分析、田野调查、民族志调查、个案研究、行动研究等研究方法,透视和发现大学英语教学中的意识形态、身份认同、性别差异、伦理道德、社会公正和公平性问题,为不同范围(全国、地区、学校或班级层面)大学英语教学改革提供具体信息和崭新视角。当然,超学科研究范式不是一朝一夕就能形成的,需要我们调整教师教育和培训的课程体系,逐步训练并引导外语教师,但这确实是当前我国外语教育研究亟须尝试变革,解决众多现实问题的可行之路。

中国外语教育当前正面临改革转型的"十字路口",同时也处于社会各界广泛关注的"风口浪尖"。作为教育语言学研究的重要分支,我国外语教育规划研究需要积极借鉴和参考教育语言学在学科建设、学科整合以及研究范式上创新的学科意义,同时,学习和汲取国外教育语言学理论与经验,对于提升中国外语教育规划研究的学术水平和能力也有所裨益。

---

① van Lier, L. 2004. *The Ecology and Semiotics of Language Learning: A Sociocultural Perspective*[M]. New York: Kluwer Academic Publishers.

第二节　外语教育规划的经济学方法[①]

进入 21 世纪以来,随着全球化浪潮和科技革命的加速发展,以及世界经济、贸易、文化交往的日渐频繁,外语教育受到了前所未有的重视。世界各国为了在政治、军事、经济和外交领域掌握优势,纷纷采取措施加强外语教育。

近年来,国内也开始重视外语教育规划研究,但目前多数研究是基于教育学、社会语言学以及政治相关研究的讨论,以思辨和国际比较为主。然而,由于上述学科本身的学科属性的局限,相关研究也存在诸多问题,进而造成我国外语教育规划研究中的一些不足,如:由于缺乏科学系统的理论基础和研究方法,其研究结果存在较多争议,进而导致我国外语教育规划标准的模糊性,外语教育政策制定科学性也受到质疑。这些问题要求从新的视角,以一种更加科学系统的方法来进行外语教育规划研究。

20 世纪 60 年代以来,语言经济学视角从诞生到发展,都为解决社会发展中的语言规划问题提供可能的出路,本文拟从语言经济学理论入手,对国内外从语言经济学视角的外语教育规划研究进行评述,希冀能够为我国外语教育规划研究提供新的思路和方法。

一、语言经济学理论概述及其应用价值

(一) 语言经济学的学科起源和研究范畴

语言经济学是一门新兴的交叉边缘学科,主要横跨语言学和

---

① 本节合作者为上海开放大学讲师石茜英,原文题目为:语言经济学:外语教育规划的新视角[J],云南师范大学学报(对外汉语教学与研究版),2014,12(05):50-57。

经济学两个学科,还涉及教育学、社会学以及政治学等诸多领域。它主要采用经济学的方法研究语言变量,同时也研究语言与传统经济变量之间的关系①。随着经济全球化和社会信息化的发展,语言经济学作为一门学科或是一种学术思潮,已经越来越多地引起了各国学者的重视,其地位也日趋提升。

首先,著名俄裔美籍经济学家②马尔沙克(Jacob Marschak)提出作为人类经济活动中不可缺少的工具,语言具有与其他资源一样的经济特性,即价值(value)、效用(utility)、费用(cost)和收益(benefit),因此经济学与探求语言方面的优化具有密切关系。但在今天,马尔沙克提出的这一理念因缺少足够的理论和经验支持,仅仅被视为一种朴素的语言经济学思想。

语言经济学最早的定义来自格林(Fransois Grin),他认为"语言经济学属于理论经济学的范式,它把经济学通常的概念和手段应用到研究语言变量的关系上,尤其侧重于(但不仅限于)经济变量起作用的那些关系。"③他还指出,"此定义基于的原则是,经济学的特点不在于它研究的话题,而在于研究话题采用的方法。因此,把经济学的论证推理方法应用到语言问题上就成为语言经济学的一部分。"④由此可见,格林对语言经济学概念界定的关键在于经济学理论、工具和方法的应用,这一观点也得到了大部分学者的认同。

经过数十年的发展,语言经济学的研究对象和研究范畴不断丰富和变化,其内涵和外延也不断扩大,形成了现在更为广义上的语言经济学,即不仅从经济学角度研究语言,又立足语言问题研究

---

① 张卫国,2008,语言的经济学分析——一个初步框架[D],厦门:厦门大学。
② Marschak, J. 1965. Economics of language[J]. *Syst. Res.*, 10(2): 135-140.
③④ Grin, F. 1996. Economic approaches to language and language planning: An introduction[J]. *International Journal of the Sociology of Language*, 121(1): 1-16.

经济①。比如学习语言的成本和收益问题,语言对语言产品和服务市场的影响,语言与收入的关系,语言与经济发展的关系,经济学在语言规划的设计、选择和评估中的作用,等等,都可以被认为是语言经济学的研究领域。

这些研究视角不仅可以丰富外语教育规划的研究范围,也可从实证数据上弥补和支撑外语教育规划研究的实用性和科学性。

(二) 经济学视角下语言的基本属性

语言拥有不同的属性,经济学视角下,我们主要讨论语言具有的两大基本属性:一是人力资本属性,二是公共产品属性。

1. 语言作为人力资本

20世纪60年代,人力资本理论和教育经济学的兴起,对语言经济学的发展起到了关键性的作用,同时人力资本理论也是语言经济学理论中发展最为充分的②。人力资本理论认为,语言同其他技能一样,可以看成人力资本的一个要素,需要一定量的投资,如时间、金钱和精力,但也可以凭借该技能获取收益③;相反,缺乏语言技能的消费者可能要为此花费更多的成本。舒尔茨(Theodore W. Schultz)认为教育投资是人力资本的核心④,因此,外语学习也可以看成是对外语技能资本的一种经济投资。

王海兰和宁继鸣⑤认为,就个体而言,语言技能资本可以用5个因素测度:掌握几种语言(how many)、掌握哪几种语言(which language)、掌握的程度(how proficiency)、在什么地方测

---

① 张卫国、刘国辉,2012,中国语言经济学研究述略[J],语言教学与研究(6)。
② 张卫国,2011,语言的经济学分析:一个综述[J],经济评论(4)。
③ Chiswick, B. & Miller, P. 2007. *The Economics of Language: International Analyses*[M]. New York: Routledge.
④ 转引自张卫国,2008,语言的经济学分析——一个初步框架[D],厦门:厦门大学。
⑤ 王海兰、宁继鸣,2012,作为人力资本的语言技能:一个经济学的分析框架[J],制度经济学研究(1)。

度(where)和什么时候测度(when)。从宏观角度看,一个国家(或地区)的语言技能资本存量由本地区拥有的多语人才数量、本地区人员掌握的语言类型及其熟练程度等指标测度。这就为语言技能测度提供了一个大致的度量要素。

语言技能受多种因素影响,其中一个重要因素就是语言政策,而语言教育政策则在很大程度上代表着一个国家和地区的语言政策导向,决定着未来的语言产出。作为语言教育政策的主要供给者,政府和学校所能提供的语言教育产品的数量和种类极大影响了个体语言技能的选择集合,进而影响个体和国家的语言技能资本总量和结构①。

相当长的一段时期以来,受到应试教育思潮影响,外语技能和外语能力一直为国内学界忽视,尤其是外语教育"费时低效"问题一直没有解决,将外语作为一种重要人力资本构成来测量,不失为一个突破现有研究困境的重要视角。

2. 语言作为公共产品

语言作为公共产品,会产生"网络效应",也称网络的外部性,这种效应有三个表现:第一,个人因加入某语言社群产生的潜在交往能力所得到的回报;第二,所有社群成员因扩大的沟通机会,即语言的"网络效应"所获取的回报;第三种回报是外溢出语言社区边界的情况,即因沟通和知识共享的扩大,所带来的创新以及在经济社会相关活动中组织管理的优势②。由此可以看出,语言群体规模的扩大带来的不仅是个人收益,还有更多的社会收益。也就是说,语言价值是源于其普遍性,而不是稀缺性,因此一种语言的

---

① 王海兰、宁继鸣,2012,作为人力资本的语言技能:一个经济学的分析框架[J],制度经济学研究(1)。
② Dalmazzone, S. 1999. Economics of Language: A Network Externalities Approach [A]. In Albert Breton (Ed.), *Exploring the Economics of Language* [C]. Ottawa: Department of Public Works and Government.

价值高低取决于该语言在各种任务、职业和各部门的活动中被使用的程度①。这就很好地解释了外语的市场性选择。

然而,语言网络也存在负外部性,即单凭语言学习的个体选择无法达到社会收益最大化的问题,外语学习中的私人最优和集体最优有时并不一致②。个人只有在基于对社会收益和成本(不仅仅是个人收益和成本)的考虑做出决策,才是语言市场机制达到有效产出的必要条件。这时,就需要介入制度管理,也就是语言规划,使外部效应内部化,以改善个人选择的低效性并达到增进集体福利的目的③。比如企业和个人由于缺乏信息,不能了解语言经济价值,这就需要国家发布信息,或者做出规划,帮助其执行者做出正确的选择④。同时,语言网络外部性的另一个表现是,由于未来的社会经济发展和当下的语言学习会影响到未来的语言市场供需,进而导致未来语言回报的不确定性,因此,我们进行语言教育规划的时候一定要考虑到语言政策的长远影响,否则就会造成巨大的资源浪费并导致社会人力资源的配置不当,影响到经济、社会和国家的发展进程⑤。

语言作为公共产品的属性对于外语教育规划具有重要价值,一方面,外语规划需要从国家、社会和个人综合发展的战略需求,全面科学地制定外语教育政策;另一方面,外语教育规划还要平衡三者之间的关系,例如国家安全和发展需要发展非通用语种外语人才教育,就必须考虑到市场供给和个人学习的回报等现实问题。

---

① 江桂英,2010,语言经济学视角下的中国英语教育成本——收益分析[J],制度经济学研究(1)。
② Church, J. & King, I. 1993. Bilingualism and network externalities[J]. *The Canadian Journal of Economics*, 26(2): 337-345.
③ 张卫国,2008,作为人力资本、公共产品和制度的语言[J],经济研究(2)。
④ 张忻,2007,语言经济学与语言政策评估研究[J],语言文字应用(4)。
⑤ 薄守生,2008,语言规划的经济学分析[J],制度经济学研究(2)。

二、外语教育规划的语言经济学视角

语言经济学从学科诞生之日起，便开始应用于指导国家外语教育政策的制定，因此外语教育规划也是语言经济学发展的比较成熟的分支。

语言经济学对外语教育政策的指导最早始于北美（主要是加拿大和美国），随后扩展到欧洲。由于历史和地缘原因，北美和欧洲语言呈现复杂的多样性，并由此带来了各种社会、经济、政治和民族矛盾，为了解决这些矛盾，北美和欧洲国家便先后结合经济学的方法制定了相应的外语教育政策[①]。

格林曾从经济学的角度给语言规划下过定义："为增加社会福利水平而解决语言问题所付出的一种系统、理性的并基于理论的社会层面上的努力。它通常由官方机构或其代理人加以实施……"[②]由此可以看出，经济学角度下的语言规划致力于研究语言变量和经济变量相互影响的关系，并且可以为语言政策的选择、设计、实施和评价提供有效的分析工具。

笔者在对语言经济学相关理论和外语教育规划的关系进行梳理的基础上，认为语言经济学视角下，我们主要可以从以下三个方面对外语教育政策进行选择和评估：其一是语言技能和劳动力收入关系对外语教育规划选择的影响；其二是语言市场"供求"关系对外语教育规划的指导作用；其三是"成本—收益"分析对外语教育政策的评估。

（一）语言技能和劳动力收入关系与外语教育规划

语言技能和劳动力收入的关系研究是基于对语言作为人力资

---

① 宋金芳、林勇，2004，语言经济学的政策分析及其借鉴[J]，华南师范大学学报(6)。
② Grin, F. 1996. Economic approaches to language and language planning: An introduction[J]. *International Journal of the Sociology of Language*, 121(1): 1-16.

本的属性的认识之上的,即语言同其他技能一样,对劳动力收入有促进或阻碍的作用。

克里斯托菲迪斯和斯维丁斯基(Christofides & Swidinsky)[1]、萨沃伊(Savoie)[2]、格林(Grin)[3]、希斯威克和米勒(Chiswick & Miller)[4]、莱斯利和林德利(Leslie & Lindley)[5]、杜斯特曼和法布里(Dustmann & Fabbri)[6]等学者分别在加拿大、瑞士、美国、澳大利亚、英国、德国这些国家进行了调查,分析了第二语言或外语的使用以及移民对目的国语言的掌握与劳动力收入之间的关系。国内的专门针对语言与收入关系的研究比较少,江桂英[7]对在职英语学习/使用者和在美华人的投入和收入进行过调查。

---

[1] Christofides, L. & Swidinsky, R. 1998. Bilingualism and earnings[A]. In A. Breton (Ed.), *Economic Approaches to Language and Bilingualism*[C]. Ottawa: Patrimoine Canadian; Christofides, L. & Swidinsky, R. 2010. The economic returns to the knowledge and use of a second official language: English in Quebec and French in the rest-of-Canada[J]. *Canadian Public Policy*, 36(2): 137-158.

[2] Savoie, G. 1996. *The Comparative Advantages of Bilingualism on the Job Market: Survey of Studies*, *Official Languages and the Economy*[M]. Ottawa: Canadian Heritage.

[3] Grin, F. 2000. Supply and demand as analytical tools in language policy[A]. In A. Breton (Ed.), *Exploring the Economics of Language*[C]. Ottawa: Canadian Heritage; Grin, F. 2002. *Using Language Economics and Education Economics in Language Education Policy*[M]. Language Policy Division. Directions of School, out-of-School and Higher Education-DGIV. Council of Europe, Strasbourg.

[4] Chiswick, B. & Miller, P. 1999. Language skills and earnings among legalized aliens[J]. *Journal of Population Economics*, 12, 63-89; Chiswick, B. & Miller, P. 2007. *The Economics of Language: International Analyses*[M]. New York: Routledge.

[5] Leslie, D. & Lindley, J. 2001. The impact of language ability on employment and earnings of Britain's ethnic communities[J]. *Economica*, 68(272): 587-606.

[6] Dustmann, C. & Fabbri, F. 2003. Language proficiency and labour market performance of immigrants in the UK[J]. *The Economic Journal*, 113(489): 695-717.

[7] 江桂英,2010,语言经济学视角下的中国英语教育成本——收益分析[J],制度经济学研究(1)。

以上这些研究大多采用了经济学的计量方法来计算语言技能和劳动力收入的关系,其中格林的研究最为值得注意,因为这是迄今为止有关语言技能和经济回报关系研究中最为细致的实证研究。具体来说,他在以瑞典为代表的北欧多语种国家进行了有关外语能力和经济收入的关系研究。格林在瑞典全国范围内,采取随机抽样的方法对瑞典普通民众的外语(英语)能力和经济收益进行电话访谈,并运用经济学的方法计算出外语能力与经济收入的关系,得出英语技能和收入呈正相关的结论,且这种相关随着地区和行业等不同变量产生差别。同时格林在计算时,排除了性别、年龄、地域、工作经验等其他因素的影响,得到外语单一因素和收入回报的关系。最后,格林通过对这些数据的分析指导了瑞典双语教育的公共政策。

(二) 语言市场的"供给"和"需求"理论与外语教育规划

语言市场"供求"关系的研究主要是建立在语言作为公共产品的属性基础上。格林[1]首先将经济学中"供给"与"需求"的概念移借到语言问题上来,探讨语言活动与语言供需的关系。政府或者学校教育可以看成是语言的主要供给方,与之相对应的是国家、社会和个人的语言需求,外语教育规划就是要实现外语"供给"和"需求"的对接。

在这方面,教育教学领域的一些理论可以在概念上提供很好的借鉴。如哈钦森和华特(Hutchinson & Waters)[2]提出"目标情景需求",这是指学生毕业以后真实的工作环境对他们的要求。束

---

[1] Grin, F. 1995. The economics of foreign language competence: A research project of the Swiss National Science Foundation[J]. *Journal of Multilingual and Multicultural Development*, 16(3): 227-231.

[2] Hutchinson, T. & Waters, A. 1987. *English for Specific Purposes*[M]. Cambridge: Cambridge University Press.

定芳①提出的"社会需求"也有类似的概念,它指社会和用人单位对毕业生的知识和技能的要求。这也是外语人才需求分析最不可忽视的两个方面,具体可从人才市场对外语人才需求的角度来研究。

在这一研究领域,国内外的实证研究已有很多。国外的主要有莱托宁和卡尔亚莱宁(Lehtonen & Karjalainen)②对芬兰的语种需求调查,兰伯特(Lambert)③对美国商务专业学生外语能力在工作中重要性的调查,冈德森(Gundersen)④对比利时的挪威公司的语种需求调查,爱尔兰语言研究小组于 2005 年对本国企业的语言需求和语言教育供给的调查,以及英国的语言研究中心于 2005 年对欧洲 29 国企业的语言需求研究,格林⑤运用经济学的计算方法对加拿大和瑞士用人单位的生产力及效益与劳动者的外语水平之间的关系进行了分析,并提出了公司的外语策略建议,此外还有金斯伯格和韦伯(Ginsgurgh & Weber)⑥运用语言经济学的方法对欧盟的语种需求进行计算,尝试在语言统一带来的效率和语言多样带来的文化归属之间寻求最优。国内的主要有王雪

---

① 束定芳、华维芳,2009,中国外语教学理论研究(1949—2009)[M],上海:上海外语教育出版社。
② Lehtonen, T. & Karjalainen, S. 2008. University graduates' workplace language needs as perceived by employers[J]. *System*, 36(30): 492-503; Lehtonen, T. & Karjalainen, S. 2009. Workplace language needs and university language education—do they meet?[J]. *European Journal of Education*, 44(3): 411-420.
③ Lambert, R. D. 1990. Foreign language use among international business Graduates[J]. *The ANNALS of the American Academy of Political and Social Science*, 511(1): 47-59.
④ Gundersen, S. L. 2009. *Language management: In multinational companies* [R]. Bergen: SNF.
⑤ Grin, F. 2010. *The Economics of the Multilingual Workplace* [M]. New York: Routledge.
⑥ Ginsgurgh, V. & Weber, S. 2011. *How many languages do we need?* [M]. New Jersey: Princeton University Press.

梅[1]基于需求分析的英语专业研究生培养，汪晓莉[2]在需求导向下讨论中国外语教育战略，余樟亚[3]对电力行业英语需求状况的调查，张玉樱[4]对台湾企业外语语种和技能的需求调查，王利峰、朱晋伟[5]对在华跨国公司内部不同工作场合下语言使用情况及语言态度的调查，傅政、庞继贤、周星[6]对中国入世后浙江5个地、市的英语需求分析，束定芳[7]和刘燕等[8]对上海市的外语能力需求进行了调查的基础上，结合当下的语言供给（主要体现在高校外语语种课程的设置上）对语言规划提出建议，郭春梅、付红霞[9]对陕西省外语人才的需求调查，章文君[10]对浙江义乌的语言需求调查，丁怡、余敏[11]针对广州地区商务英语人才的需求调查，黄雪英[12]对温州的语种需求调查等。此外，还有诸多其他中国各个省市的外语需求研究。

　　这些研究通常采用调查问卷、访谈以及招聘信息统计等调查方法，定性分析和定量分析相结合。此外，上述这些研究都不同程

---

[1] 王雪梅，2013，对英语专业研究生学术能力内涵及其发展过程的再思考[J]，当代外语研究(2)。
[2] 汪晓莉、刘淑华，2010，需求导向的中国外语高等教育战略初探[J]，外国语(6)。
[3] 余樟亚，2012，行业英语需求状况调查对大学英语教学的启示[J]，外语界(5)。
[4] 张玉樱，2011，从台湾企业界之外语人才需求看应用外语系的课程规划[J]，英语教学(3)。
[5] 王利峰、朱晋伟，2013，在华跨国公司内部语言状况调查[J]，语言文字应用(1)。
[6] 傅政、庞继贤、周星，2001，中国入世对大学英语教学的影响分析及需求预测[J]，外语界(5)。
[7] 束定芳，2012，中国外语战略研究[M]，上海：上海外语教育出版社。
[8] 刘燕、华维芬、束定芳，2011，外语专业改革与发展战略——上海市高校外语专业布局与外语人才培养情况调查研究[J]，外语研究(4)。
[9] 郭春梅、付红霞，2007，英语专业本科生的社会需求调查[J]，陕西科技(5)。
[10] 章文君，2008，浙江省小语种需求调查及对外语教学改革的启示[J]，赤峰学院学报(9)。
[11] 丁怡、余敏，2010，基于市场需求的商务英语人才培养模式探析[J]，科技文汇(6)。
[12] 黄雪英，2012，外语人才需求与地方高校外语专业布局对接研究[J]，浙江科技学院学报(5)。

度地结合本国或本地区的语言供给状况提出了有关语言规划和语言教育的建议,尽管不同区域的具体情况不同,但其基本思路都是宏观的语言政策都要以国家、文化、社会和经济需求为导向,尤其要考虑到企业发展的需求,使外语能力作为一项重要的生存和发展技能在教育的各个层面得到重视。

  针对上述研究,有两个方面需要注意。首先,由于各个国家和地区的具体情况不同,如地缘关系、历史、社会经济发展等的差异,上述研究中的调查各有侧重,因此调查结果也是同中存异、异中有同。例如,当前英语仍然是使用最为广泛的通用语言,但是随着经济主体的多元化趋势越来越明显,英语一门语言已不能满足用人单位和社会经济的发展。然而,语种需求呈现明显的地域性特征,如在芬兰,俄语是除英语之外的第二大需求语种;在爱尔兰,无论是使用人数还是需求量,法语都是除母语外的第二大语言;而在美国,商务专业毕业生的外语水平在工作中所起的作用并不明显;在中国,随着传统第三世界的发展以及中国的对外战略,阿拉伯语和西班牙语需求在近些年增长很快,尤其是义乌"世界小商品城"的地位使阿拉伯语人才和韩语人才供不应求等。这些研究结果都进一步证明了由于社会、历史和经济背景的差异,同一语言在不同地区所拥有的价值是不同的,因此不同国家,以及同一国家的不同地区在制定语言政策的过程中,切不能照搬别国经验,而应在调查的基础上,针对自己国家和地区的情况,制定相应的语言政策①。其次,上述这些研究,尤其是国内针对不同区域的语种需求调研存在很多问题,比如:研究的理论基础不够系统和完整、调查对象的取样不够科学、调查问卷的设计不够准确等,这些都是今后的调查研究应该进行突破的地方。

---

① 宋金芳、林勇,2004,语言经济学的政策分析及其借鉴[J],华南师范大学学报(6)。

(三) 语言政策的"成本—效益"分析和外语教育规划

"成本—效益"分析也是建立在语言公共产品基本属性的理论之上的,它是通过建立语言学和经济学变量的关系,从经济学的角度对一个或多个语言政策的利弊进行评估,进而做出最为合理的语言规划。它不仅关注对语言政策的经济效益,还关注语言政策的社会、政治、文化等其他非物质效益[1]。

桑本(Thorburn)[2]设计了语言政策评估的"成本—收益"分析模式,开启了从经济学角度对语言政策进行评价的先河。该模式在宏观的国家层面构建了语言教育成本和产出的关系框架,成本主要考虑语言教学成本和受教育学生的学习机会成本,收益主要囊括了与他国的贸易效率、中央政府的效率、国家统一、公民平等受教育的权力、国家文化繁荣和人民生活水平提高几方面。

普尔(Pool)[3]提出语言规划的理性选择理论(Rational Choice Theory),他认为一个平等公正的语言政策应该最小化语言成本,并最大化语言的交际价值。塞尔滕和普尔(Selten & Pool)[4]将语言规划看作一场不同语言政策进行博弈的战略游戏,其中,语言的交际价值与该语言的网络规模相关,而语言成本与该语言的难度系数和该语言学习者的语言距离相关。

---

[1] Grin, F. 2002. *Using Language Economics and Education Economics in Language Education Policy* [M]. Language Policy Division. Directions of School, out-of-School and Higher Education-DGIV. Council of Europe, Strasbourg.

[2] Thorburn, T. 1972. Cost-benefit analysis in language planning[J]. In: Fishman, J. (Ed.), Volume 2 *Selected Studies and Applications* [C]. Berlin, Boston: De Gruyter Mouton, pp.511–519.

[3] Pool, J. 1991. The world language problem[J]. *Rationality and Society*, 3(1): 78–105.

[4] Selten, R. & Pool, J. 1991. The distribution of foreign language skills as a game equilibrium[A]. In Selten, R. (Ed.), *Game Equilibrium Models IV* [C]. Springer, Berlin, Heidelberg.

格林[①]将外语的价值(收益)分为 4 个评价维度：个人市场价值、个人非市场价值、社会市场价值和社会非市场价值，这也为语言规划提供了参照标准。个人市场价值是指语言优势为个人带来的收入，即经济报酬的提高；社会市场价值是总社会成员个人市场价值的总和，其外部表现形式多样，如：机构组织、国家、社会的经济利益；个人非市场价值主要指语言优势给个人带来的非物质回报，如：更好地融入多元文化、开阔视野与思维、成就感提升等；社会非市场价值是个人非市场价值的总和，其表现形式主要有：组织形象和国家地位的提升、文化的繁荣与交流、平等公正的促进等。合理的语言规划应该使得语言带来的社会净价值(包括社会市场价值和社会非市场价值)实现最大化。

语言经济学不仅为外语教育政策评估和规划提供了一种新视角，也提供了较为科学、系统的框架和方案，同时还为外语需求调查提供了理论基础和研究方法，可以解决我国当前外语教育规划的诸多问题，在经济全球化和多元化趋势日渐凸显的今天，应成为外语教育规划的研究方向。

我国的语言经济学研究起步较晚，主要停留在对国外研究的综述上，在语言经济学视角下进行外语教育规划的研究在近几年有成为热点的趋势，也取得了一定的成果，但大多缺乏较为系统的理论基础，其调查研究的科学性也在一定程度上存在问题。因此，如何在一个系统全面的理论基础上进行更加科学的调研，成为我国外语教育规划亟待解决的问题，也是今后研究重点要突破的问题。

需要指出的是，虽然语言经济学为外语教育规划提供了新的视角，以及科学、系统的框架和方案，但它并不能代替有关外语教

---

① Grin, F. 2003. Language Planning and Economics[J]. *Current Issues in Language Planning*, 4(1): 1-66.

育政策其他领域的分析结果①。主要有两方面的原因:首先,"成本—收益"模式的可操作性存在许多问题,最主要的问题是数据收集"量不够,量不准",如:语言学习成本难以核算,被调查者对自己语言能力的认识和语言能力是否引起收入差别的认识都不可靠,不同的人对估算的跨度会有很大差距,把语言因素在这些差别中所占的份额分离出来比较困难等②。语言成本方面尚且可以用货币来计算,收益方面的变量却存在很大的不确定性,并且难以量化。因此,用"成本—收益"进行语言政策的量化存在许多漏洞。其二是由于语言政策的制定终究是一个民主决策的过程,经济分析本身无法给出在语言政策实施过程中各个阶层的获益状况,因此它只能作为民主决策的一个参考因素③。因此说,语言经济学在语言规划方面的优势在于其可操作性,但也存在着一些问题,主要的问题在于变量的选择上。语言经济学为了模型构建,常常会合理地简化变量,因此很可能忽略掉一些社会语言学或与政治相关的变量,而这些变量在语言规划中的地位又是非常重要的④。因此,语言经济学还必须和人类学、教育学、社会语言学以及政治的相关研究相结合,才有可能做出良好的外语教育规划。

第三节 外语教育规划的历史学方法⑤

中国外语教育规划历史源远流长,从史学视角研究外语教育

---

① Grin, F. 2003. Language planning and economics[J]. *Current Issues in Language Planning*, 4(1): 1-66.
② 薄守生,2008,语言规划的经济学分析[J],制度经济学研究(2)。
③ 宋金芳、林勇,2004,语言经济学的政策分析及其借鉴[J],华南师范大学学报(6)。
④ 张卫国,2008,语言的经济学分析——一个初步框架[D],厦门:厦门大学。
⑤ 本节合作者为河西学院外国语学院副教授宁建花,原文刊于《中国语言战略》,2023年第一期。

规划对于重新认识外语教育规划历史实践的现实镜鉴,具有重要的意义和价值。在本节中,笔者聚焦在中国共产党领导下延安时期外语教育规划个案研究。这一时期的外语教育规划历时虽短,但教育成就极为显著,这与外语教育规划中形成的"延安范式"密切相关。外语教育规划的"延安范式"有以下特征:多元规划主体对外语教育的目的、语种及教学实践进行全面科学的规划,注重外语教育规划对象的思想政治与文化素质,在实践中根据实际情况创造条件以保障教学效果,通过制定权威规定的方式创设外语学习的社会语言情境,使外语教育规划效果短期内得以显现,并形成了"政治+专业+外语"的新型复合型人才培养模式。延安时期外语教育规划的"延安范式"蕴含着深厚的政治远见与教育智慧,对今天的外语教育仍有启示意义。

一、外语教育规划"延安范式"的形成

延安时期,是指中国共产党在延安战斗与生活的十三年[①],也是中国共产党开始独立自主发展各项事业的重要时期。期间,中国共产党在教育上的伟大实践和意义,所创造的经验和作出的优异成绩及贡献,在历史上具有十分深远的影响[②]。外语教育是延安时期高等教育实践的重点之一,从中国现当代高等外语教育的历史意义上来讲,它开创了中国共产党兴办外语教育事业的新纪元,走出了中国外语教育的新路[③],也规定了新中国高等外语教育的基本型态。而从高等外语教育的成效上来讲,延安时期外语教

---

① 学术界对"延安时期"的界定不一,详见郭德钦,2015,延安时期知识分子与马克思主义大众化研究[M],北京:中央文献出版社,第40页。
② 强海燕、田建荣,1994,延安时期的高等教育及其影响[J],高等教育研究(3)。
③ 李传松、许宝发,2006,中国近现代外语教育史[M],上海:上海外语教育出版社,第88页。

育在异常艰苦的条件下为抗日战争培养了一批急需的外（俄、英）语人才，有效支持了抗日战争，为中国革命的胜利做出了不可磨灭的贡献；这阶段所培养的人才在新中国成立后不仅在外交、对外文化交流方面做出了卓越贡献，更是外语教学和研究领域的骨干①，是新中国外语教育事业发展的中坚力量。深入研究延安时期的外语教育，挖掘、整理中国共产党创办外语教育事业的宝贵资料，从中发现、揭示新的史实，不但能够丰富有关延安时期的教育史研究，而且对于汲取延安时期外语教育思想、做好当前外语教学改革、促进新时代外语教育的进一步发展有着极其重要的现实意义。

　　有关延安时期的外语教育，学界已有若干研究②，但相较于针对延安时期各类教育研究的丰硕成果而言，关于这个时期的外语教育研究总体仍非常薄弱。此外，以往研究多通过描述、归纳的方式介绍延安时期外语教育的巨大成就、外语教育的特色，缺少一种基于理论思考的解释框架；研究内容则重点回答了延安时期的外语教育状况是什么样的问题，显得离散而不够聚焦。延安时期外语教育在条件苦、时间紧的情况下取得了巨大成就，其背后有哪些成功的经验，尤其是外语教育规划方面有哪些经验，形成了哪些独特的思路模式，则鲜有研究探讨。为此，本节以中国共产党在延安时期创办的第一所以培养军事翻译和外语、外交人才为主的高等外国语学校——延安外国语学校为中心，尝试结合语言规划理论，以罗伯特·库珀的"八问方案"作为分析框架，深入考察延安时期

---

① 付克,1986,中国外语教育史[M].上海：上海外语教育出版社,51-53.
② 参见付克,1983,延安时期的俄语教育[J].中共俄语教学（季刊）(4)；高歌、高治东,2012,延安时期外语教育的特色及启示[J].延安大学学报（社会科学版）(1)；贺小华、张庆文,2018,延安时期外语教育实践的延安精神视角解读[A].东北亚外语论坛[C],(2):54-56；袁西玲,2014,延安时期的翻译活动及影响研究[D].上海：上海外国语大学.

的外语教育规划活动。研究旨在发掘并提炼延安时期外语教育规划的独特范式——"延安范式",梳理外语教育"延安范式"的形成及特征,以此为切入点,阐述延安时期外语教育的显著成就是为何可能以及如何可能的,从中寻找启示优化当前中国高等外语教育的历史经验。

延安外国语学校创办于 1941 年 3 月,最早隶属于抗日军政大学第三分校,当时称为俄文大队,之后陆续经历了延安军事学院俄文队、军委俄文学校和延安外国语学校几个不同时期。1945 年 8 月抗日战争胜利后,学校就地解散,师生分批离开延安前往各解放区接受新的任务,1946 年 1 月划归华北联大,办学时间不足五年。学校在国家、民族面临生死存亡的非常时期创办,残酷的战争使经济、文化本来就十分落后的延安雪上加霜,再加上国民党对延安的封锁,边区粮食、油盐、被服、经费等严重不足①。在这极端困难的条件下办学,不但没有收音机、广播等收听外语新闻的设备,连教学最基本的教材、词典等图书资料也没有,可见办学条件异常艰苦②。

但是就在这种物资奇缺、设备极差的条件下,学校培养出高质量的外语人才 200 多名,他们在建国后"分别担任军事、政治、外交、文化教育、铁道运输及各种专业部门的工作"③,如成为驻外大使或参赞的李则望、马列、许文益、何方、何理良、高世坤、凌青等人;在高等教育领域出任重要领导岗位的张天恩、苏英、尹企卓、罗俊才、付克等人;以及从事翻译工作的白布佳、秋江、朱允一、麦林等人,更有以外语作为工作"武器"从事军事、铁道运输工作的蓝曼、凌

---

① 中国人民政治协商会议延安市委员会文史资料研究委员会,1992,延安文史资料(第 6 辑)[A],延安日报社,第 110 页。
② 中国人民政治协商会议延安市委员会文史资料研究委员会,1986,延安文史资料(第 3 辑)[A],延安日报社,第 190 页。
③ 北京外国语学院校史编辑委员会,1985,北京外国语学院简史(1941—1985)[M],北京:外语教学与研究出版社,第 19 页。

祖佑等人。正如学校俄文教员邵天任先生所言,"他们在人民想象不到的极其艰难困苦的生活条件下勤奋学习外文和革命本领,……(是)德才兼备的外文干部"[①],更是新中国的外交和外语教育领域的骨干力量,为中国革命和社会主义建设作出了重大贡献。

延安外国语学校之所以能在如此短的时间里取得巨大的教育成就,无疑要归功于中国共产党的正确领导。抗日战争全面爆发后,以抗日救国为教育目标,中国共产党在高等教育体系的创建上实行了一系列的新政策、新制度以及新的实践活动。这些高等教育的思想理念、政策方针、体制机制等深刻影响了新中国高等教育的发展历程,是新中国高等教育的基本范式[②],也被称为高等教育的"延安模式"[③]。以延安外国语学校为代表的外语高等教育领域,同样形成了独具特色的教育规划新理念、新范式。本节将采用"范式"一词来描述延安外国语学校在外语教育目标、语种选择、培养对象规格的制定,以及外语教学方法、教学活动等问题上的特质。因为作为方法论的基本概念,"范式"是一个科学共同体所共有的理论背景、框架、传统、共同的信念、方法等,而"模式"仅是一种方法,"范式"包含了"模式"[④],更能较全面地反映延安时期外语教育规划的方法、思路及其理念。

"延安范式"并不是延安时期外语教育规划一开始就创立的,而是中国共产党在抗日战争的历史背景下,因地制宜、大胆创新逐步摸索出的教育规划策略合集,是国家的政治和战略规划意志在教育层面上的具体实施。延安外国语学校的外语教育正是党中央

---

① 邵天任,2013,延河畔的外文学子们(序言),北京:外语教学与研究出版社。
② 秦立霞,2005,陕甘宁边区高等教育模式对新中国高等教育的影响[A]//杨孔炽.百年跨越:教育史学科的中国历程,厦门:鹭江出版社,254-260。
③ 曾鹿平,2017,重温高等教育"延安模式"[N],中国社会科学报,2017-02-22(008)。
④ 曾祥华、吴涛,2006,法学研究的范式与模式——兼与戚建刚博士商榷[J],河北法学(11)。

在抗战的历史条件下"分析国际政治、经济和社会的发展局势,对本国与世界关系进行审视的基础上,为应对国际交往与对外沟通而推行的语言教育规划"①。"延安范式"代表了在抗战的特定历史条件下中国共产党规划及指导外语教育的思维框架、理念共识及技术规范,体现了国家在当时社会背景下的外语教育规划价值观。因而,"延安范式"的生命内涵更加丰富,体系更加完整,具有一定的稳定性、传承性。外语教育规划的"延安范式"是延安时期外语教育成就斐然的思想源头,是中国共产党直接领导下的外语教育规划体系的总和。

二、外语教育规划"延安范式"的特征

为厘清外语教育规划"延安范式"的特征,本节借助语言规划领域的经典理论"八问方案"来深入考察延安外国语学校的外语教育规划活动。"八问方案"由美国语言学家罗伯特·库珀(Robert Cooper)在其著作《语言规划与社会变迁》中提出,具体内容是:谁制定规划?制定了什么规划?针对什么对象做了规划?要达到什么目的(或出于什么动机)?在什么条件下?用什么方式?通过什么决策过程?规划效果如何?②"八问方案"自提出以来,在语言规划与政策领域一直占据重要地位③,是揭示语言政策和语言规划行为的有效工具。伯梅尔(Bermel)指出"八问方案"在实际分析中不需要涉及所有要素,可以根据影响力的大小聚焦某些变量④。

---

① 沈骑,2019,新中国外语教育规划70年:范式变迁与战略转型[J],新疆师范大学学报(哲学社会科学版)(5)。
② Cooper, R. 1989. *Language Planning and Social Change*[M]. Cambridge: CUP, pp.89-98.
③ 牛佳、林晓,2020,Cooper八问方案国内外研究综述[J],外语学刊(3)。
④ Bermel, N. 2007. *Linguistic Authority, Language Ideology, and Metaphor: The Czech Orthography Wars*[M]. Berlin: Mouton de Gruyter.

本节主要关注延安外国语学校外语教育规划的主体、规划目的及语种、规划对象、条件、方式及规划效果等核心要素,以此凸显延安外国语学校外语教育规划活动中的特征(见表4.1)。

表 4.1 "八问方案"下延安外国语学校外语教育规划"延安范式"的特征

核心要素	特征
规划主体	深谙国内外政治的国家领导人作为外语教育政策决策者、熟悉专业的外语教育工作者作为政策执行者、全校师生代表作为政策实施及管理参与者的多元规划主体。
规划目的及语种	为解决战争中的语言交流问题,培养懂俄语、英语的军事翻译和外交人才,根本目的是提高中国在捍卫国家主权和领土完整、建立国际统一战线及建立新中国独立外交中的运用外语处理各种事务的能力。
规划对象	要求文化水平高、政治条件好,能坚定不移地执行外语教育决策。
规划条件	受战争影响,在外语教学材料缺乏、师资紧缺的条件下,学校结合实际条件,发掘资源,调配师资,保障教学效果。
规划方式	在外语教育决策的执行过程中,通过制定一系列权威规定的方式创设外语学习的社会语言情境。
规划效果	学员外语进步明显,外语教育规划效果在短期内显现,形成了"政治+专业+外语"的新型外语人才培养模式。

(一) 政治领导人、专业外语人及师生共同参与的多元规划主体

"谁是规划者"是语言政策与规划中潜在的重要变量[①],因为规划者的意志往往会影响预期的语言政策或规划方案的制定,进而会影响某种语言的使用。语言规划主体可以是政府机关、教育机构、非政府或准政府组织以及其他组织,其中包含熟悉和了解国

---

① Baldauf, R. B. Jr. 1982. The language situation in American Samoa: Planners, plans, and planning[J]. *Language Planning Newsletter*, 1(8): 1-6.

际形势、本国国情及社会状况的政体领导人,还有被规划语言专业领域内、甚至跨学科专家①。延安外国语学校的外语教育工作背后有一个堪称强大的规划团队——深谙国内外政治的国家领导人作为外语教育政策决策者、熟悉专业的外语教育工作者作为政策执行者、全校师生代表作为政策实施及管理参与者的多元规划主体。

抗日战争爆发后,以毛泽东同志为首的中共中央领导人作为总指挥,密切注视世界政治局势的变化,把教育作为保障抗战救亡的必需条件之一,并提出"实行抗战教育政策,使教育长期为战争服务"②的教育总方针,为当时的外语教育确立了引领方向。在此方针指导下,中央军委决定筹办俄文大队,隶属于抗日军政大学第三分校,为国际交往、尤其是和苏联的政治军事交往培养军事翻译,这使延安时期的外语教育与战时人才需求紧密结合。朱德总司令任延安军事学院院长时,曾对俄文队的办学宗旨提出了明确要求。军委副主席周恩来更是对外国语学院的建设和发展关怀备至,连学校建校过程中的干部选派、遇到的师资、教材缺乏等具体困难都亲自出面解决,这对延安外国语学校的整体发展起到了直接推动的作用。

在中央军委的直接领导下,一批业务能力极强的专业人士负责学校的外语教育教学工作,如曾留学苏联的常乾坤、卢竞如、曾涌泉负责俄文教务及教学工作;办学经验和社会活动经验极其丰富的浦化人负责英文教学工作;俄语和马列理论水平都很高的李觉民、张培成、叶和玉等人先后负责政治教导工作。外语规划活动执行者能够紧跟党中央的领导,而且自身具有较高的外语水平,能对学校外语方法提出可行性方案,如常乾坤提出"语法应该在语言

---

① Kaplan, R. B. & Baldauf, R. B. Jr. 1997. *Language Planning: From Practice to Theory*[M]. Clevedon: Multilingual Matters LTD, pp.6 + 196.
② 毛泽东,1942,论新阶段[M],宿州:拂晓出版社,第 55 页。

实践中自然掌握"的观点,便推动了学校后来"时时处处讲外语"的教学实践。不仅如此,学校规划团体还包括全校教职人员和学生代表,正如卢克(Luke)等人所言,语言规划主体应该包括更广泛的参与基础,那些计划使用语言的人应该在其实际计划和实施中有发言权[1]。"学校一切重大事件均由会议研究决定,师生参与学校管理"[2],而传统意义上的语言规划往往由统治者制定,他们很少过问语言学习者和使用者的意见[3],这也从反面凸显了延安外国语学校外语规划的科学、合理性。

可见,延安外国语学校在外语教育规划主体上的"延安范式"是来自不同领域、不同层面的多元规划主体协同配合,共同规划。掌握国内外政治形势的国家领导人作为政策决策者,制定的外语教育规划策略与党中央提出的"教育长期为战争服务"的战略总方针紧密契合,确保了外语教育方向和路径的正确性。熟悉专业的外语教育专业人士作为政策执行者,严格按照党中央的指示培养外语人才,并能够兼顾学校发展的实际需要,使外语教育政策能够落到实处。全校师生代表作为政策实施及管理参与者,参与学校管理,并收集外语学习者和使用者的反馈,据此对具体实施策略进行完善。凡此种种,确保了外语教育规划的制定与政策执行的紧密结合,这也正是外语教育能够快速取得成绩的有效保障。

---

[1] Luke, A. & Baldauf, R. B. Jr. 1990. Language planning and education: A critical rereading[J]. In R. B. Baldauf, Jr. & A. Luke (Eds.), *Language Planning and Education in Australasia and the South Pacific*[C]. Clevedon: Multilingal Matters LTD, pp.349-352.

[2] 梁星亮、杨洪,2011,中国共产党延安时期政治社会文化史论[M],北京:人民出版社。

[3] Kaplan, R. B. 1989. Language planning vs. planning language[J]. In C. H. Candlin & T. F. McNamara (Eds.), *Language, Learning and Community*[C]. Sydney: NCELTR, pp.193-203.

（二）为战争服务的外语教育目的及语种规划

语言的选择同外部世界有着不可分割的联系，任何语言规划都会受国家的政治经济和国际环境的影响。从理论上来讲，只要存在语言沟通方面的需要，就可以进行语言规划。一般来说，语言规划的显性目的是为了解决语言或交流问题，但隐性目的是为了达到非语言的目的①，因为"无论何种语言规划，在几乎所有情况下，需要解决的语言问题都不是孤立的语言问题，而是与一个区域或国家的政治等因素直接相关的问题"②。抗日战争爆发以后，无论是抗日前线的阵前喊话、政治宣传、审讯战俘等战地任务，还是中国与世界各国的政治交往，都需要通过外语沟通，所规划语种的变化也体现了语言规划的双重目的。

到了抗战中期，随着世界政治形势的发展，苏联的国际地位日益提高，与中国共产党的交往增加，并成为中国共产党抗战的主要支持者。为建立反法西斯国际统一战线，中国共产党主张"在外交上与英美及其他国家一切反德意日法西斯统治的人士联合"③，尤其是和苏联红军联合起来并肩作战。这样的国际政治背景必然要影响外语教育语种的选择，俄语教育因此成为当时的政治局势和战争环境中的迫切举措。在中央军委的直接领导下，抗日军政大学三分校的俄文大队于1941年3月成立，不久与军政学院的高干队合并为军事学院，朱德总司令兼任军事学院院长，他给俄文队提出了"培养通晓俄语、能会话、能联系实际的军事翻译人才"④的培

---

① Cooper, R. 1989. *Language Planning and Social Change*[M]. Cambridge: CUP, pp.89-98.
② Karam, F. X. 1974. Toward a definition of language planning[J]. In Joshua A. Fishman (Ed.), *Advances in Language Planning*[C]. The Hague: Mouton, p.108.
③ 中共中央关于反法西斯国际统一战线的决定[J],解放,1941(131-132)。
④ 付克,1986,中国外语教育史[M],上海：上海外语教育出版社,51-53。

养目标。

1944年6月,由英、美、加、澳等国记者组成的中外记者西北参观团来到延安及黄河以东各解放区,了解八路军力量和敌后斗争情况,美国也于7月派军事观察组进驻延安①。中共中央和军委对此非常重视,认为这是"我们在国际间统一战线的开展,是我们外交工作的开始"②。在此背景下,党中央决定在俄文学校增设英文系,并更名为延安外国语学校。周恩来同志在学校命名大会上强调,"外国语学校不仅要培养军事翻译,而且要培养外交人才。"③根据周恩来同志的指示,外国语学校的培养目标从创办之初的培养俄语军事翻译人才转变为培养外语军事翻译和外交人才,即在短期之内,培养政治上坚强、政策水平高、外文好的外事干部。

综上所述,为战争服务,培养抗战急需的俄、英文人才是延安外国语学校在外语教育目标及语种上的"延安范式"。延安时期外语教育规划的语种和培养目标没有固守成规,而是随着战争形势及国际政治环境的变化而调整,其显性目的毫无疑问是解决战争中的语言交流问题;隐性目的则是"在一切为着战争的原则下,一切文化教育事业均应使之适合战争的需要"④的抗日救国时代主题的要求下,担负起了外语教育"长期为战争服务"的历史使命。因此,延安时期外语教育规划的根本目的是提高中国在捍卫国家主权和领土完整、建立国际统一战线及建立新中国独立外交中的运用外语处理各种事务的能力,与时代要求紧密契合,也正是国家

---

① 中国延安干部学院,2010,延安时期大事记述[G],北京:中央文献出版社,358-368。
② 中央档案馆,1992,中共中央文件选集 第十四册(一九四三——九四四)[G],北京:中共中央党校出版社,第314页。
③ 曹慕尧,2002,延安抗大俄文队——中国两所大学的发源地[J],党史纵横(7)。
④ 毛泽东,1942,论新阶段[M],宿州:拂晓出版社,51-52。

战略规划意志在外语教育上的体现。

(三) 文化水平高、政治条件好的外语教育规划对象

外语教育规划对象的确定问题是外语教育规划的一个重要议题,语言规划的顺利实施需要接受外语教育的目标人群的合作,他们自己要作出决策以支持整体方案①。延安时期的外语人才承担着军事翻译及外交等重要工作,为此,外语教育规划的对象须具备较高的思想政治水平,树立坚定正确的政治方向,以确保其革命立场坚定不移、工作作风实事求是及外语教育决策的顺利推行。同时,抗战的实际需要意味着外语人才培养对象并非来自初、中、高级教育一脉相承的教育体系,而是针对有一定文化水平,尤其是具备较高中文修养、可以接受高等外语教育的学员。

战时外语教育的特殊性使得学校对外语教育规划对象的政治条件和文化基础格外重视。学员招收主要是"从抗大和其他学校、部队、机关抽调一批文化水平高、政治条件好的同志"②,1941年7、8月间又从前方战斗部队中抽调了一批具有中学文化程度的连、排级干部③,以及从三分校工程队转入的学员。他们是从前方部队中选拔的一些年轻力壮、文化较高、有培养前途、准备派往苏联学习飞行的连级干部④。1944年增加的英文学员,也是从中直机关、部队和延安其他各地英语基础较好的干部和青年中抽调。

此外,学员的中文水平不仅在接受选拔时作为必备条件之

---

① 沈骑,2017,中国外语教育规划:方向与议程[J],中国外语(5)。
② 付克,1988,艰苦创业育人才——关于延安外国语学校的一些回忆[A]//李良佑、刘犁,外语教育往事谈——教授们的回忆,上海:上海外语教育出版社,282-299。
③ 曹慕尧,1993,记新中国外语院校的发源地:延安俄文队[J],党史研究资料(1)。
④ 吕才,2001,北京外国语大学组织史(1941.3—2001.3)[M],北京:北京燕山出版社,第21页。

一,在学习外语的过程中也始终受到学校的重视。由于学校主要培养翻译人才,而翻译水平很大程度上会受到中文水平和修养的影响,为此,学校设有国文补课学习班。"1943年专门进行了中文测验,不及格者到文化补习班进修提高"①,这为保障学员的译文水平起到了重要作用。另外,学员的共同特点是年龄偏大,多数人年龄均在二十几岁到三十几岁,学习外语的最佳年龄段均已过去,特别是记忆力和反应较差②。但是,这群大龄学员整体上又有较高的政治思想觉悟,对外语学习高度重视,把学外语当作"党交给的任务","一定要下定决心,攻克这个(外语学习的)堡垒"③。

据此,可以认为,延安外国语学校在外语教育对象规划时的"延安范式"是重视外语教育规划对象的思想政治及母语文化素质。在抗战的特殊时期,这对于培养德才兼备的外语人才、提高外语人才的民族意识及革命精神、坚定其政治方向有着毋庸置疑的必要性。因为在抗日战争中,外语学员是军事、政治、外事翻译及中外交往的首要参与者,他们的政治觉悟和文化水平对翻译任务的完成及外事交往的顺利进行有着直接的影响。在战争的紧要关头,如果不提高对他们的政治文化素质要求,外语规划对象的革命性就会受到动摇,外语教育决策的顺利推进也很难得到保证。事实上,如果学员的文化水平高、政治条件好,是可以化解各种不利因素,在短时间内完成必需的理论学习,尽快成为翻译工作、外交战线上的骨干。

---

①② 付克,1988,艰苦创业育人才——关于延安外国语学校的一些回忆[A]//李良佑、刘犁,外语教育往事谈——教授们的回忆,上海:上海外语教育出版社,282-299。
③ 张天恩,2013,往事历历忆母校[A]//王麦林、何理良,延河畔的外文学子们,北京:外语教学与研究出版社,335-339。

(四) 教材、师资紧缺的外语教育规划条件

在语言规划的过程中,语言所处的情境、结构、文化、环境及信息条件等都可能会影响语言规划的进程或者效果。其中,情境条件指语言规划时发生的事件如战争,对语言规划过程中的决策制定有直接影响[①]。延安外国语学校在办学过程中遭遇极大的物资困境,但是为尽快培养战争急需的外语人才,学校在决策上突破了常规思路,要求师生创造性地利用有限的资源。因此,没有教材,就采取上课"老师讲学生听,边听边记,课后读、背、默写,同学讲互相问答"的方式[②]。选材内容没有硬性规定,大都就地取材,"由教师自选,能找到什么就教什么"[③],主要包括从苏联送来的一些政治、军事报纸和俄文书籍中选取,侧重在政治军事方面,突出了课程在战时的实用性。也有一部分教学内容取自教师编写的材料,"如关于延安的气候和自然风貌,开荒生产,抗日游击队员的故事,苏德战争形势的报道,反击国民党对延安的侵犯和封锁,军事训练和军队生活,延安文化生活和活动"[④]。教学内容取材广泛,并结合了当时的战争生活实际,因而能够引起学员的兴趣,也进一步激发了学员的学习热情。

师资紧缺是战时办学遇到的又一难题。在中央军委的统一调配下,专任教师主要从有苏联留学经历的人员中选择,如俄文队最早的教员之一常乾坤,曾在苏联红军航空学校学习13年,"他的俄

[①] Cooper, R. 1989. *Language Planning and Social Change*[M]. Cambridge: CUP, p.35.
[②] 麦林,2013,在革命部队哺育下成长[A]//王麦林、何理良,延河畔的外文学子们,北京:外语教学与研究出版社,第293页。
[③] 付克,1988,艰苦创业育人才——关于延安外国语学校的一些回忆[A]//李良佑、刘犁,外语教育往事谈——教授们的回忆,上海:上海外语教育出版社,282-299。
[④] 付克,1983,延安时期的俄语教育[J],中共俄语教学(季刊)(4)。

语非常地道,口语和俄罗斯人没有什么差别"[1];教导员兼教员张培成长期在苏联工作,俄语和马列主义的理论水平都很高。教务主任卢竞如"曾到苏联留学,俄语会话流利,还去法国办过《救国时报》"[2]。此外,教师队伍中还有来自苏联、越南、朝鲜、英国、印尼、加拿大等国的外籍教师,如八年抗战期间一直在华的美籍教师林迈克,"跑遍欧亚各国,通晓十国语言和文字的印尼老师王大才同志"[3],以及俄语发音被苏联人认为与苏联广播员水平相当的朝鲜人理荣华[4]。除了专任教师,中央翻译局的翻译人员大多兼任学校教师;另外,毛泽东、周恩来、朱德、董必武、叶剑英等中央领导人兼任学校的政治思想课教师,经常到学校讲政治理论或者做时事报告。可以说,这支教师队伍的业务水平和政治素质都是一流的[5]。

在战争背景下,延安外国语学校教学材料和师资的建设均受到不利影响,但是在自力更生、艰苦奋斗的延安精神[6]的引导下,学校结合实际、合理选择符合时代背景的教学内容,使教学资源的语言输入功能得到最大限度的发挥;对教师的筛选更以其业务水平、马列主义理论水平和政治素养为标准,高质量、结构先进的教师队伍使外语教学质量得到了有效保障,在教材及师资等外语教育规划条件上形成了极具特色的"延安范式"。

---

[1] 付克,2013,艰苦创业育人才——关于延安外国语学校的一些回忆[A]//王麦林、何理良.延河畔的外文学子们,北京:外语教学与研究出版社,第74页。
[2] 中国人民政治协商会议延安市委员会文史资料研究委员会,1986,延安文史资料(第3辑)[A],延安日报社,第190页。
[3] 任飞,2013,往事回忆[A]//王麦林,何理良.延河畔的外文学子们,北京:外语教学与研究出版社,第128页。
[4][5] 中国人民政治协商会议延安市委员会文史资料研究委员会,1992,延安文史资料(第6辑)[A],延安日报社,第110页。
[6] 王春明,2010,延安精神的丰富内涵[J],党史文汇(7)。

(五) 有权威规定性的外语教育规划方式

哈尔曼(Haarmann)的声望规划概念表明,任何语言规划背后都有一定的权威规定;而这些权威规定在某些情况下对语言的"压制"可以说是良性的,或在不同程度上是良性的①。在外语教学中,口语会话是必不可少的组成部分,但是学员在延安很难接触到外国人,工作翻译、外语报告等机会更难得到。外语实践机会缺乏导致学员没有口语会话的情境,学员也不习惯用外语对话,努力开口,却"有的碍于面子,有的词语太少,表达能力差,讲不了几句就'发闷'了"②。为此,学校制定了一系列规定来营造外语学习的环境和氛围,如要求宿舍、教室、食堂、礼堂等场合张贴的标语全部以俄文书写,还要求学员"从起床、上操、就餐、上课、生产、开会、娱乐、游泳、散步、爬山、访友、上市场、下饭馆,甚至碰面、路遇都要求必须用俄语讲话,一般情况下禁止用汉语交谈"③。英语教学亦是如此,注重日常生活中英文的运用,不管说对说错,师生之间交流都必须用英语,课堂内外无差别;并要求学生在日常生活中大胆用英语聊天,并采取"三人一组,两人对话,一人纠错"④等做法,师生由此逐渐养成了用外语讲话的习惯。在外语学习的自然语言环境及学习资源匮乏的情况下,延安外国语学校将外语作为师生生活中交流的主要语言,"这种做法开始会带有一定的强制性,但逐渐成为习惯,不但不觉得是负担,反而成为生活乐趣"⑤。学校通过制定权威规定的方式为师生创设了外语学习的社会语言情境,

---

① Haarmann, H. 1990. Language planning in the light of a general theory of language: A methodological framework[J]. *International Journal of the Sociology*, (86): 103-126.
② 付克,1983,延安时期的俄语教育[J],中共俄语教学(季刊)(4)。
③④⑤ 付克,1988,艰苦创业育人才——关于延安外国语学校的一些回忆[A]//李良佑、刘犁,外语教育往事谈——教授们的回忆,上海:上海外语教育出版社,282-299。

使学生的外语运用与生活情境紧密结合,由此凸显了外语教育规划方式上的"延安范式",这种权威规定对学生外语运用能力的提高有非常积极的作用,也是教学质量得以迅速提高的有效保障。

(六) 见效快、成范式的外语教育规划效果

外语教育规划的评估不仅是对政策实施效果的评估,也包括对整个外语教育规划各个环节的政策反馈与评价①。一般来说,有些语言规划的实际效果在规划目标制定的很多年后才得以显现②。尽管当时没有开展过系统的规划效果评估,延安外国语学校的外语教育规划效果在办学四年后的外语翻译人才质量方面已经可以窥见一斑。正如张天恩回忆到,"1945年召开'七大'的时候,有不少同志已经能同苏联人进行一般的交谈,翻着词典阅读俄文报刊,少数同学参加了编译局的工作,有的还在《解放日报》上发表了译文,这样的进步是惊人的。"③英语系开办后,经过一年左右的学习,多数人已逐渐能用英语工作。英文系学员凌青有一定的英文基础,仅在延安外国语学校学习三个月,1945年1月就正式离开学校,成为当时中央军委外事组的工作人员,参与外事翻译及美军观察组在延安期间的翻译工作,新中国成立后先后任驻外大使和常驻联合国代表。延安外国语学校的大多数学员在新中国成立后都活跃在外交或外语教育战线上,成为新中国外交和外语教育事业的中坚力量,这是外语教育规划效果的最直接体现。

---

① 沈骑、鲍敏,2018,改革开放以来的中国外语教育规划[J],语言战略研究(5)。
② Cooper, R. 1989. *Language Planning and Social Change*[M]. Cambridge: CUP, pp.93-96.
③ 张天恩,2013,往事历历忆母校[A]//王麦林、何理良,延河畔的外文学子们,北京:外语教学与研究出版社,335-339。

规划效果还体现在"政治＋专业＋外语"的外语人才培养的"延安范式"上。如前文所言,延安外国语学校的目标是培养政治上坚强、政策水平高、外文好的军事翻译和外事干部。这意味着人才培养必须兼顾学员的政治素养、军事能力和外语能力。边区高等学校"都把政治思想教育放在一切工作的首位,以使学员树立起正确的人生观,培养学员的革命立场与实事求是的工作作风"①。延安外国语学校亦是如此,"除了外文课之外,还有政治理论课,如马列主义、哲学、政治经济学、中国革命史等"②。不仅如此,"院首长和中央、军委的领导同志经常做政治、时事报告"③,这样的教学氛围有利于学校形成集中统一的政治观点、政治空气和政治热情。此外,"为使学生既学好外语,又掌握军事政治理论知识,学校开设了军事外语课和政治外语课,通过学习原文著作,联系中国革命历史、军队战史、中共党史等来掌握军事、政治词汇。"④由此形成了思想政治教育贯穿外语人才培养的全过程的"政治＋专业＋外语"的新型复合型人才培养思路,不仅符合当时的中国国情和抗战的需要,而且是对外语人才培养模式的有效创新。也为1946年以后创办华北联大外国语学院、哈尔滨外专及北京外国语学院等新中国外语院校,培养懂外语的革命干部提供了有效的"延安范式"。事实上,"延安范式"的影响并没有停留在建国前后外语人才的培养模式上,至今思政教育和专业能力仍然是外语人才培养的基本原则和培养内容之核心,这无疑是一种思维方式的影响力和继

---

① 梁星亮、杨洪,2011,中国共产党延安时期政治社会文化史论[M],北京:人民出版社,415-433。
② 付克,1988,艰苦创业育人才——关于延安外国语学校的一些回忆[A]//李良佑、刘犁,外语教育往事谈——教授们的回忆,上海:上海外语教育出版社,282-299。
③ 张天恩,2013,往事历历忆母校[A]//王麦林、何理良,延河畔的外文学子们,北京:外语教学与研究出版社,335-339。
④ 吕才,2001,北京外国语大学组织史(1941.3—2001.3)[M],北京:北京燕山出版社,第15＋35页。

承性。

三、外语教育规划的"延安范式"的当代启示

不难看出,延安时期外语教育之所以能在短时间内取得巨大的成就,与其外语教育规划中形成的"延安范式"的影响是分不开的。外语教育规划的"延安范式"就是多元规划主体对外语教育的目的、语种及教学实践进行全面、科学的规划,注重外语教育规划对象的思想文化素质,在实践中根据实际情况创造条件以保障教学效果,制定权威的规定创设外语学习的社会语言情境,使外语教育规划效果短期内得以显现,并形成了"政治+专业+外语"的新型复合型人才培养思路。可以说,延安时期的外语教育规划不仅在特殊的历史时期符合国家战略发展,而且其成功经验对今天的外语教育规划也有着深刻的启示意义。

首先,外语教育统筹管理与规划需要建立一个统管或协调外语事业的机构,多元主体共同参与,协同配合。外语教育规划要适应国际形势变化,与国家发展战略规划紧密结合,因此,要做到科学合理的外语教育规划,应有一个能够统筹规划、协调管理的机构[①]。具体来讲,由一位或多位国家政治领导人负责宏观上统领全局、主持制定全国外语教育整体发展规划,使中国外语教育与国家的政治、经济发展战略、国际交往与沟通、国家安全及全球治理等重大问题紧密契合。另需一支团队如高等学校外语专业教学指导委员会中深谙专业发展的外语教育专家,甚至熟悉和了解国际形势、本国国情、社情和语情的跨学科、跨领域专家参与外语教育规划,为政策制定和执行建言献策。还需要高校的外语专业管理部门及师生代表真正参与到外语教育政策的制订、实施与

---

① 李宇明,2010,中国外语规划的若干思考[J],外国语(1)。

管理过程中来,他们是外语教育规划政策顺利推进不可或缺的一部分。延安经验表明,建立自上而下、上下贯通的多元外语教育规划主体,有望促进我国外语教育规划从源头到支流的良性循环。

其次,外语教育目标定位与语种规划必须符合时代要求,服务国家战略。延安经验显示,外语教育的目的需要根据时代的变化和社会的发展适时调整和完善,只有做到与国家发展战略同频共振,才能更好地完成时代使命。当前,我国正在从本土型国家向国际型国家转变,对外语的需求产生了许多新的变化,尤其近年来我国提出的"一带一路"倡议,为我国参与全球治理带来了战略契机,也对我国国家外语能力提出了新的挑战。根据中国一带一路官网数据统计,截至 2020 年 5 月,加入"一带一路"共建体系的国家已从最初的沿线 64 国增加到 144 国,各个国家语言不尽相同,仅官方语言和通用语言就有近 110 种①。其中很多国家的官方语言和通用语言属于非通用语范畴,更不用说繁多的民族与地方语言。在此背景下,新的国际政治环境、多元化语言格局正在形成,由此而来的我国外语人才培养目的、语种布局、培养规模等规划问题的重要性日渐凸显。因此,亟须审时度势,根据新的政治环境对我国外语教育进行中长期培养目标的战略规划,并在宏观上对全国外语教育进行指导与安排,扩充外语语种的数量,制定多元外语语种及教育模式,使外语教育为提高我国国家外语能力、参与全球治理及"一带一路"建设发展服务。

此外,外语教育需重视外语学习者的母语教育及思想政治教育。在当前全球化背景下,世界各国的民族文化、价值观念、思想及意识形态等交互空前频繁,外语学习者在接触其他国家尤其是

---

① 已同中国签订共建"一带一路"合作文件的国家一览[EB/OL]. https://www.yidaiyilu.gov.cn/info/iL ist.jsp?cat_id=10037&cur_page=1. 2020-05-14。

西方国家的文化、价值观念和意识形态的过程中,世界观、人生观、价值观不可避免地会受到冲击。如不予以重视,有可能会影响青年学子文化思想和意识形态沿正确的方向发展,不利于具有国际视野、中国情怀的外语专业人才培养。因此,当前中国外语教育规划有必要加强外语学习者的母语与传统文化教育,将母语及其所蕴含的民族精神、传统美德及核心价值观等深刻内涵传递给外语学习者。不仅如此,外语教育还应明确"课程思政"观,即以专业课程为载体,"将思政教育元素通过'转基因'方式植入专业课程,重新改造专业课程的方式、方法,将教书育人所蕴含的真谛在课堂教学主渠道中得到贯彻、落实"①。如此,可使我们所培养的外语人才在具有国际视野的同时,还深怀着为建设社会主义现代化强国和实现中华民族伟大复兴的中国梦而努力奋斗的政治热情,在国际舞台上自觉承担起维护国家利益和民族尊严的责任和使命,在各种交流、交融、交锋中守住和发展自身的民族文化②,积极主动地做好中国文化的国际传播。

诚然,今天的外语教育时代背景、对外语人才的需求等均不同于延安时期。中国外语教育事业正处在迅猛发展的新时代,外语教育的进一步发展需要积极改革创新、锐意进取,完全照搬延安做法并不能解决目前所面临的问题。然而发展变化的时代背景并没有改变外语教育服务国家战略的重要使命,因此,中国外语教育规划的思考与决策有必要重温延安时期外语教育规划思想的精髓,在传承经典、弘扬优秀传统的基础上进一步创新,方可走出具有中国特色的外语教育新路。回望历史,正是为了继往开来。中国共产党已走过一百多年的伟大历程,回顾建党初的外语教育活动,梳

---

① 杨守金、夏家春,2019,"课程思政"建设的几个关键问题[J],思想政治教育研究(5).
② 王俊菊、冯光武,2018,《国标》背景下英语专业人才培养方案的制订——原则与路径[J],中国外语(4).

理和归纳其外语教育规划理念,掘发其中的成功经验与启示意义,既是向建党百年来外语教育事业上筚路蓝缕的先贤们致敬,也是新时代背景下对中国外语教育规划的未来展望。

第五章 外语教育规划的实证研究

第一节 非英语外语专业学习者的"投资"研究[①]

一、非英语外语专业教育规划研究概况

全球化背景下,相对于英语的长期主导地位,非英语语种的学习状况不容乐观,且大多呈现衰减趋势[②]。有鉴于此,部分研究者们对二语学习研究领域中同样日益加剧的英语——非英语失衡现象表示担忧[③],原因有二:一是这样忽视了各种形式的语言习得,二是这种状况预设了二语学习主要受到社会接触和融合需求的驱动,忽视了学校教育中的外语学习等其他情境。因此,英语学习背景下构建的现有理论和方法在非英语语种教育语境下的适用性仍是一个值得探讨的问题。

此外,二语学习动机研究正经历由心理语言学视角到社会学和人类学视角的转向,从后结构主义的视角来看,传统心理语言学

---

① 本节合作者为同济大学博士生陆珏璇。
② Gao, X, & Zheng, Y. 2019. Multilingualism and higher education in Greater China [J]. *Journal of Multilingual and Multicultural Development*, 40(7): 1-7.
③ Dörnyei, Z. & Al-Hoorie, A. H. 2017. The motivational foundation of learning languages other than Global English: Theoretical issues and research directions [J]. *The Modern Language Journal*, 101(3): 455-468; Ushioda, E. M. A. 2017. The impact of global English on motivation to learn other languages: Toward an ideal multilingual self [J]. *The Modern Language Journal*, 101(3): 469-482.

视域下的"动机"这一概念过于单一且固化①。有鉴于此,诺顿(Norton)倡导使用"投资"这一概念来更好地分析个人内在因素与社会环境之间的交互作用②,并与同事在此基础上进一步构建了扩展性的投资理论模型,其中语言学习者的投资(相当于学习者为习得目的语及获取相关资本而付出的努力及资源投入等)被认为是由意识形态(反映各种社会因素,尤其是社会结构中的权力关系)、资本(包括学习者自身已拥有的资源和与语言学习相关的感知收益)和身份认同(学习者的自我定位)共同决定的③。投资这一概念及其扩展模型已被广泛运用于各类探究二语学习认知与心理因素的相关研究之中④,但在非英语语种学习相关研究中仍较为鲜见。

---

① Norton, B. 2015. Identity, investment, and faces of English internationally[J]. *Chinese Journal of Applied Linguistics*, 38(4): 375-391.
② Norton, B. 2013. *Identity and Language Learning: Extending the Conversation*[M]. Bristol: Multilingual matters; Norton Peirce, B. 1995. Social identity, investment, and language learning[J]. *TESOL Quarterly*, 29(1): 9-31.
③ Darvin, R. & Norton, B. 2015. Identity and a model of investment in applied linguistics[J]. *Annual Review of Applied Linguistics*, 35: 36-56.
④ Gearing, N. & Roger, P. 2018. 'I'm never going to be part of it': Identity, investment and learning Korean[J]. *Journal of Multilingual and Multicultural Development*, 39(2): 155-168; Gu, M. 2008. Identity construction and investment transformation: College students from non-urban areas in China[J]. *Journal of Asian Pacific Communication*, 18(1): 49-70; Hajar, A. 2017. Identity, investment and language learning strategies of two Syrian students in Syria and Britain[J]. *Language, Culture and Curriculum*, 30(3): 250-264; Kim, H. 2014. Learner investment, identity, and resistance to second language pragmatic norms[J]. *System*, 45: 92-102; Lee, E. E. 2014. Motivation, investment, and identity in English language development: A longitudinal case study[J]. *System*, 42: 440-450; Nasrollahi Shahri, M. N. 2018. Constructing a voice in English as a foreign language: Identity and engagement[J]. *TESOL Quarterly*, 52(1): 85-109; Reeves, J. 2009. Teacher investment in learner identity[J]. *Teaching and Teacher Education*, 25(1): 34-41; Vasilopoulos, G. 2015. Language learner investment and identity negotiation in the Korean EFL context[J]. *Journal of Language, Identity & Education*, 14(2): 61-79.

中国语境下的非英语外语研究主要以自上而下的政策推力为背景,譬如近十年来的"一带一路"及建设"人类命运共同体"的倡导等①,随之而来的是国家层面对于非英语外语相关人才的需求②,以及政府鼓励下高校对相关专业的兴建③。在此背景下,中国非英语外语教育相关研究大多从宏观角度开展,例如相关专业的课程设置以及毕业生的就业能力等④。具体而言,尽管各大高校开设的非英语外语专业一度处于增长态势,但相关研究仍指出了中国非英语外语人才供需之间的不平衡⑤,这说明我们仍需进一步反思相关专业的教学过程,并且关注微观层面的学习者内在机制等既往研究中较少探讨的因素。相关研究此前大多仍聚焦于英语学习的语境⑥,

---

① Huang, Y. 2016. Understanding China's Belt & Road Initiative: Motivation, framework and assessment[J]. *China Economic Review*, 40: 314-321.
② 文秋芳,2016,"一带一路"语言人才的培养[J],语言战略研究(2)。
③ Gao, X. & Zheng, Y. 2019. Multilingualism and higher education in Greater China[J]. *Journal of Multilingual and Multicultural Development*, 40(7): 1-7; Han, Y., Gao, X. & Xia, J. 2019. Problematising recent developments in non-English foreign language education in Chinese universities[J]. *Journal of Multilingual and Multicultural Development*, 40(7): 1-14.
④ 陈美华、陈祥雨,2018,"一带一路"背景下英语与非英语语种教育问题探讨[J],外语教学与研究(5);丁超,2017,对我国高校外语非通用语种类专业建设现状的观察分析[J],中国外语教育(4);丁超,2018,关于非通用语种人才培养机制变革与创新的若干思考[J],中国外语教育(1);Han, Y., Gao, X. & Xia, J. 2019. Problematising recent developments in non-English foreign language education in Chinese universities[J]. *Journal of Multilingual and Multicultural Development*, 40(7): 1-14;陆经生,2012,大学非通用语种专业人才培养策略和实践[J],中国大学教学(11);沈骑,2015,"一带一路"倡议下国家外语能力建设的战略转型[J],云南师范大学学报(哲学社会科学版)(5);王雪梅、赵双花,2017,"一带一路"背景下我国高校非通用语种专业建设:现状、问题与对策[J],外语电化教学(2)。
⑤ 王辉、夏金铃,2019,高校"一带一路"非通用语人才培养与市场需求调查研究[J],外语电化教学(1)。
⑥ Dörnyei, Z. & Al-Hoorie, A. H. 2017. The motivational foundation of learning languages other than Global English: Theoretical issues and research directions [J]. *The Modern Language Journal*, 101(3): 455-468.

仅有少部分研究对非英语外语学习者动机等内在因素进行了剖析①。本研究以非英语外语学习者内在机制对其语言学习的影响为主要落点,其理据在于学习者作为语言教育规划中事实上的末端接受方,一定程度上决定了非英语外语教育政策的落实成效②。因此,基于达尔文和诺顿(Darvin & Norton)③的投资理论框架,本研究旨在探讨以下问题:

(1) 哪些因素促进或催化了非英语外语学习者对其专业语种的学习投资?

(2) 哪些因素对非英语外语学习者针对专业语种的投资起到了阻碍作用?

二、外语学习中的"投资"理论

"投资"(investment)这一概念整合了布迪厄(Bourdieu)④的

---

① Chen, X., Zhao, K. & Tao, J. 2020. Language learning as investment or consumption? A case study of Chinese university students' beliefs about the learning of languages other than English[J]. *Sustainability*, 12(6): 2156; 高一虹, 2013, 大学生英语学习动机与自我认同发展: 四年五校跟踪研究[M], 北京: 高等教育出版社; Gu, M. 2008. Identity construction and investment transformation: College students from non-urban areas in China[J]. *Journal of Asian Pacific Communication*, 18(1): 49-70; Lu, X., Zheng, Y. & Ren, W. 2019. Motivation for learning Spanish as a foreign language: The case of Chinese L1 speakers at university level[J]. *Círculo de Lingüística Aplicada a la Comunicación*, 79: 79-98.

② Zhao, S. & Baldauf, R. B., Jr. 2012. Individual agency in language planning: Chinese script reform as a case study[J]. *Language Problems & Language Planning*, 36(1): 1-24.

③ Darvin, R. & Norton, B. 2015. Identity and a model of investment in applied linguistics[J]. *Annual Review of Applied Linguistics*, 35: 36-56.

④ Bourdieu, P. 1977. The economics of linguistic exchanges[J]. *Information (International Social Science Council)*, 16(6): 645-668; Bourdieu, P. 1986. The forms of capital[A]. In J. F. Richardson (Ed.), *Handbook of theory and research for the sociology of education* (pp.241-258)[C]. New York, NY: Greenwood Press.

"资本"(capital)和韦顿(Weedon)①的"主体性"(subjectivity),最初被诺顿用以分析加拿大女性移民的英语学习个案②。投资指的是语言学习者为获得良好回报而促进语言学习的意愿和努力,即获得"更广泛的象征性和物质性资源,进而提升其文化资本价值"的过程;相比传统社会心理学视域下的"动机"(motivation),它更强调社会历史层面的因素对语言学习的影响③。投资的理论意义在于从后结构主义视域下身份认同的研究视角出发,考察多重、动态的认同建构如何驱使学习者重构自身与他者的关系,并且通过建构足够有力的身份认同来行使其话语权④。

在"投资"概念及诸多相关研究发现的基础上⑤,诺顿及其同事进一步构建了扩展的"投资"模型,将语言学习者的投资视为个体自我定位、资本和社会意识形态等相互作用的产物⑥。在这一模型中,资本可进一步归类为"给养"(affordances)和感知收益(perceived benefits),社会意识形态主要指社会体系中固有的限制性因素(systemic patterns of control),而自我定位(self-positioning)则指学习者在语言学习场域中构建的身份认同(参见表5.1)。在探讨学习者的投资时,应考虑到这三个组成部分的相

---

① Weedon, C. 1987. *Feminist practice and poststructuralist theory*[M]. London: Blackwell.
②③ Norton Peirce, B. 1995. Social identity, investment, and language learning [J]. *TESOL Quarterly*, 29(1): 9-31.
④ Norton, B. & McKinney, C. 2011. An identity approach to second language acquisition[A]. In Dwight Atkinson (Ed.), *Alternative approaches to second language acquisition* (pp.85-106)[C]. London: Routledge.
⑤ Norton, B. 2015. Identity, Investment, and Faces of English Internationally[J]. *Chinese Journal of Applied Linguistics*, 38(4): 375-391; Norton, B. & Toohey, K. 2011. Identity, language learning, and social change[J]. *Language Teaching*, 44(4): 412-446.
⑥ Darvin, R. & Norton, B. 2015. Identity and a model of investment in applied linguistics[J]. *Annual Review of Applied Linguistics*, 35: 36-56.

互作用:意识形态反映社会结构,而社会结构中的限制性因素会对学习者的给养及感知收益进行"估值",学习者的自我定位则受到前两者的形塑,并激发学习者的能动反应①。

表 5.1 达尔文和诺顿②投资理论框架中的核心概念释义

概念	定义
资本 (capital)	一种可产出利润并进行自我再生产的生产力,通常以经济、文化或社会等呈现形式存在③
意识形态 (ideology)	由各种权力关系所形塑的一系列异质且相互矛盾的社会观念
认同 (identity)	个体对"自我"的认知方式,包括其如何理解自己与世界之间的关系,这种关系如何为其身处的时间和空间所构建,以及其如何理解未来相关的种种可能性④
给养 (affordances)	学习者已经拥有且可用于投资的资本
感知收益 (perceived benefits)	学习者旨在通过语言学习获取的资本
结构性约束 (systemic patterns of control)	由社会意识形态构建的价值评估机制,其在相应场域内为特定类型的资本赋予特殊价值,并且使其他类型的资本"贬值"或边缘化

---

① Lu, J. & Shen, Q. 2022. Understanding China's LOTE learners' perceptions and choices of LOTE(s) and English learning: A linguistic market perspective[J]. *Current Issues in Language Planning*, 23: 4, 394-411.
② Darvin, R. & Norton, B. 2015. Identity and a model of investment in applied linguistics[J]. *Annual Review of Applied Linguistics*, 35: 36-56.
③ Bourdieu, P. 1977. The economics of linguistic exchanges[J]. *Information (International Social Science Council)*, 16(6): 645-668; Bourdieu, P. 1986. The forms of capital[A]. In J. F. Richardson (Ed.), *Handbook of Theory and Research for the Sociology of Education* (pp. 241-258)[C]. New York, NY: Greenwood Press.
④ Norton, B. 2013. *Identity and language learning: Extending the conversation*[M]. Bristol: Multilingual matters, p.4.

（续表）

概念	定义
定位 （positioning）	个体由社会意识形态所形塑、使自身思维及行为与所处环境相协调的一系列内在特质（尤指与语言学习相关的层面）

投资这一概念在中国语境下主要聚焦于英语学习者的动机研究。鉴于英语在中国公民中的普及程度，2008 年 *Asian Pacific Communication* 的一期专刊重点关注了不同区域的中学及高校环境下中国英语学习者的投资[1]；也有部分研究关照到了青少年移民学生和母语非英语博士生等特定群体[2]。仅少部分研究关注高等教育阶段的中国非英语外语学习者[3]。上述研究表明，不同

---

[1] Trent, J. 2008. Promoting investment by Chinese learners in classroom discourse: Integrating content and language in the undergraduate classroom[J]. *Journal of Asian Pacific Communication*, 18(1): 30-48; Gu, M. 2008. Identity construction and investment transformation: College students from non-urban areas in China[J]. *Journal of Asian Pacific Communication*, 18(1): 49-70; Arkoudis, S. & Love, K. 2008. Imagined communities in senior school mathematics: Beyond issues of English language ability[J]. *Journal of Asian Pacific Communication*, 18(1): 71-90; Lee, E. 2008. The "other(ing)" costs of ESL: A Canadian case study[J]. *Journal of Asian Pacific Communication*, 18(1): 91-108.

[2] Chang, Y. 2011. Picking one's battles: NNES doctoral students' imagined communities and selections of investment[J]. *Journal of Language, Identity & Education*, 10(4): 213-230; Chang, Y. 2016. Discourses, identities and investment in English as a second language learning: Voices from two U.S. community college students[J]. *International Journal of Education and Literacy Studies*, 4(4): 38-49; McKay, S. L. & Wong, S. C. 1996. Multiple discourses, multiple identities: Investment and agency in second-language learning among Chinese adolescent immigrant students[J]. *Harvard educational review*, 66(3): 577-609.

[3] Chen, X., Zhao, K. & Tao, J. 2020. Language learning as investment or consumption? A case study of Chinese university students' beliefs about the learning of languages other than English[J]. *Sustainability*, 12(6): 2156.

语境下的社会文化和语言因素确实在不同程度上影响了学习者的内在机制及学习投入,且导致了语言学习过程中个体认同建构的动态性和多重性。鉴于英语和非英语外语在国际地位和学习者语言态度等方面的差异①,以及所谓非英语外语在语言和文化差异方面的异质性,我们有必要进一步探讨中国语境下的非英语外语学习者为何以及如何加强其在专业语种学习中的投资。

三、研究设计与方法

(一) 研究背景

本研究的数据来自华东某外语类高校三个非英语外语专业的35名在读本科生。该校素有良好的外语教育及研究积淀,其毕业生除继续深造外也大多有着不错的就业去向,不少知名校友分布于各大政府部门、企事业单位、媒体机构等。该校官网每年公布的毕业生质量报告显示,不少非英语外语专业的毕业生就业率甚至高达100%,但需要注意的是,此类报告中对"就业"的定义大多较为宽泛,实际上包括境内升学、出国深造、签约就业、灵活就业等情况。

(二) 研究参与者

本研究的参与者为35名二年级本科生,其中包括9名印地语专业学生、11名波斯语专业学生和15名泰语专业学生。需要注

---

① Chen, X., Zhao, K. & Tao, J. 2020. Language learning as investment or consumption? A case study of Chinese university students' beliefs about the learning of languages other than English [J]. *Sustainability*, 12(6): 2156; Ushioda, E. M. A. 2017. The impact of global English on motivation to learn other languages: Toward an ideal multilingual self [J]. *The Modern Language Journal*, 101(3): 469-482.

意的是,这三个专业的招生周期并不相同,其中印地语系每四年一招,波斯语系每三年一招,泰语系每两年一招。我们选择这三个系部,原因之一在于其语言文化背景方面的差异,所选语种在亚洲背景下也具有一定代表性,可能有助于丰富研究发现;原因之二在于这三个专业刚好存在同级学生,专业起点及学习水平总体而言大致相当,便于进行平行比较。

本研究涉及的三个系部都隶属于该校的东方语学院,该院其时开设的10个专业恰好都是非通用语专业。该院各专业的课程大纲规定,学生须同时学习专业语种和英语,且必须通过专业四级考试才能达到毕业要求,这意味着英语在其专业学习中也起着重要的把关(gate-keeping)作用。

参与学生进入所在专业的缘由汇总参见表5.2(注:每名学生所对应的缘由可能不止一条)。其中,有14名学生表示自己纯粹出于对该校或语言类专业的偏好而作出了选择;10名学生表示自己是被调剂到目前的专业,原因可能是其高考分数未达到原本所选专业(主要是法语、德语、日语或阿拉伯语等"大语种")的录取线;只有3名学生自述是出于对专业语种的兴趣而填报了目前的专业。例如,来自马来西亚的华裔学生T15在入学前即开始自学泰语,据同班同学称,其甫一入学就可以用泰语和外籍教师交流。此外,有3名学生表示他们填报该专业是出于"折中"选择。例如,H2表示自己原本对哲学和宗教研究等"纯文科"更感兴趣,但出于种种考量她最终选择了"更好就业"的语言类专业。

表5.2 参与学生进入所在专业的缘由

对该校及语言类专业的偏好	14人(印地语专业1人,波斯语专业4人,泰语专业9人)
调剂	10人(印地语专业6人,波斯语专业3人,泰语专业1人)

(续表)

随机选择或意外	6人(印地语专业2人,波斯语专业3人,泰语专业1人)
长辈建议	3人(印地语专业1人,波斯语专业1人,泰语专业1人)
折中选择	3人(印地语专业1人,波斯语专业1人,泰语专业1人)
对专业语种的兴趣	3人(印地语专业1人,波斯语专业1人,泰语专业1人)

(三) 数据收集与分析

本研究的数据收集主要进行于2018—2019学年秋季学期。笔者首先在征得院系及相关授课教师同意的情况下进行了持续三到四周的课堂观察。随后,笔者开始联系学生进行面对面访谈,访谈均采用普通话,平均时长约40分钟,访谈全程均在受访学生同意的情况下进行了录音。访谈录音经转写后连音频带文本一起发给相应受访者,以便其判断是否存在任何需要增删调整之处。

笔者在反复阅读了访谈录音转写稿后对其进行了开放编码[1]。在初始编码过程中,我们发现,尽管很多学生表示当前专业并非其首选或自主选择,但随着专业学习的不断深入,他们中有相当一部分人在专业语种学习中发展出了更为积极的投资倾向。在此基础上,我们进一步分析了促进其在专业语种学习中加强投资的因素,这些因素与达尔文和诺顿[2]投资模型中的核心概念大致对应,即可用于投资的给养(见摘录1)、通过投资可获得的感知收

---

[1] Benaquisto, L. 2008. Codes and coding[A]. In L. M. Given (Ed.), *The SAGE Encyclopedia of Qualitative Research Methods*[C]. Thousand Oaks, California: SAGE Publications, Inc.

[2] Darvin, R. & Norton, B. 2015. Identity and a model of investment in applied linguistics[J]. *Annual Review of Applied Linguistics*, 35: 36-56.

益(见摘录2)、自我定位(见摘录3和摘录4)以及结构性约束(见摘录5)。我们发现,前三者可作为学习者投资的初始因素或持续性因素,而结构性约束在某些情况下可能会制约学习者的投资。

四、研究发现

(一)非英语学习投资

研究发现表明,如果非英语外语学生有充足的给养,认为专业语种附有足够多的可感知收益,或是自我定位为专业语种的"合法使用者"(legitimate speakers),他们会更倾向于对专业语种学习进行投资。例如,部分泰语专业学生认为泰语与其母语之间的相似性可作为其泰语学习投资中的给养:

摘录1

啊,我的话我是广东人,就是说粤语嘛。然后发现粤语跟泰语好像啊!就是它有很多那些尾辅音,就像/呃泰语也有尾辅音,粤语也有尾辅音。然后它们的声调,然后粤语是有6个声调,然后泰语是有5个声调,它们有一些声调是一样的。所以我总/就是我也很想/就是我觉得,如果可能写毕业论文的话,可能想写这一个。因为我觉得真的很像。就是会粤语的人学泰语很简单,就是 ta 能理解那些尾辅音的发音部位。然后也是学……就是也是先学了泰语之后发现,哎……一开始学泰语没有感觉,但后来当了粤语社的//就一开始是当粤语社的干事嘛,就负责给别人教粤语,然后就发现,这个发音好像泰语哦。泰语也有尾辅音,然后粤语也有,然后一些普通话里面没有的音,它们两个都有。然后就觉得/就觉得……哦,有种连/连通的那种感觉。

【摘自T3访谈】

对 T3 来说，泰语和粤语之间的音系相似度可作为其泰语学习投资的给养，因为她认为粤语能力可以在发音方面促进自身的泰语学习。此外，通过粤语教学的经验，她发现"教别人一门语言是非常快乐的，在这过程中你也会发现一些有趣的东西"（T3）。学习泰语和教授粤语的经历使她认为自己有望在泰国成为一名泰语教师或汉语教师，这种"自我定位"层面上的驱动力使她决定放弃自己辅修的国际贸易专业，以便在下学期更多投入于泰语学习。

无独有偶，T4 和 T8 虽然在就读泰语专业之前原本对英语感兴趣，但由于泰语与其母语在语音或词汇上的相似性而"转移了对泰语的感情"（T4，T8）。T4 计划参加外交部的人员选拔，而 T8 则表达了对泰语和泰国本身的喜爱，因为泰国环境与其家乡相似。对这些学习者来说，他们的语库（repertoire）是可助力于泰语学习投资的给养，而他们对泰语的移情也使得他们愿意自我定位为泰语学习者和使用者[①]。

此外，当非英语外语学生识别出非英语外语学习可为自身带来的收益时（无论其收获的是经济、文化还是社会方面的资本），他们也会选择投资于专业语种学习。虽然 H2 自述"错误"地选择了该课程，但她发现了印地语学习可能为自己带来的经济资本（即就业机会）和具身化文化资本（即印度神话与宗教知识）[②]。因此，她在印地语学习中逐渐成为积极的投资者，并希望能在印度工作或从事需使用印地语的工作。她对自己的就业选项抱有乐观

---

① Darvin, R. & Norton, B. 2015. Identity and a model of investment in applied linguistics[J]. *Annual Review of Applied Linguistics*, 35: 36-56.
② Bourdieu, P. 1986. The forms of capital[A]. In J. F. Richardson (Ed.), *Handbook of theory and research for the sociology of education* (pp.241-258)[C]. New York, NY: Greenwood Press; Darvin, R. & Norton, B. 2015. Identity and a model of investment in applied linguistics[J]. *Annual Review of Applied Linguistics*, 35: 36-56.

态度。

与之类似的是,T1虽然一开始对泰语不感兴趣,但她自述在学习中逐渐发掘到泰语本身的趣味,以及泰语对探索人文社科研究领域的潜力。以下是她对泰语学习的看法:

摘录 2

  唔,学习泰语的意义就要看你个人的定位吧,就你要是以后想去为国奉献呀,你想去当外交官的话,那外语肯定是一个非常有力的敲门砖。但是像/如果以后我还是走回社会学或者人类学或者国际关系这条老路的话,那泰语是帮助我在一个领域有/就是深挖下去的可能性吧。因为可能比较少的学者会去学习国际关系的同时你再去学一门外语,然后去为了了解这个国家;但如果是外语学生的话你就可以在语言的基础上去对这个国家进行更好的挖掘。

【摘自 T1 访谈】

对 T1 而言,掌握了泰语就意味着她有能力探索自己感兴趣的研究领域。她也因此找到了将所学专业应用于其有志从事的社会学或国际关系研究的路径,这将有助于她缩小实际自我与其想象中的自我定位——社会学或国际关系学研究者之间的差距[①]。

除此之外,学生在语言学习中的积极自我定位也会鼓励他们对专业语种学习的投资。H2 与 P6 曾在中国国际进口博览会

---

① Dörnyei, Z. 2005. *The Psychology of the Language Learner: Individual Differences in Second Language Acquisition* [M]. Mahwah: Lawrence Erlbaum Associates; Dörnyei, Z. 2009. The L2 motivational self system [A]. In Z. Dörnyei & E. Ushioda (Eds.), *Motivation, Language Identity and the L2 Self* (pp. 9-42) [C]. Bristol: Multilingual Matters.

(CIIE)上担任志愿者并因此接触了各自所学专业语种的母语者，这段志愿经历使他们将自身与其他未掌握相关语种的同侪区别开来，并且自我定位为专业语种的"合法"使用者①。以下是他们对自己经历的描述：

摘录 3

　　使用(印地语的)过程？唔，肯定还是那个进博会吧。因为比较近，我就记得这个吧。就是我和我搭档//我搭档她是别的学校的，然后不学印地语。然后我在那边待了几天以后，就是感觉他们能叫出我的名字，但是叫不出我搭档的名字，就是那边的印度人，对。包括我跟他们介绍的时候说//我会说我的印地语名字嘛，因为中文名字肯定记不住的。(H2笑)然后，反正他们就能叫得出(我的名字)。就是会对你稍微亲切一点，然后对你态度好一点。可能对他们的……虽然他们都是用英语来工作的，但是你会这门语言还是能拉近跟人家的关系。

【摘自 H2 访谈】

进博会期间，H2 在与印地语母语者交谈时发现，虽然她"还不能很好地运用印地语"，而且大部分时间只能与对方说英语，但她的印地语专业背景往往使得母语者对她的态度区别于与非印地语学习者。印地语学习赋予了她一种身份认同，即印地语使用者，这可能意味着她在就业市场上获得相关就业机会的可能性，即将自身的印地语文化资本转化"变现"为经济资本的更大潜力。

---

① Bourdieu, P. 1977. The economics of linguistic exchanges [J]. *Information (International Social Science Council)*, 16(6): 645-668.

摘录 4

呃……有一个就是进博会的志愿者。就是我去/就是非常非常荣幸地去帮那个阿富汗那个的代表团,就是阿富汗的工商部部长去做随同翻译嘛。然后/呃,就是因为我会波斯语,所以我才会就是/大概很幸运地被选到去做随同翻译。有很多/有一些掌握小语种的人其实也没有去做翻译什么,就是做一些很打杂的工作。然后还有一些/就是比如说那些复合型专业,就是比如说广告学啦、新闻学或者是教育学的人,他们去做志愿者的话就不可能分到这种翻译的任务,他们大多数就是在场馆里面打杂,或者站在那边。我跟我男朋友聊到这件事情,然后他觉得这件事情给他带来非常大的一个启发就是,他觉得就是因为你会了这门语言,所以你有机会去做这样一个看上去很光辉(光鲜)的这样一个任务,(P6 笑)就是,你和别人之间的差距仅仅就是你会这门语言,但是其他人就没有这样的/没有这样的机会吧,就这样学习的机会嘛。

【摘自 P6 访谈】

P6 也提到了她作为进博会志愿者的经历,她用"非常荣幸"来描述自己为阿富汗工商部部长担任口译员的经历,而与之形成对比的是很多其他专业的志愿者则只能在会场"打杂"。在这种情况下,她作为波斯语使用者的身份认同得到了肯定,因为其波斯语能力在当时的语境中被赋予了特殊价值,使她从其他学生志愿者中脱颖而出。

此外,对于泰语专业学生来说,在课堂上频繁接触对象国文化似乎也能增强其作为泰语使用者的自我认同,从而助推其泰语学习投资。该校泰语专业有两位外籍教师。其中一位负责口语课,授课形式通常为带学生亲身体验泰国传统手工制作;讲解过程中,该教师只使用泰语,通过介绍性视频向学生讲述泰国的风俗习惯,并一步一步地向学生展示制作过程;学生也被要求只使用泰语,而从课程观察的结果来看,这似乎并不妨碍教师与学生之间的沟通效果。对这些学生而言,接触泰国文化似乎在一定程度上提高了其学习泰语的兴趣和投入程度。然而,应该注意的是,在学生缺乏给养和感知收益的情况下(例如 T5、T6、T7 和 T11 均在访谈中表露出消极投资的倾向),这类情感性因素并不能单独发挥出助推作用。

(二) 受到阻碍的非英语学习投资

值得注意的是,部分学生虽然逐渐发掘出了自身的给养、专业语种相关的可感知收益,并且把自我定位归入专业语种使用者的想象共同体之中,但仍会有其他因素阻碍其投资。就 P6 的个案而言,她发现自己虽然成绩优异,但却很难将波斯语带来的文化资本转化为经济资本。她在访谈中特别指出了波斯语专业的女性毕业生在国内就业市场中面临的困局:

摘录 5

笔者:所以你将来可能会从事跟波斯语比较相关的工作吗?

P6:我/我也想,如果是/如果是能从事波斯语相关工作的话,我觉得/就是非常好,(如果是)这样一个状态。但是现在看来的话,上一届的就业情况其实……男生的就业情况倒还可以,但是女生的话全部//呃,有一个女生因为被那个上海外办给招掉了,另外两个女生都选择去读研。然后上上届、再上上届,就是其实那些女生都会大多数以读研为主,就是因为工作只找男生。所以我也不知道读完研之后出来能不能找到这个研究型的工作了,如果有的话真的是非常好。

笔者：嗯。呃，就是你目前看到的只招男生的工作有可能是企业或者说事业单位方面的吗？

P6：基本上都是。

笔者：唔，就比如说外交部或者外企、国企这种？

P6：都是，都是。就是他们首要的（选择）就是男生，如果男生不能来才会再来考虑女生，但是要求的是女生的成绩非常好才……嗯。（……）外交部的话其实我//我一开始进了波斯/就是看到自己拿了波斯语专业的这个offer的时候就想应该/想着去当外交官，因为中学的时候也对这个地缘政治很感兴趣，也自己学了一点吧。然后想这是个很好的机会，进外交部的。然后老师愈发地强调这个事实，就是它只招男的。(H6 笑)没办法。有点泼冷水的感觉。

【摘自 P6 访谈】

P6 自述曾梦想成为外交官，然而当老师告诉她相关就业市场上普遍只招男性之后，她就转而考虑继续深造并且从事学术研究的可能性。同时，她虽然认同波斯语作为文化资本所附有的可感知收益，但她担心与波斯语相关的教职同样有限，因为之前的女性毕业生大多同样选择了继续深造。波斯语就业市场上男性优先的隐性政策即属于一种结构性约束，使女性毕业生无论语言水平及综合能力如何都被置于边缘化的地位[①]。事实上，除了该校所在城市的波斯语专业外，国内大多数波斯语专业也只招收男生，这可能是以波斯语相关就业市场的普遍状况为考量。幸运的是，P6 的出身环境较为优渥，且自身拥有充足的给养（包括其出色的英语能力），较许多同龄人而言握有更多的资源

---

① Darvin, R. & Norton, B. 2015. Identity and a model of investment in applied linguistics[C]. *Annual Review of Applied Linguistics*, 35: 36-56.

优势和选择权。

相比之下,波斯语专业的男生并不具有上述困扰,包括同为尖子生且打算参加外交部遴选考试的 P2,以及同样希望毕业后就职于政府部门或企事业单位的 P5。在他们的认知中,入职政府部门或企事业单位都属于理想选择,且并非遥不可及。P5 尤其表示,虽然希望能在未来的职业中使用波斯语,但他不会"把所有鸡蛋放在一个篮子里",因为市场对波斯语人才的需求较为波动。即便求职不易,他们仍能调动波斯语相关的社会资本——老师和校友提供的社会关系网。

此外,部分学生虽然不像 P6 那样受到结构性约束的影响,但他们因为感知收益和自身给养的匮乏而缺乏投资于自身专业语种学习的驱动力。譬如 H1、H5 和 H9 均认为,其所在系部的政府资助交流机会和奖学金名额有限,"只有尖子生才能得到好东西";如 H3 等学生表示毕业后找到"专业对口"的工作是"最佳选择",但自认为希望不大。从数据来看,该校毕业生就业质量报告显示,2017 年印地语专业毕业生的就业率为 100%,但据 H5 所言,她所认识的印地语专业毕业生中只有两人找到了专业对口的工作,其中一人被外交部录用,另一人则在一家印度公司担任人事经理。大多数印地语专业学生都兼修一门辅修课程,这或许不仅是出于该校"多语种+"口号的感召,在某种程度上也是出于"如果只靠印地语,自己可能无法谋生"(H4)的担忧。此外,语际差异似乎也使得相当一部分学生难以具备充足给养,譬如印地语的变位规则给学习者口语实践带来的困难(H2、H7),又如泰语中的"齿音颤音"带来的发音问题(T5、T6、T7),等等。

还有部分学习者相比于经济资本更偏好对文化资本的追求,但他们并未在专业语种学习中感知到具有吸引力的文化性收益。例如,具有写作天赋的 T11 爱好文学和电影,但她认为自己的泰语水平不足以支持她获得感兴趣的文化资源,这或许可以解释她对泰语学习投资并不积极的态度①。而对人文学科颇感兴趣的P4认为自己有志从事学术研究,但他认为社会和文化问题比包括波斯语在内的语言本身对他更具吸引力,然而本科阶段的专业课程更侧重于语言能力训练,而非波斯文化与文学,这对他而言并不具备充分的投资驱动力。

对于上述学生而言,专业语种学习的意义仅在于"获得更高的GPA"(H1)或完成学位要求。因此,这些学生对专业语种学习的投资并不积极。

五、讨论与结论

本研究基于投资理论及其扩展模型②,探讨了影响中国非英语外语专业学生语言学习投资的促进及阻碍因素。研究发现,即便是最初非自愿地选择进入相应专业的学生,其投资意愿也可能在专业语种学习不断深入的过程中,随着自身给养的积累、感知利益的增加以及自我定位于专业语种的使用者共同体而逐渐加强;换言之,当他们发现自身积累了可投资于专业语种学习的充足给养,或是感知到足够多与专业语种相联的经济性收益(如就业机会)及文化性收益(如作为具身化资本的对象国社会历史文化知识或作为制度化资本的学位文凭),或是将自我定位于专业语种使用者的共同体之中时,他们就更有可能成为积极的语言学习

---

① Darvin, R. & Norton, B. 2015. Identity and a model of investment in applied linguistics[J]. *Annual Review of Applied Linguistics*, 35: 36-56.
② Norton Peirce, B. 1995. Social identity, investment, and language learning[J]. *TESOL Quarterly*, 29(1): 9-31; Darvin, R. & Norton, B. 2015. Identity and a model of investment in applied linguistics [J]. *Annual Review of Applied Linguistics*, 35: 36-56.

投资者,更有磨练自身语言能力的驱动力①。反之,消极的投资者在缺乏给养、感知收益及言语社群归属感(自我定位层面)的情况下,相比锻炼语言能力而言更在乎完成学位要求,缺乏真正的投资驱动力。

本研究不仅体现了达尔文和诺顿②投资模型在中国非英语外语学习情境中的适用性,还揭示了语言学习过程中自我认同、资本和社会意识形态之间的相互关系:非英语外语学习带来的可感知收益和给养是学习者产生投资意愿的先决条件,而结构性约束则会通过否定学习者给养的价值或剥夺其感知收益(如 P6 案例中的就业机会)挫伤学习者的投资积极性。此外,泰语班案例中体现的文化好感一定条件下也可能使学习者将自己定位为双语及双文化个体,进而催生其投资驱动力。这类情感性因素近似于同类研究中的"融合型取向"(即 integrative orientation)③和"消遣型动机"④,但又有别于后两者。加德纳(Gardner)⑤曾断言融合型取向比工具型取向更能对二语学习产生促进作用;然而本研究的结果显示,如果没有可感知收益(尤其是就业机会)的协同影响,这种积极情感并不能单独发挥出促进学习者投资的作用,这可能是因为长达数年的本科学习经历一定程度上代表了一种沉没成本,而对学生而言,毕业后找到"专业对口的工作"(H3)才意味着其无须

---

①② Darvin, R. & Norton, B. 2015. Identity and a model of investment in applied linguistics[J]. *Annual Review of Applied Linguistics*, 35: 36-56.
③ Gardner, R. C. & Lambert, W. E. 1959. Motivational variables in second-language acquisition[J]. *Canadian Journal of Psychology/Revue canadienne de psychologie*, 13(4): 266.
④ Chen, X., Zhao, K. & Tao, J. 2020. Language learning as investment or consumption? A case study of Chinese university students' beliefs about the learning of languages other than English[J]. *Sustainability*, 12(6): 2156.
⑤ Gardner, R. C. 2009. *Gardner and Lambert (1959): Fifty years and counting* [R]. Paper presented at the The Annual Meeting of the Canadian Association of Applied Linguistics/Association canadienne de linguistique appliquée, Ottawa.

放弃这一沉没成本。相比对专业语种及其文化是否抱有积极情感而言,学习者的给养和感知收益,以及某些情况下的结构性限制因素,更能影响学习者在专业语种学习层面的自我定位,也因此更能直接影响到学习者的投资意愿与行为。

我们认为,上述发现对中国的非英语外语教育具有如下启示。首先,在微观层面上,教师可以帮助学生发掘专业语种的潜在收益,通过专业学习引导其缩小实际自我与想象共同体(如外交官或研究人员)之间的差距来助推其语言学习投资。对于经调剂进入非英语外语专业的学生,教师应帮助其努力调动现有的经济性、文化性及社会性资本,将之转化为专业语种学习投资中的给养;还可以通过创造沉浸式语言文化环境等方式尝试引导学习者构建专业语种使用者的想象共同体,建立可促进其专业语种学习投资的良性自我定位。从宏观层面来看,高校、院系与教师之间应建立起跨层面的协作机制,营造学习者友好型环境,使其能够得到更为丰富的学习资源和校友网络的支撑,促进其未来职业发展。高校还需要加强对非通用语专业的宣传,以吸引更多潜在的优质生源,减少学生的"盲选"情况。

本研究基于达尔文和诺顿[1]的投资理论模型,通过分析来自华东某高校印地语、波斯语和泰语专业本科生的课堂观察和访谈数据,探讨了促进或阻碍了非英语外语学生语言学习投资的影响因素。研究结果表明:1)虽然本研究中的多数参与者都并非主动选择该专业,但在具备充足给养(可用于专业语种学习投资的资本)和感知收益(通过专业语种学习可获得的经济、文化或社会性利益)的情况下,他们也很可能成为积极投资者;2)如果缺乏给养及感知收益,参与者的语言学习投资就会仅以完成学位要求(而非

---

[1] Darvin, R. & Norton, B. 2015. Identity and a model of investment in applied linguistics[J]. *Annual Review of Applied Linguistics*, 35: 36-56.

锻炼语言能力)为导向,最终成为消极投资者,而这又与相关专业的培养初衷背道而驰。

本研究针对如何激励非英语外语学习者的语言学习投资意愿提出了些许启示,但研究本身仍存在一定局限性。为了更好地把握语言学习者投资的历时发展情况,我们建议后来者采用历时研究的方式,跟踪学习者的学习历程,条件允许的情况下最好能够从入学阶段持续到其最终毕业并作出职业选择之时。此外,我们还建议将学习者个体的视角与教育者、政策制定者甚至学生家长等不同视角相结合,进行多因素综合分析,为探索改进中国非英语外语教育规划路径提供更为深入全面的启示。

第二节　非通用语种专业学生的语言学习选择研究[①]

一、非通用语种教育规划研究概况

数十年来,在英语作为全球通用语占据主导地位的背景下,非英语语种(即 languages other than English,可简称为 LOTE[②])教育规划和政策仍在不断发展,其中包括英国针对其多语能力不足而提出的"未来语言"(Languages for the Future)计划[③],中国在"一带一路"倡议背景下的非英语外语教育规划,以及旨在加强大

[①] 本节合作者为同济大学博士生陆珏璇。
[②] 这一概念涵盖了传统意义上的"大语种"(如法语、西语、阿拉伯语等)以及非通用语种(如本研究所关注的波斯语、泰语、印地语等)。
[③] British Council, U. 2014. *Languages for the future: Which languages the UK needs most and why*[R]. British Council.

中华区与东南亚国家合作的"新南向政策"等①。虽然这些战略举措反映了不同国家政府对本国的愿景,但其实施成效取决于数百万积极参与语言政策进程的个体,包括语言学习者。

语言政策越来越被视为"以能动主体为中心的研究领域"②。例如,维内拉(Vennela)和康达拉加(Kandharaja)③调查了印度大学生对英语的语言态度,认为其反映了"学生(对英语)采取的接受、认可、评价、协商和抵制策略"。此外,佩恩(Payne)④援引豪根(Haugen)⑤及开普兰和巴尔道夫(Kaplan & Baldauf)⑥关于语言选择在LPP(Language Policy and Planning)过程中至关重要的见解,认为学习者的能动性在微观层面的语言规划中确实发挥了作用,即来自多语社区的学生声音有助于外语课程规划。鉴于任何一种语言规划方案最终都将落实到学习者这一层面,研究学习者作为微观语言规划主体在教育领域的作用,特别是其语言选择和语言态度,具有重要意义。然而,关于语言学习者及其作用的现

---

① Shen, Q. & Gao, X. 2019. Multilingualism and policy making in Greater China: Ideological and implementational spaces[J]. *Language Policy*, 18(1): 1-16.
② Blommaert, J., Kelly-Holmes, H., Lane, P., Leppänen, S., Moriarty, M., Pietikäinen, S., & Piirainen-Marsh, A. 2009. Media, multilingualism and language policing: An introduction[J]. *Language Policy*, 8(3): 203-207.
③ Vennela, R. & Kandharaja, K. M. C. 2021. Agentive responses: A study of students' language attitudes towards the use of English in India[J]. *Current Issues in Language Planning*, 22(1-2): 243-263.
④ Payne, M. 2006. Foreign language planning in England: The pupil perspective [J]. *Current Issues in Language Planning*, 7(2-3): 189-213; Payne, M. 2007. Foreign language planning: Pupil choice and pupil voice[J]. *Cambridge Journal of Education*, 37(1): 89-109.
⑤ Haugen, E. 1983. The implementation of corpus planning: Theory and practice [A]. In J. Cobarrubias & J. A. Fishman (Eds.), *Progress in Language Planning: International Perspectives* (pp. 269-289)[C]. Mouton de Gruyter.
⑥ Kaplan, R. B. & Baldauf, R. B. 1997. *Language Planning: From Practice to Theory*[M]. Multilingual Matters.

有研究大多聚焦于欧洲语言和具有经济潜力的亚洲主要语言①，而对非通用语种的学习者仍较为有限。

除学习者能动性外，LPP 研究的另一重要议题在于，全球多语社会背景下，如何理解语言学习者整体语库（repertoire）中各语言之间的相互关系②。以我国为例，非英语外语教学已在不同教育阶段得到推广③，越来越多的学习者同时学习两种或多种第二语言/外语，其中最常见的搭配是英语加上一种或多种非英语外语。英语在我国仍是一门极具影响力的外语，不仅从幼儿园或小学阶段即开始教学，且是高考主科之一。中国语境下的非英语外语学习者可能会发现自己身处两种对冲的张力之间，即自上而下推广的非英语外语教育政策以及大众对英语学习经久不衰的热情。因此，相关研究有助于我们了解非英语外语学习者对多语学习的能动反应，以及他们在相关政策实施过程中的能动作用。

不仅如此，以英语为主导的语言意识形态仍在教育领域占据统治地位，这可能会进一步导致语言少数群体学生的"隐身"（invisibilisation），即其语言文化背景与知识往往被中观和宏观层

---

① Guo, S., Shin, H., & Shen, Q. 2020. The commodification of Chinese in Thailand's linguistic market: A case study of how language education promotes social sustainability[J]. *Sustainability*, 12(18); Mendoza, A. & Phung, H. 2019. Motivation to learn languages other than English: A critical research synthesis[J]. *Foreign Language Annals*, 52(1): 121-140.
② Cenoz, J. & Gorter, D. 2011. A holistic approach to multilingual education: Introduction[J]. *The Modern Language Journal*, 95(3): 339-343.
③ Gao, X. & Zheng, Y. 2019. Multilingualism and higher education in Greater China[J]. *Journal of Multilingual and Multicultural Development*, 40(7): 1-7; Han, Y., Gao, X. & Xia, J. 2019. Problematising recent developments in non-English foreign language education in Chinese universities[J]. *Journal of Multilingual and Multicultural Development*, 40(7): 1-14.

面的政策制定者所忽视①。此外,学术领域中默认使用英语的隐性政策延续了学术出版领域的结构性不平等②,进而维持了知识生产中的结构性不平等③。这种意识形态上的英语与非英语外语之间的不平衡在生态意义上破坏了语言和文化的多样性,在功利意义上也阻碍了多语资源的发展。

基于上述背景,本研究从 LPP 研究中能动性和语言间关系的视角出发,借由一项针对中国大学非英语外语学习者的研究项目,探究其对专业语种学习和英语学习的看法和选择。本节探讨了以下研究问题:

(1) 中国大学的非英语外语学习者如何看待其专业语种和英语?

(2) 非英语外语学习者对其专业语种和英语的看法以及各类结构性/文化层面的因素如何影响其对专业语种学习和英语学习的选择?

二、语言政策与规划领域中的学习者能动性

能动性(agency)最广为接受的定义之一是由吉登斯(Giddens)④提出的,即个人通过运用权力来做出改变的能力(有别于"意图/动机"),其中包括"对行动的反思性监控"(即持续监控自己和他人的日常行动和环境的流程)和"行动的合理化"(即持续理解

---

① Schornack, M. L. & Karlsson, A. 2021. (In) visibilization of English learners in Minnesota's state-approved alternative programs[J]. *Current Issues in Language Planning*, 22(1-2): 41-58.

② Zheng, Y. & Guo, X. 2019. Publishing in and about English: Challenges and opportunities of Chinese multilingual scholars' language practices in academic publishing[J]. *Language Policy*, 18(1): 107-130.

③ Canagarajah, A. S. 2002. *A Geopolitics of Academic Writing*[M]. University of Pittsburgh Press.

④ Giddens, A. 1984. *The Constitution of Society: Outline of the Theory of Structuration*[M]. Polity Press, p.25.

自己行动的理由)。结构(structure)在此指的是"作为社会体系属性的规则和资源,或一系列转换关系"①,其对能动性的发挥可同时起到限制和赋能的作用。随后,在后结构主义流派中,能动性被进一步概念化为"以社会文化为媒介的行动能力"②,或"一种受限于时间维度的社会参与过程",由迭代(吸收过往经验和想法)、预测(想象其他可能性)和实践—评估(在当前发生的事件中将过去和未来联系起来)等要素构成③。此外,"结构性"(structural)力量与"文化性"(cultural)力量也有所区别,前者为能动行为(agentive actions)提供物质基础和空间,后者则是观念性和规范性资源(ideational and normative resources)的来源,对能动主体构成限制④。

随着 LPP 研究的重点从经典主义路径转向批判主义和后现代主义路径,能动性的概念被日益应用于 LPP 研究并成为中心议题;而 LPP 能动主体(actors/agents)最初仅被视为单一实体(宏观层面的政府主体),后来则涵盖了多元实体(包括中观层面的机构主体和微观层面的个人主体)⑤。此外,相关研究大多聚焦于不

---

① Giddens, A. 1984. *The Constitution of Society: Outline of the Theory of Structuration*[M]. Polity Press,p.25.
② Ahearn, L. M. 2001. Language and agency[J]. *Annual Review of Anthropology*, 30(1): 109-137.
③ Emirbayer, M. & Mische, A. 1998. What is agency?[J]. *American Journal of Sociology*, 103(4): 962-1023.
④ Bouchard, J. & Glasgow, G. P. 2019. Agency in language policy and planning: A theoretical model[A]. In J. Bouchard & G. P. Glasgow (Eds.), *Agency in Language Policy and Planning: Critical Inquiries* (pp. 22-76)[C]. New York: Routledge.
⑤ Liddicoat, A. J. & Taylor-Leech, K. 2014. Micro language planning for multilingual education: Agency in local contexts[J]. *Current Issues in Language Planning*, 15(3): 237-244; Liddicoat, A. J. & Taylor-Leech, K. 2021. Agency in language planning and policy[J]. *Current Issues in Language Planning*, 22(1-2): 1-18; Ricento, T. 2000. Historical and theoretical perspectives in language policy and planning[J]. *Journal of Sociolinguistics*, 4(2): 196-213.

同语境下能动主体的不同作用[1],或从后结构主义的角度讨论LPP能动性,即将能动性视为具有多层性、偶然性,受限于具体的时间空间,并与社会结构产生相互作用的构念[2]。在微观层面上,虽然诸多民族志个案研究都显示了学习者的能动行为,但对学习者能动性作用的探讨仍相对不足[3]。语言学习者个体可能会被视为"缺乏能动性"[4]或"无能为力"[5],但实际上他们能通过做出具体"选择"的方式参与决策过程,而所谓"选择"正是LPP的核心所在[6]。此外,学习者的"能动反应"(即其针对不同语言的相应行为

---

[1] Ball, S. J., Maguire, M., Braun, A. & Hoskins, K. 2011. Policy actors: Doing policy work in schools[J]. *Discourse: Studies in the Cultural Politics of Education*, 32(4): 625-639; Zhao, S. 2011. Actors in language planning[A]. In E. Hinkel (Ed.), *Handbook of Research in Second Language Teaching and Learning* (pp.905-923)[C]. New York: Routledge; Zhao, S. & Baldauf, J., Richard B. 2012. Individual agency in language planning: Chinese script reform as a case study[J]. *Language Problems and Language Planning*, 36(1): 1-24.

[2] Bouchard, J. & Glasgow, G. P. 2019. Agency in language policy and planning: A theoretical model[A]. In J. Bouchard & G. P. Glasgow (Eds.), *Agency in Language Policy and Planning: Critical Inquiries* (pp.22-76)[C]. New York: Routledge; Larsen-Freeman, D. 2019. On language learner agency: A complex dynamic systems theory perspective[J]. *The Modern Language Journal*, 103(S1): 61-79; Liddicoat, A. J. 2018. Constraints on agency in micro language policy and planning in schools[A]. In G. P. Glasgow & J. Bouchard (Eds.), *Agency in Language Policy and Planning: Critical Inquiries* (pp.149-170)[C]. New York: Routledge.

[3] Brown, J. 2015. Learner agency in language planning: A tripartite perspective [J]. *Language Problems and Language Planning*, 39(2): 171-186.

[4] Zhao, S. & Baldauf, J., Richard B. 2012. Individual agency in language planning: Chinese script reform as a case study[J]. *Language Problems and Language Planning*, 36(1): 1-24.

[5] Schornack, M. L. & Karlsson, A. 2021. (In)visibilization of English learners in Minnesota's state-approved alternative programs[J]. *Current Issues in Language Planning*, 22(1-2): 41-58.

[6] Spolsky, B. 2009. *Language Management* [M]. Cambridge: Cambridge University Press.

态度)可以形塑他们与语言环境的交互作用①。

在非英语外语教育政策相关研究中,有关学习者个体的研究主要关注其学习动机②以及与语言相关的认同建构③,学习者很少被视为非英语外语教育规划中的能动主体。在此,我们综合采用阿赫恩(Ahearn)④以及里迪科阿特和泰勒-里奇(Liddicoat & Taylor-Leech)⑤对"能动性"的定义,即"能动性是[个人或集体]以社会文化为媒介的行动能力"⑥,这种能力不仅受过去的影响,而且面向现在和未来;我们还强调了意识形态(即学习者对语言的认知)作为能动性媒介的重要性⑦。在此,能动性并不纯粹等同于

---

① Vennela, R. & Kandharaja, K. M. C. 2021. Agentive responses: A study of students' language attitudes towards the use of English in India[J]. *Current Issues in Language Planning*, 22(1-2): 243-263.

② Henry, A. 2014. The dynamics of L3 motivation: A longitudinal interview/observation-based study[A]. In Z. M. P. D. Dörnyei & A. Henry (Eds.), *Motivational dynamics in language learning* (pp. 315-342)[C]. Multilingual Matters; Lu, X., Zheng, Y. & Ren, W. 2019. Motivation for learning Spanish as a foreign language: The case of Chinese L1 speakers at university level[J]. *Círculo de Lingüística Aplicada a la Comunicación*, 79: 79-98.

③ Chen, X., Zhao, K. & Tao, J. 2020. Language learning as investment or consumption? A case study of Chinese university students' beliefs about the learning of languages other than English[J]. *Sustainability*, 12(6): 2156; Henry, A. 2017. L2 Motivation and multilingual identities[J]. *The Modern Language Journal*, 101(3): 548-565.

④ Ahearn, L. M. 2001. Language and agency[J]. *Annual Review of Anthropology*, 30(1): 109-137; Ahearn, L. M. 2010. Agency and language[A]. In J. Jaspers, J.-O. Östman, & J. Verschueren (Eds.), *Society and Language Use* (pp.28-48)[C]. John Benjamins.

⑤ Liddicoat, A. J. & Taylor-Leech, K. 2021. Agency in language planning and policy[J]. *Current Issues in Language Planning*, 22(1-2): 1-18.

⑥ Ahearn, L. M. 2001. Language and agency[J]. *Annual Review of Anthropology*, 30(1): 109-137.

⑦ Liddicoat, A. J. 2018. Constraints on agency in micro language policy and planning in schools[A]. In G. P. Glasgow & J. Bouchard (Eds.), *Agency in Language Policy and Planning: Critical Inquiries* (pp.149-170)[C]. New York: Routledge.

"反抗"或"自由意志",而是具有"反身性"(即"内部对话",结构性、文化性和能动性力量在其中起媒介作用)和"受限理性"(即一种能自我觉知到自身行动受限于时间、空间、资源以及信仰和意识形态的能力)。能动主体并非纯粹的"理性主体",其能动性的发挥仅在其所处环境中进行,并受到结构性和文化性力量的赋能或制约①。

三、语言市场中的英语及其他语种

本研究讨论了非英语外语学习者的能动性及其对英语和专业语种的看法如何引导其在所处环境中做出学习选择。我们所说的"选择"不仅指学习者与语言学习有关的能动行为,还指那些与其(未来)职业道路相关的能动行为,这些能动行为可能并不直接涉及英语及其专业语种。如前所述,社会结构指的是一系列社会规约系统(如社会阶层、社会经济秩序、教育体系和社会机构等),是能动行为得以实施的物质基础及界限范畴。同时,由集体规范及道德观、意识形态资源和价值观构成的社会文化则是能动行为的意识形态及规范性资源的来源,并形塑了能动主体实现其目标的轨迹②。我们将在后文中重点讨论作为重要结构性力量的语言市场[即"生产者和消费者进行(语言/话语)生产和再生产的所有社会条件"]③,以及语言资本[即"(以经济、社会、文化等形式存在且)可供(能动主体)以具身化或活劳动的形式占有社会能量的积

---

①② Bouchard, J. & Glasgow, G. P. 2019. Agency in language policy and planning: A theoretical model [A]. In J. Bouchard & G. P. Glasgow (Eds.), *Agency in Language Policy and Planning: Critical Inquiries* (pp.22-76)[C]. New York: Routledge.

③ Bourdieu, P. 1977. The economics of linguistic exchanges [J]. *Information (International Social Science Council)*, 16(6): 645-668.

累性劳动"]①如何被语言市场中的微观能动主体同时视为其核心工具及所追求的目标。

在语言市场中,不同语言变体具有不同价值,进而形成了具有不同"标价"的语言资本(在此指的是个体熟练掌握特定语言并将其转为具身化文化资本的一种资本表现形式)②。英语在学术及教育领域的长期主导地位为其赋予了很高的市场价值③,因此在语言市场中处于核心地位;而非英语外语相关研究及非英语外语教育资源的相对短缺则或多或少表明非英语外语在市场中处于边缘地位。此外,有人指出即便是多语研究中也存在"单语惯习",即英语单语写作被视为研究写作中的规范,而多语写作则被视为"特殊情况"④。同时,非英语外语群体内部的异质性也不容忽视,即使用频率较高的语种(如法语、西班牙语、阿拉伯语等)与使用频率较低的语种(如印地语、波斯语和泰语等)之间存在的市场价值差异。

从语言市场及资本的理论视角来看,教育系统"垄断"了语言市场的生产和再生产,而语言市场是特定语言能力形成相应价值的基础[即"(特定语种)作为语言资本发挥作用的能力"],同时能动主体(如学习者个体)获得了由市场授予的具身化资本⑤。具体

---

① Bourdieu, P. 1986. The forms of capital[A]. In J. F. Richardson (Ed.), *Handbook of Theory and Research for the Sociology of Education* (pp. 241-258)[C]. Westport: Greenwood Press.
② Bourdieu, P. 1977. The economics of linguistic exchanges[J]. *Information (International Social Science Council)*, 16(6): 645-668.
③ Canagarajah, A. S. 2002. *A Geopolitics of Academic Writing*[M]. University of Pittsburgh Press; Tollefson, J. W. 2013. *Language Policies in Education: Critical Issues*[M]. New York: Routledge.
④ Liddicoat, A. J. 2016. Multilingualism research in Anglophone contexts as a discursive construction of multilingual practice[J]. *Journal of Multicultural Discourses*, 11(1): 9-24.
⑤ Bourdieu, P. 1977. The economics of linguistic exchanges[J]. *Information (International Social Science Council)*, 16(6): 645-668.

而言,在非英语外语教育语境中,英语学习可经由制度化(如本研究中的个案,英语被列为非英语外语本科课程中的必修部分)而形成一种结构性力量,从而维持和加强英语与其他语种之间地位的不平衡;作为结构性力量的英语学习得到了实用主义(如与英语相关的经济利益和科技价值)和精英/优绩主义(即 meritocratism,在此表现为英语成为获取社会和经济声望的门槛要素之一)话语①的加持,进而在一定程度上形塑了非英语外语学习者的惯习[即"(业已具身化、内化并且)催生了个体性和集体性(当下)实践的过往经历产物"]②。因此,我们有必要研究非英语外语学习者作为具有理性且受制于其语言惯习的微观能动主体,如何看待其所学习的不同语种③,以及他们如何在语言学习中做出能动选择,以期获得"良好的(经济、文化及社会)回报"④。

四、研究设计与方法

为了探索非英语外语学习者对专业语种学习与英语学习之间关系的认知,我们从华东某高校的三个非英语外语专业邀请了一批本科生参与研究。该校素来在外语教育及研究方面积淀深厚,

---

① Pennycook, A. 2017. *The Cultural Politics of English as an International Language*[M]. New York: Routledge; Wee, L. & Park, J. S.-Y. 2012. *Markets of English: Linguistic Capital and Language Policy in a Globalizing World*[M]. New York: Routledge.
② Bourdieu, P. 1990. *The Logic of Practice* (R. Nice, Trans.)[M]. Redwood City: Stanford University Press, p.54.
③ Bouchard, J. & Glasgow, G. P. 2019. Agency in language policy and planning: A theoretical model[A]. In J. Bouchard & G. P. Glasgow (Eds.), *Agency in Language Policy and Planning: Critical Inquiries* (pp. 22–76)[C]. New York: Routledge.
④ Norton Peirce, B. 1995. Social identity, investment, and language learning[J]. *TESOL Quarterly*, 29(1): 9–31.

可为其在读学生及毕业生提供良好的资源支撑，而这一点对其学生在语言学习中主观能动性的发挥也可能起到积极影响。数据收集主要通过针对学生的半结构式访谈进行，同时课堂观察也作为辅助手段来反映学生们学习环境的大致情况。

（一）研究参与者

35 名研究参与者均为二年级本科生，且都来自同一所大学的三个非英语外语专业：印地语系（四年一招）、波斯语系（三年一招）和泰语系（两年一招）。我们选择这三个院系不仅因其专业语种及文化背景互有差异，还因为这三个系恰好有同级学生，为共时比较提供了可能。此外，该校还有一个特殊的学院——卓越学院，其目标是培养"多语种＋"菁英（即同时掌握外语技能及某一领域专长的人才），每年在高考之外通过额外考试招收新生。本研究的参与者之一就读于该学院，这意味着她必须同时修读专业语种相关课程以及卓越学院开设的口笔译课程。

这些学生所在院系都要求他们同时学习专业语种和英语，且必须通过英语专业四级考试才算达到学业要求。这意味着尽管他们主修的是另一门语言，但英语除了作为一种资本外，还构成了决定他们能否完成学业的一种结构性力量。此外，近三分之一的学生表示，他们是因调剂等原因（而非主动选择）进入了目前在读的专业。然而，这并不意味着这些学生缺乏"能动性"；相反，因为能动性所具有的流动性和时间性等特点[①]，我们发现这些被调剂的学生一定条件下也可能在学习过程中发挥其能动性。参与学生进入该专业的原因及英语学习大致起始阶段如下表（表 5.3）所示。

---

① Liddicoat, A. J. & Taylor-Leech, K. 2021. Agency in language planning and policy[J]. *Current Issues in Language Planning*, 22(1-2): 1-18.

表 5.3　参与者进入本专业的缘由及英语学习起始阶段

进入本专业的缘由		英语学习起始阶段	
对该校及语言类专业的偏好	14人（印地语专业1人，波斯语专业4人，泰语专业9人）	小学	20人（印地语专业7人，波斯语专业4人，泰语专业9人）
调剂	10人（印地语专业6人，波斯语专业3人，泰语专业1人）	幼儿园	14人（印地语专业2人，波斯语专业6人，泰语专业6人）
随机选择	5人（印地语专业1人，波斯语专业3人，泰语专业1人）	中学	1人（波斯语专业1人）
长辈建议	3人（印地语专业1人，波斯语专业1人，泰语专业1人）		
折中选择	3人（印地语专业1人，波斯语专业1人，泰语专业1人）		
对专业语种的兴趣	3人（印地语专业1人，波斯语专业1人，泰语专业1人）		
志愿填报失误	1人（印地语专业1人）		

我们依照参与者的所学专业（H = 印地语，P = 波斯语，T = 泰语）和参加访谈的先后顺序对其进行了标注。如表5.3所示，几乎所有学生都是从幼儿园或小学开始学习英语的，并且从那时起就一直把英语作为主修科目来学习。此外，他们中的许多人之所以选择报考这所大学，是因为看中其声誉，或者是看中了其毕业生的就业前景。部分学生表示，在就读之前，他们对自己的专业语种知之甚少。只有少数学生说，他们是出于兴趣而选择了其专业语种。

(二）数据收集与分析

本研究的数据收集工作主要集中在 2018—2019 学年第一学期。经相关专业教师同意后，我们首先用三到四周的时间进行了课堂观察，在此期间招募有意参与本研究的学生，并借此了解学生学习环境的大致情况。据了解，我们所观察学院的每个系部均至少有一名外籍教师，且专业语种相关课程（主要是语言技能）在各系课表中所占比重最大。然而，对多数学生而言，每周仅有两门的英语课程（包括阅读和听力）质量并不理想，无法满足其英语学习目标（例如达到考取英语口译证书或作为学术研究工具的水平）。作为补充，我们还就学生的学习过程和可能的职业选择对教师进行了访谈。在征得相关专业师生的同意下，我们确保了整个数据收集与处理过程符合研究伦理规范。

经过初步课堂观察后，本文第一作者逐一与参与学生进行了半结构式的面对面访谈。每次访谈均采用普通话，平均时长约 40 分钟，并在征得学生同意后进行了录音。访谈提纲中的主要问题如下：

- 你进入本专业的缘由是什么？是出于自主选择还是经由学校调剂？就读于本专业后有怎样的体验？
- 你对自己的专业语种学习情况有何看法？譬如说有怎样的进步或挫折？
- 你对本专业的课程和学习环境有何看法？
- 你对专业语种和英语分别抱有怎样的态度？这种（这些）态度在你的学习过程中是否有所改变？原因何在？
- 你对本专业语种的文化背景有何看法？你认为这种看法会影响你的专业语种学习吗？
- 你认为你的专业语种学习和英语学习是属于相互促进的关系，还是存在一定程度上的矛盾（譬如时间与精力分配等）？

- 你将来可能会有怎样的职业选择？你的职业选择是否会与专业语种及英语相关？

访谈结束后，录音及其誊本均已发送给相应受访者，以便其决定是否有必要省略或修改任何内容。此外，在完成主要访谈数据的收集工作后，我们仍在社交媒体平台上关注这些学生的后续经历，直至其于 2021 年毕业。部分学生（如 H2、H7、P2、T1 及 T2）的就业或求学深造经历被所在院校的宣发平台作为榜样进行报道，对此我们也在研究结果部分进行了讨论。

我们对访谈录音转写所得数据进行了开放编码并反复核查。在编码初始阶段，我们将数据分为两大类，即与专业语种（非英语外语）相关的数据和与英语相关的数据。随后，我们从中分析得到学习者对非英语外语和英语的语言态度（也被视为能动性反应，即 agentive responses[①]），即英语被视为"必选项"，而非英语外语则属于"加分项"，这反映了学习者共同的语言惯习，即同为具有一定"市场价值"的语言资本，英语习得被视为非英语外语习得的先决条件。我们还将编码处理后的数据样本送交另一位独立研究者，以确保编码可靠性得到一致认可。此后，我们进一步分析了学习者在英语主导的语言市场和语言惯习的交互影响下，如何对不同语种（英语和非英语外语）作出能动反应并导向其最终的职业选择。

五、研究发现

如前所述，近三分之一的参与者是因调剂等原因就读于目前所学专业。然而，在同时学习专业语种（非英语外语）和英语的过

---

① Vennela, R. & Kandharaja, K. M. C. 2021. Agentive responses: A study of students' language attitudes towards the use of English in India[J]. *Current Issues in Language Planning*, 22(1-2): 243-263.

程中,不少学生逐渐成为专业语种学习中的能动(agentive)学习者,积极探索获取非英语外语相关的资本;而另一些学生则较为被动地进行专业语种学习,认为与非英语外语有关的职业选择会更少,因而相比之下更专注自身的英语学习。这种情况部分源于其对英语和非英语外语抱有不同的语言态度,以及在其语言学习过程中英语和非英语外语之间的交互影响。

(一) 作为"必选项"的英语及作为"加分项"的专业语种

学生们普遍认为英语是一项"必备"技能,而其专业语种则更多属于"加分项"或"敲门砖"。以下内容来自 H2 和 H7 的访谈实例:

> 我觉得英语是我觉得随着现在/就是随着时间发展,英语是一定必须得掌握的一门技能。它是一个//可以说我觉得掌握英语已经不再说是一个你的亮点了,是一个必须的技能,然后/但是印地语的话是你的一个独特的加分点了,你可以有//你会英语不稀奇,但是你会印地语就是有你的一个 strong point,就是一个竞争的//优异的竞争点。然后因为你光会英语,然后如果没有别的专业技能的话,我觉得可能还是在就业方面还是会有一定的局限性。但是印地语的话它虽然需求不大,但是毕竟供给也不大,竞争就没有那么激烈,还是会有一些那些工作岗位他是需要这门语言的。然后你可以就是 PK 掉很多人。[笔者追问:所以你刚才等于说算是(从)一个有用的程度、重要的程度来说的就是。]对,就是因为我觉得现在英语在生活中它的一个使用的场合(很广),可能就是(使用)几率都是很/很高的。如果你想要……怎么说? 如果你对你自己的工作的这种要求会比较高的话,你英语肯定是必须的一个技能。
>
> 【摘自 H7 访谈】

(英语学习)挺重要的,非常重要。考专八好像非常必须。因为他们那边可能相对正式一点的工作全都是用英语交流的。可能印地语最大的帮助就是在于你熟悉了印度英语的口音。(H2笑)然后就可以去那边完美工作了。一般人过去肯定听不懂,起码待半个月之类的(才能听懂)。对。然后印地语的话就是平时生活中什么的,你拉近一下跟/可能跟老板讨价还价之类的可能比较有用,其他的未必。

【摘自 H2 访谈】

H7是印地语班的尖子生之一,而除了本专业相关课程之外她同时还在修读卓越学院(该校旨在培养"多语种+特定专业技能"精英学生的特殊学院)高翻班的英语相关课程。尽管她对印地语学习的喜爱与日俱增,且在本专业成绩名列前茅,她仍然认为英语学习是一种"必备"技能,而不单纯是一种优势,这表明以英语为主导的语言意识形态仍是当下语言市场的潜在规则;在此基础上,她认为自己的印地语能力是一种"加分项",这也反映了与英语相比,印地语作为一种语言资本被市场赋予了相对较低的价值。同样,在H2(另一名尖子生)看来,即使在对象国印度,英语仍是工作场所中的通用语,而学习印地语的作用仅在于"熟悉印度口音"和应付日常生活。他们的语言态度折射出了一种语言惯习,即英语在语言市场中始终占据着核心地位,也因此被赋予更多价值,进而更容易转化为经济形式或其他文化形式的资本①。

在部分学生看来,印地语学习并不能为自己带来良好的就业前景,因此他们也同样更为看重自身的英语学习。例如,H1在访

---

① Bourdieu, P. 1986. The forms of capital [A]. In J. F. Richardson (Ed.), *Handbook of Theory and Research for the Sociology of Education* (pp. 241-258)[C]. Westport: Greenwood Press.

谈中如此描述自己对印地语学习的看法:

> 其实/其实就是在对外开/看的眼界其实要高一点,其实我感觉(学习印地语)要比我学理科要/要好一点。其实我觉得学语言是一个很好的平台。就是一个让你能……因为我觉得这个语言很基本嘛,然后它就//你可以通过语言去干很多很多很多很多的事情。其实我觉得它比理工科要好很/要好还蛮多的。这样的。就是你可以通过语言/你可以去有文化方面的了解,然后又……呃还有什么。反正我觉得语言挺好的,我是很爱/其实挺喜欢这个专业的,感觉你可以把它当一个"跳板",你可以跳(到)很多方面。其实还/还行。对。

【摘自 H1 访谈】

H1 对印地语学习的认知似乎聚焦于其功利性价值,主要表现为其关于印地语学习的"跳板"隐喻带有一定程度的工具性色彩,更多指向经济或物质形式的资本[①]。另一方面,这种看法也暗示了印地语作为一种资本主要起间接性的媒介作用,即作为其他类型资本发挥作用的基础,反映了印地语较英语而言在语言市场中处于相对边缘的地位[②]。

与此类似,T1 最初选择学习泰语也并不是出于兴趣。在她看来,语言类专业只是她在自己的理想专业(如社会学或人类学)和父母推崇的实用型专业(如国际贸易)之间的一个"折中"选择。然

---

① Bourdieu, P. 1986. The forms of capital [A]. In J. F. Richardson (Ed.), Handbook of Theory and Research for the Sociology of Education (pp.241-258) [C]. Westport: Greenwood Press.

② Bourdieu, P. 1977. The economics of linguistic exchanges [J]. Information (International Social Science Council), 16(6): 645-668.

而,她对泰语学习的兴趣也在学习过程中日益增长,这不仅得益于她与泰语之间的情感联系,还因为她意识到泰语可能转化为自身的文化资本,成为其从事区域国别相关研究的媒介。以下是她对泰语学习的看法:

> 唔,学习泰语的意义就要看你个人的定位吧,就你要是以后想去为国奉献呀,你想去当外交官的话,那外语肯定是一个非常有力的敲门砖。但是像/如果以后我还是走回社会学或者人类学或者国际关系这条老路的话,那泰语是帮助我在一个领域有/就是深挖下去的可能性吧。因为可能比较少的学者会去学习国际关系的同时你再去学一门外语,然后去为了了解这个国家;但如果是外语学生的话你就可以在语言的基础上去对这个国家进行更好的挖掘。然后其他的话就是能歌善舞。(T1 笑)在人际交往中你会有很多谈资。因为他们大多数人就像我开始一样,对泰国是没有什么了解的。你可以跟 ta 去普及一些知识,也可以扭转他们一些比较错误或者是畸形的观念。我觉得这个还是比较好的。

【摘自 T1 访谈】

> (英语)最直接的用处就是,我现在还不懂泰文的资料,所以我写论文的时候我可以找英文资料来看。虽然英语资料我也有很多看不懂,但是/因为我读英语啊什么的,就对英语会比较熟悉一点,还是有好处的。然后就是,英语也是一个语言的媒介嘛,然后你通过英语可以看到很多西方的国家,或者是/就是英语国家他们对某些事情……比如说我之前看到罗兴亚难民问题,他们对这个事情是什么样的立场,然后包括以后……呃当然我主要说的还是那种学习/学习上的东西,很多

的那个权威的,就是体系(系统)的那些基础理论的书,尤其是像东南亚它的区域国别研究这一块暂时好像还没有发展出一个非常系统的理论来,你可能还是得依靠西方的这一些国际关系的传统的理论,然后如果你会英语的话当然是会有很大的加分。然后你要是说像在工作上的话,你去外企或者是去外交部呀这些地方,除了你本身的泰语专业能力要过硬,你的英语也是非常非常重要的。因为其实还是有一点担心的。因为现在泰企啊很多时候其实是不会用泰中这样对译,他们是直接//因为他们也在普及英语教育,他们会直接把泰语转成英语然后让你就英语翻成中文,所以你的英语也要非常好。然后包括我们上次那个/泰国那个××先生来,他也是用英语交流的呀。呃昨天还是前天/就前几天去听一个印尼外长给我们做的讲座,他也是用英语。所以你不可能说为了泰语把英语放弃掉,那其实是得不偿失,它还是非常重要的。

【摘自 T1 访谈】

在 T1 看来,她目前所拥有的语言资本不足以支持她获取更高价值的文化资本,即国际关系研究领域的"经典权威西方理论"。这种看法一定程度上反映了知识生产和交流领域中固有的结构性不平等所形塑的单语惯习:与多语种/非英语外语相关研究相比,英语实践(譬如以英语为媒介而进行的学术研究)及其产物(譬如在英语语境下、通过英语学术发表而构建的理论概念与模型)在评价体系中被赋予了很高的价值。这种情况看似公平,因为英语被称为"无主语言"(lingua nulius)[①],而所谓世界英语(World

---

① Philipson, R. 2018. English, the lingua nullius of global hegemony[A]. In P. A. Kraus & F. Grin (Eds.), *The Politics of Multilingualism: Europeanisation, Globalisation and Linguistic Governance* (pp. 275-303)[C]. Amsterdam: John Benjamins.

Englishes)的使用在知识生产及交流领域中也被视为中立性和公平性的体现。然而,这种意识形态假定了科学知识应涉及"对真理的普遍性探索"[①],否定了知识的地方性和特殊性的价值[②],并因此将英语置于语言市场的中心地位,使其在知识生产和传播中发挥着"守门人"(gate-keeper)和媒介的作用。

(二) 作为"默认选择"的英语及作为"附加选项"的专业语种

除了学生的语言态度之外,我们还发现非英语外语和英语之间的语际关系以及学生对语言市场的看法也影响着学生在语言学习中的能动选择。由于英语长期以来一直作为不同言语社区间的通用语,再加上殖民史以及全球化等诸多因素的共同作用,英语通过语言接触对其他语种造成了不同程度的影响。我们发现,所有参与学生都认为英语及其专业语种之间频繁的语码转换或异质语现象(heteroglossia)是影响其专业语种学习的一个重要因素。譬如在访谈中,部分印地语班学生提到了英语在印地语词汇中留下的痕迹,如下所示:

> 就是……呃,首先,我想/我觉得我们老师讲的一句话是没有错的,就是我们老师说你要是想把印地语学好,你的英语必须达到八级,啊专业八级,对,专八,就是学好/就学得很精的话。因为印度人 ta 不仅是讲印地语,ta 英语也很好,就是英语肯定是比我们要好的。所以我知道就是印地语很重要,但是英语也很重要,就无论说它对学印地语这个专业会(有)怎么样(的)影响也好,以后英语在社会上的运用也是非

---

① Hyland, K. 2015. *Academic Publishing: Issues and Challenges in the Construction of Knowledge*[M]. Oxford: OUP.
② Canagarajah, A. S. 2002. *A Geopolitics Of Academic Writing*[M]. Pittsburgh: University of Pittsburgh Press.

常重要的。

【摘自 H5 访谈】

H7：对，现在的一个趋势就是他们……就是我这次去印度就很明显地感受到他们其实生活中用英语//就是印地语化的英语词是非常非常多的，然后甚至就是说印地语说着说着就开始英语无缝衔接，这种情况是非常正常的，所以说就是学印地语肯定英语是非常重要的。

笔者：或者说干脆是有语码转换，比如说一句印度语的话，里面杂很多英语词。

H7：对对对，杂了很多很多英语词，就是可以一句话里面又有英语又有印地语。他们现在的词就是越来越多的英语化词，可能像一些比较传统的就是印地语传下来//就梵语那边传下来的那种印地语词可能大部分的普通民众是不会//就是使用得可能越来越少了。可能像//文化水平像我们外教那种博导，他使用的印地语是非常纯正的那种梵语化的印地语，就是非常地书面那样子。但是在生活中还是普通的/一般的老百姓还是越来越多的英语//接受的英语的词还是越来越多。

【摘自 H7 访谈】

印地语母语者"印英混杂"的语言实践无形中对印地语学生们灌输了在印地语学习中熟练掌握英语的必要性，进而加固了他们的英语惯习。换言之，英语在对象国的主导地位，以及由此催生的尊崇英语的意识形态，作为重要的文化性力量一方面激发了他们进行英语资本积累的能动行为，而另一方面同时也提高了他们获取英语资本的成本，正如 H1 所言：

H1：(……)唔，而且印度的新闻(里)有很多都是英语词。对，我也不知道该怎么记，就是我其实会查，查完以后就看过就看过了。不知道是不是要把那些词挑出来再背一背。应该是要背一背的我觉得。

笔者：那像它那些比如说英语词，它是会用比如说印度的……

H1：印地语写出来的。

笔者：哦。

H1：然后你查了以后发现它居然是个英语词。

笔者：能够通过读音这样子来判断或者记住吗？

H1：对，能能，能判断。然后我其实觉得，我真的很讨厌印地语/就是用印地语写出来的英语词。就很讨厌。就是觉得/不太喜欢，因为我写不出来。就是，因为它就是个我会的词，但是如果要印地语写出来，我就要认真地……哎呀就是那种感觉不太好。

笔者：哦，就是还要去记忆它。

H1：对啊，就是因为那个词你以为是这个音，但其实它是那个音。哎呀就很讨厌这/这种英语词。

【摘自 H1 访谈】

从 H1 的描述来看，不少以天城文字母拼写的英源借词使得学生需要花费额外时间来记忆这些英文单词的"天城文版本"。在此情况下，英语不仅介入了非英语外语资本的积累和再生产过程(在词汇层面成为相应语种的组成部分)，而且在学习者针对非英语外语资本的学习投资中产生了一种竞争对冲的影响(例如"争夺"学习者有限的时间和精力)。

不仅如此，部分学生(以 H3、H7、T1 和 T2 为代表)还表示，英语有时被用作他们与所学专业语种母语者(例如来自对象国的外籍教师)之间的中介语。因此,如 H1 这样占有资本较少的能动主体,往往对英语学习的投资比对专业语种学习的投资更积极,以期通过获取英语资本实现自身已有资本的增值[①]。这是因为在他们看来,在当下的语言市场中,如果没有英语资本作为先决条件,非英语外语资本的价值就无法实现。在此,非英语外语学习者的能动性以有界理性(bounded rationality)的形式发挥其作用:他们在现行的结构性秩序(即不同类型资本之间的价值层级)中内化形成了英语单语惯习,受此驱动成为所谓的"理性"能动主体,进而表现为英语学习中的积极投资者以及非英语外语学习中的消极投资者。

然而,对于业已占有更多语言资本的能动主体而言,情况会有所区别。以 H7 为例:

> 对,现在已经适应很多了。然后尤其是我在大二开始学了,我之前有在辅修德语,(H7 笑)我还是放不下,然后卓院自己这边有在学拉丁语,德语跟拉丁语就还//(欧洲)那边语言都很像,然后就是在经历了学习这两门(语言)的折磨之后,我觉得印地语还是很简单。(H7 笑)虽然都是印欧语系吧,但是这个分支还是很//差别还是很大。就是他们德语拉丁语中有那些格啊那些变化,我们印地语之中没有这种格的概念,所以我觉得好简单。

【摘自 H7 访谈】

前文提到的 H7 同学作为印地语班的尖子生以及卓越学院的精英学生,她觉得自己在"同时学习两个不同的专业"。H7 通过课程学习等手段在不同程度上掌握了其他语言资本(即德语和拉丁

[①] Norton Peirce, B. 1995. Social identity, investment, and language learning[J]. *TESOL Quarterly*, 29(1): 9-31.

语),这使她认为自己与其他同学相比获取印地语相关的资本"相当容易",她也确实在印地语学习投资中表现出了相对更显著的能动性。同时,笔者通过多名学生了解到,H7等尖子生的能动性发挥似乎还得益于系里提供的其他资源支持,如学业奖学金、政府出资的对象国交流机会等,而系里的其余大部分学生却无法享有这些资源。这表明,即便是在知名外语类院校,非英语外语专业内部(以及专业和系部之间)尚存在教育资源短缺和教育资源分配不均等问题,而这也制约了相关专业学生能动性的有效发挥[①]。

此外,该系的其他学生还认为,自己将来可能通过印地语获取的就业选择少于英语可能带来的就业选择:

> 其实在以前//可能在大学之前,我是想的是做翻译方面的工作,然后包括现在我本人也在卓越学院的高翻班学习,然后但是现在会感觉这可能翻译这个方向//因为现在学的还是英到中、中到英这个方向。然后包括像小语种的翻译,其实市场还不是很大,就是没有形成一个规范的市场。所以我现在觉得可能我当初想的翻译这个职业可能会跟我现在学的印地语这个专业可能就是……也不能说冲突吧,就是会/我需要一些取舍,所以说我现在还是//理想的职业还是想/可能还是老师吧,对。因为现在国内就是开设印地语也不多嘛,然后我觉得可能如果有这个需求的话,就是想还是想做一名老师,然后//或者说可以从事一些研究方面的工作,因为我个人的性格其实不是很外向的那种,可能这种比较稳一点的工作比较适合我,对。

【摘自 H7 访谈】

---

① Lu, J., He, L. & Shen, Q. 2020. LOTE (Languages Other than English) learners' investment in learning languages[J]. Círculo de Lingüística Aplicada a la Comunicación, 84: 55-64.

对,其实对小语种来说的话……因为就算是印度一些比较官方的(人士),他/她沟通也是通过英语来交流的,然后所以说如果纯粹的印地语就是//这个市场可以说……怎么说呢,就是没有很/形成一个很……需求跟供给两方面都不是很大吧,就是可能会有一些比较细碎的一些工作,但是没有一个统一的说长期作为印中翻译这样一个职业,就是长期的这样一个职业还没有,对。

【摘自 H7 访谈】

精英学生的能动性可能不会受挫于同时学习两种语言的"痛苦经历",但他们也可能遭遇语言市场中的结构性限制。例如,H7 意识到印地语—中文口笔译的市场需求稀缺且不稳定,这意味着她所拥有的印地语资本和口笔译技能或许更难直接转化为经济资本(就业机会),于是她开始寻求其他类型的文化资本——她开始了对南亚地区研究的探索,并参加了几个相关的研究项目。本科毕业后,她被国内的一所顶尖院校录取,继续攻读印地语语言文学研究生课程,这也使她的文化资本有望得到极大提升。

H7 的经历反映了她在"有界理性"下的能动性发挥——虽然个体无法改变语言市场,但她通过调整自己在印地语学习投资中的目标和策略,成功地实现了自身资本的增值。她的经历作为榜样在院校宣发平台上得到了宣传。无独有偶,H2、P2 和 T1(其平均绩点均居班级前列)也同样成为了学校宣传的榜样。他们同样兼有英语资本和非英语外语资本,作为积极发挥自身能动性的学习者在不同领域继续深造,所涉专业分别包括语言数据科学与应用、计算语言学以及国际新闻与传播等。

六、讨论与结论

本研究从学习者的视角探讨了中国的非英语外语教育。既往研究中，语言学习者无论在理论还是实践层面通常都被视为语言政策与规划的被动接受者而非能动主体①。然而，本研究表明，作为隐性微观主体的非英语外语学习者与社会环境之间的交互作用，在很大程度上决定了非英语外语推广政策能否达到预期目标。少数同类研究或是聚焦于多语社区学生通过发挥自身话语权来强调学校课程设计中语言选择的公平性与平等性②，或是表明学生对于英语学习所呈现的接受、支持、衡量、协商以及抗拒等不同的能动性反应③；有别于上述发现，本研究关注中国的非英语外语学习者大多在获取英语资本方面表现出显著的能动性，而在获取非英语外语资本的过程中总体显得更为消极。这给我们一种较为反直觉的启示，即非英语外语学习者的能动选择可能会加固而非扭转英语在语言市场中的主导地位，这与中国"一带一路"背景下促进语言及话语生态多元及良性发展的政策目标背道而驰④，而多语资源恰恰是国家语言能力建设的基石。

本研究主要讨论当前语言市场中的两大核心力量：其一是结构性力量，即英语在社会经济秩序、教育体系和广大社会组织中的主导地位；其二为文化性力量，即实用主义（pragmatism）和精英/

---

① Zhao, S. & Baldauf, J., Richard B. 2012. Individual agency in language planning: Chinese script reform as a case study[J]. *Language Problems and Language Planning*, 36(1): 1-24; Schornack, M. L. & Karlsson, A. 2021. (In)visibilization of English learners in Minnesota's state-approved alternative programs[J]. *Current Issues in Language Planning*, 22(1-2): 41-58.
② Payne, M. 2007. Foreign language planning: Pupil choice and pupil voice[J]. *Cambridge Journal of Education*, 37(1): 89-109.
③ Vennela, R. & Kandharaja, K. M. C. 2021. Agentive responses: A study of students' language attitudes towards the use of English in India[J]. *Current Issues in Language Planning*, 22(1-2): 243-263.
④ Gao, Y. 2020. How the Belt and Road Initiative informs language planning policies in China and among the countries along the road[J]. *Sustainability*, 12(14): 5506.

优绩主义(meritocratism)影响下以英语为尊的语言意识形态。一方面,作为结构性因素,英语能力事实上被视为知识生产及传播领域的规范,甚至在多语研究中也是如此[1];对英语能力的追求同样以制度化的形式存在于非英语外语教育体系中,即成为相关专业考评的目标之一。

另一方面,作为一种文化性力量,英语为尊的意识形态已经融入非英语外语学习者的语言惯习之中,体现在其认为"英语是先决条件/必备技能",这是实用主义和精英主义意识形态作用下的产物[2]。在非英语外语学习者的认知中,英语作为学术及科学语言得到赋值,是获取"权威理论"等知识产品的媒介。此外,相关院校培养"多语种+"精英学生的口号也体现了精英/优绩主义的特点,这同样也形塑了非英语外语学习者的惯习和能动选择。然而,对于非英语外语学习者而言,"多语种+"实际上意味着"英语+非英语外语+其他专业",这再次表明非英语外语学习者的能动选择固化了英语在语言市场层级中对非英语外语的主导地位。

在"英语+非英语外语"的语言市场层级秩序下,我们观察到了语言资本的自我增值和自我再生产,即拥有不同类型文化资本(包括语言能力等具身化形式,以及学业成绩等制度化形式)的学习者更有可能将其语言资本转化为其他形式的资本,毕竟正如朴和黄(Park & Wee)[3]所言,资本的真正价值在于其转化为多种形

---

[1] Canagarajah, A. S. 2002. *A Geopolitics of Academic Writing*[M]. Pittsburgh: University of Pittsburgh Press; Liddicoat, A. J. 2016. Multilingualism research in Anglophone contexts as a discursive construction of multilingual practice[J]. *Journal of Multicultural Discourses*, 11(1): 9-24; Piller, I. 2016. Monolingual ways of seeing multilingualism[J]. *Journal of Multicultural Discourses*, 11(1): 25-33.

[2] Pennycook, A. 2017. *The Cultural Politics of English as an International Language*[M]. New York: Routledge.

[3] Park, J. S.-Y. & Wee, L. 2012. *Markets of English: Linguistic capital and language policy in a globalizing world*[M]. New York: Routledge.

式的能力。与此同时,我们不应忽视,英语与非英语外语之间的语际关系也在英语资本的自我增值和自我再生产中发挥影响,这是因为英语在词汇层面也渗透于非英语外语(如本研究中特别分析的印地语案例)之中,对这类非英语外语的投资也因此一定程度上意味着对英语学习的投资。总体来看,中国的非英语外语人才培养事实上遵循一种精英教育模式,即已经占有多重资本的人有更大潜力成为英语+非英语外语的高层次人才,这种精英/优绩主义的意识形态也助长了英语的主导地位。

作为语言市场中的微观主体,非英语外语学习者感知到了这种潜在的规则,进而努力通过自身的投资获得更多文化资本(包括英语资本和非英语外语资本)。从这个角度看,很难说宏观层面的非英语外语教育政策确乎有助于维持和加强多语及多元文化生态,因为非英语外语学习者的能动选择事实上加强了英语资本的自我生产和自我增值,这事实上并不利于打破英语为尊的固有结构。

本研究探讨了非英语外语学习者对其专业语种和英语分别抱有怎样的语言态度,以及他们如何通过语言选择发挥自身的主观能动性。我们发现,参与学生将英语视为个人未来发展中的必需品,而专业语种(非英语外语)则被视为在此基础之上的加分项,这表明在语言市场上,与英语相比非英语外语被赋予了更大价值[1]。同时,英语学习被作为微观主体的非英语外语学习者视为语言学习投资中的默认选择,而非英语外语学习则仅是他们在此基础上的"额外"选择。我们需要注意的是,在这样的语言惯习形成的过程中,英语不仅是一种资本,也是一种结构性和文化性的因素,它参与了非英语资本的再生产,同时又在学习者对语言资本的投资

---

[1] Bourdieu, P. 1977. The economics of linguistic exchanges [J]. *Information (International Social Science Council)*, 16(6): 645-668.

中与非英语外语呈竞争关系。在此背景下,非英语外语学习者作为感知到英语的结构性和文化性影响力的微观主体,会倾向于将英语学习置于优先地位,而这一选择客观上维持和加强了英语在语言市场中的主导地位。

然而,中观和宏观层面的决策者大多未能关照到学习者的态度与呼声,这从长远来看并不利于宏观非英语外语教育规划和政策目标的实现,包括但不限于高层次人才的培养、国家及城市语言能力建设,以及多语多元文化生态的维护和发展,等等。对于高等教育环境下的非英语外语学习者而言,他们的语言学习(尤其是作为专业语种的非英语外语学习)或多或少是以工具性为导向的,譬如积极投资于非英语外语的学习者很可能期望通过非英语外语习得来获取就业机会等经济资本,并且希望自己所获取的非英语外语文化资本能更好地转化为经济资本;然而,当他们发现在市场中自身非英语外语资本价值的实现受到种种限制时(比如发现自己面临的工作机会并不理想等),他们可能会将自身的非英语外语学习视为"非有效投资"[1]。作为微观主体的学习者对非英语外语的这种负面看法从长远来看可能加剧英语与非英语外语之间的不平等,影响到相关专业的生源素质,进而阻碍宏观层面非英语外语教育推广政策的落实。也就是说,如果我们不在相关政策规划中将非英语外语学习者作为微观政策主体的作用纳入考量,对于学习者个人职业发展需求与宏观和中观层面对高层次多语人才需求之间的差距视而不见,非英语外语教育政策实际上可能反而会助长英语对非英语外语的支配性影响,进而威胁到国家语言能力的建设和多语多元文化生态的维护。

---

[1] Norton Peirce, B. 1995. Social identity, investment, and language learning[J]. *TESOL Quarterly*, 29(1): 9-31.

第三节　高校非英语外语教师的能动性研究[①]

自"一带一路"倡议提出以来,各高校积极响应国家号召,迅速增设许多非英语外语专业[②],但目前无论是教师数量还是质量,都没有满足国家发展需求[③]。随着"一带一路"倡议由谋篇布局的"大写意"阶段转向精雕细琢的"工笔画"阶段,国家与高校对非英语外语教师在科研与社会服务方面的要求日益增高,加之这些教师大多科研能力弱、成果少[④],其发展与英语教师有一定差异。因此,在当前国内外语教师发展研究以英语教师为主,非英语外语教师发展被忽视[⑤]的学科背景下关注非英语外语教师发展具有一定现实意义。

近年来,外语教师能动性已成为国内外教师发展领域的重要议题之一[⑥],但上述研究多围绕英语教师展开,缺乏对非英语外语

[①] 本节合作者为华东政法大学讲师康铭浩,原文刊于《外语教育研究前沿》,2022年第三期。

[②] 丁超,2017,对我国高校外语非通用语种类专业建设现状的观察分析[J],中国外语教育(4)。

[③] Han, Y., X. Gao & J. Xia. 2019. Problematising recent developments in non-English foreign language education in Chinese universities[J]. *Journal of Multilingual and Multicultural Development*, 40: 562-575;王雪梅、赵双花,2017,"一带一路"背景下我国高校非通用语种专业建设:现状、问题与对策[J],外语电化教学(2);郑咏滟,2020,综合性大学外语专业复语人才培养探索——以复旦大学英西双语模式为例[J],外语教育研究前沿(1)。

[④] Tao, J., Zhao, K. & Chen. X. 2019. The motivation and professional self of teachers teaching languages other than English in a Chinese university [J]. *Journal of Multilingual and Multicultural Development*, 40: 633-646.

[⑤] 文秋芳、张虹,2017,我国高校非通用外语教师面临的挑战与困境:一项质性研究[J],中国外语(6)。

[⑥] Kayi-Aydar, H. 2015. Teacher agency, positioning, and English language learners: Voices of pre-service classroom teachers[J]. *Teaching and*　（转下注）

教师的关注,而"一带一路"沿线大部分国家(地区)不以英语为官方语言①。研究表明,当教师感知其能动性得到充分发挥时,其职业身份构建与自身发展得到促进②。教师能动性对教师职业发展③和教育改革④的重要性日益得到重视。因此,本研究关注非英语外语教师在"一带一路"建设背景下如何发挥能动性应对政策需求,揭示其能动性的影响因素,以期促进其发展,助力"一带一路"建设。

一、外语教师的能动性研究综述

陶坚和高雪松⑤梳理前人研究,总结出教师能动性研究的四大理论视角,即社会认知理论、社会文化理论、后结构主义视角、生态视角。其中,社会认知理论将能动性视为"一种有目的性的行为"⑥,认为自我效能感是教师能动性的基础,多采用定量研究方法分析

(接上注)*Teacher Education*,45: 94-103; Le, M. D., H. T. M. Nguyen & A. Burns. 2021. English primary teacher agency in implementing teaching methods in response to language policy reform: A Vietnamese case study[J]. *Current Issues in Language Planning*,22: 199-224; Tao, J. & X. Gao. 2017. Teacher agency and identity commitment in curricular reform[J]. *Teaching & Teacher Education*,63: 346-355;徐锦芬、范玉梅,2017,大学英语教师使用教材任务的策略与动机[J],现代外语(1);张姗姗、龙在波,2021,活动理论视角下高校英语经验教师专业发展能动性研究[J],外语教学(6)。

① 郑咏滟,2021,新文科建设框架下的多语种教师科研发展路径[J],日语学习与研究(6)。
② Priestley, M., G. Biesta & S. Robinson. 2015. *Teacher Agency: An Ecological Approach*[M]. London: Bloomsbury.
③ Toom, A., K. Pyhältö & F. O. Rust. 2015. Teachers' professional agency in contradictory times[J]. *Teachers and Teaching*,21: 615-623.
④ 高雪松、陶坚、龚阳,2018,课程改革中的教师能动性与教师身份认同——社会文化理论视野[J],外语与外语教学(1)。
⑤ Tao, J. & Gao, X. 2021. *Language Teacher Agency (Elements in Language Teaching)*[M]. Cambridge: CUP.
⑥ Bandura, A. 2001. Social cognitive theory: An agentic perspective[J]. *Annual Review of Psychology*,52: 1-26.

自我效能感对能动性的影响;社会文化理论认为能动性是"一种受到社会文化环境中介作用的能力"①,多通过质性研究关注教师能动性如何被社会、文化或政治环境调节,但忽视了能动性的动态发展②;后结构主义视角把能动性视为"一种话语行为"③,聚焦教师在社会环境中的定位与其能动性之间的互动;生态视角提出教师能动性是"一种与教师所处环境密切相关的现象或动作"④,并从时空维度分析能动性,认为其在一定时间和情境下才能实现⑤,该视角关注能动性的运作机制和表现形式⑥。鉴于生态视角强调教师能动性与社会环境的共生与互动⑦,更具有联系性、整体性与动态性的特点,更适宜展现能动性的复杂本质,本研究将通过生态视角探讨非英语外语教师能动性问题。

教师能动性生态框架由"迭代"(iterational)、"实践—评估"(practical-evaluative)和"目标"(projective)三个维度组成⑧(见图5.1)。这三个维度构成了教师能动性"过去—现在—未来"的时间线,他们之间的互动导致了教师能动性的实现⑨,即三者之间

---

① Ahearn, L. M. 2001. Language and agency[J]. *Annual Review of Anthropology*, 30: 109-137.
② 徐锦芬、张姗姗,2022,生态视角下EMI学科教师语言教学能动性研究[J],现代外语(3)。
③ Davies, B. 1990. Agency as a form of discursive practice. A classroom scene observed[J]. *British Journal of Sociology of Education*, 11: 341-361.
④ Priestley, M., Edwards, R., Priestley, A. & Miller, K. 2012. Teacher agency in curriculum making: Agents of change and spaces for manoeuvre[J]. *Curriculum Inquiry*, 42: 191-214.
⑤ Priestley, M., Biesta, G. & Robinson, S. 2015. *Teacher Agency: An Ecological Approach*[M]. London: Bloomsbury.
⑥ 刘新阳,2020,教师"眼高手低"现象解析:生态取径的教师能动性视角[J],全球教育展望(11)。
⑦⑧ Priestley, M., Biesta, G. & Robinson, S. 2015. *Teacher Agency: An Ecological Approach*[M]. London: Bloomsbury.
⑨ Tao, J. & Gao, X. 2021. *Language Teacher Agency (Elements in Language Teaching)*[M]. Cambridge: CUP.

的迭代关系催生了教师的能动性"选择"与"行为"①。"迭代"维度凸显过去经历对教师能动性的影响,包括生活史和职业史。"目标"维度代表教师对未来工作的期待,分为短期目标和长期目标。"实践—评估"维度强调当前工作环境对教师能动性的影响,涉及文化、结构和物质因素。其中,文化因素包括观念、价值观、信念、话语和语言;结构因素主要指由关系、角色、权力和信任组成的社会性结构;物质因素包括资源和物理环境。整体而言,"迭代"和"目标"维度体现教师个体因素,而"实践—评估"维度则由教师个体因素和社会因素融合而成,体现了生态视角关注内外因素互动对教师能动性影响的特点②。

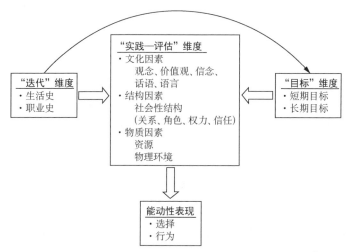

图 5.1　教师能动性生态框架(改自 Priestley et al. 2015③)

① 刘新阳,2020,教师"眼高手低"现象解析:生态取径的教师能动性视角[J],全球教育展望(11)。
② Priestley, M., G. Biesta & S. Robinson. 2015. *Teacher Agency: An Ecological Approach*[M]. London:Bloomsbury;刘新阳,2020,教师"眼高手低"现象解析:生态取径的教师能动性视角[J],全球教育展望(11)。
③ Priestley, M., Biesta, G. & Robinson, S. 2015. *Teacher Agency: An Ecological Approach*[M]. London:Bloomsbury.

生态框架为我们开展教师能动性研究提供了方法与理论框架上的有力支持①。少数国内学者运用该框架研究 EMI 学科教师语言教学能动性②、新文科背景下高校外语教师的能动性③等话题,拓展了该框架的应用范围,但仍需更多的研究来挖掘和审视该框架在中国语境下的应用。与此同时,现有外语教师能动性研究以英语教师为主体,研究内容涉及课程改革④、职业发展⑤、课堂教学⑥等教育情境下英语教师能动性的具体表现,以及对相关影响因素的探讨⑦,但缺乏对重大社会变革中外语教师,特别是非英语外语教师这一群体能动性的关注。把在外语教育中处于"边缘地位"且缺乏社会关注的非英语外语教师置于"一带一路"建设背景

---

① Priestley, M., G. Biesta & S. Robinson. 2015. *Teacher Agency: An Ecological Approach*[M]. London: Bloomsbury;刘新阳,2020,教师"眼高手低"现象解析:生态取径的教师能动性视角[J],全球教育展望(11)。
② 徐锦芬、张姗姗,2022,生态视角下 EMI 学科教师语言教学能动性研究[J],现代外语(3)。
③ 龙德银、廖巧云,2021,新文科背景下高校外语教师的能动性研究[J],外国语文(5)。
④ Yang, H. & M. Clarke. 2018. Spaces of agency within contextual constraints: A case study of teachers' response to EFL reform in a Chinese university[J]. *Asia Pacific Journal of Teacher Education*, 38: 187-201;高雪松、陶坚、龚阳,2018,课程改革中的教师能动性与教师身份认同——社会文化理论视野[J],外语与外语教学(1)。
⑤ 陶丽、顾佩娅,2016,选择与补偿:高校英语教师职业能动性研究[J],外语界(1);张姗姗、龙在波,2021,活动理论视角下高校英语经验教师专业发展能动性研究[J],外语教学(6)。
⑥ 徐锦芬、范玉梅,2017,大学英语教师使用教材任务的策略与动机[J],现代外语(1)。
⑦ Feryok, A. 2012. Activity theory and language teacher agency[J]. *The Modern Language Journal*, 96: 95-107; Pappa, S., J. Moate, M. Ruohotie-Lyhty & A. Eteläpelto. 2019. Teacher agency within the Finnish CLIL context: Tensions and resources[J]. *International Journal of Bilingual Education and Bilingualism*, 22: 593-613; Xu, J. & Y. Fan. 2022. Finding success with the implementation of task-based language teaching: The role of teacher agency[J]. *Language, Culture and Curriculum*, 35: 18-35.

下,探讨其能动性问题,有助于全面理解逆境中的教师能动性,丰富已有教师能动性理论,推动这些教师发展。为此,本研究提出以下两个研究问题:

(1) 目前高校非英语外语教师的能动性有哪些表现形式?
(2) 哪些因素影响其能动性的发挥?

二、研究设计

(一) 研究参与者

本研究的参与者为某外语类高校的 15 名不同专业的非英语外语教师。考虑到非英语外语教师群体职称以助教和讲师为主,这两类教师在"一带一路"建设背景下承担大量工作任务,面对国家和学校的政策需求及个人发展现实问题,其所处环境更为复杂,其能动性值得关注。因此,本研究通过目的抽样来选择参与者①,将研究参与者的职称确定为助教或讲师,在此基础上使参与者在教龄、学历、性别等方面最大程度上代表该学校非英语外语教师的现状。15 位研究参与者的平均教龄为 7 年,包括 4 位助教和 11 位讲师,女教师占多数(11 名);学历以硕士研究生为主,仅有 3 人取得了博士学位,这与国内高校对教师博士学位的需求相比还有很大差距。所有参与者均自愿接受我们的访谈。

(二) 研究背景

教育部发布《关于加强外语非通用语种人才培养工作的实施意见》《推进共建"一带一路"教育行动》等文件,对非英语外语教师的需求主要体现在"提高教师教学能力,推动非通用语种人才培

---

① Ary, D., Jacobs, L. C., Irvine, C. K. S. & Walker, D. A. 2018. *Introduction to Research in Education* (10th ed.)[M]. Boston, MA: Cengage Learning.

养"和"加强区域国别研究"两方面。基于国家需求与学校实际,研究对象所在大学对非英语外语教师的需求更为多元化。结合其教师招聘公告、相关专业人才培养方案、教师发展与教师考核文件等材料,可以总结为:1)具有优秀的语言能力;2)拥有海外留学或工作经历;3)承担多门课程,编写具有学校特色的教材;4)发表CSSCI或SSCI期刊论文,获得省部级以上项目;5)积极参与社会服务,推动区域国别研究;6)承担外事联系、学生管理、外文网站建设等工作。面对上述政策需求,非英语外语教师的能动性"选择"与"行为"会影响其工作表现和自身发展。

(三) 数据收集与分析

由于质性研究更容易深入了解教师内心真实想法[①],本研究主要通过半结构化访谈收集研究数据,深入挖掘研究参与者如何发挥自身能动性应对政策需求及其影响因素。同时,研究者还通过对研究参与者的观察与聊天等非正式交流途径获取研究数据,对访谈数据进行验证和补充。根据教师能动性生态框架,访谈聚焦研究参与者对当前政策需求下工作相关事件的回顾与反思,倾听其心声,并注重对其过往生活、学习和工作经历及未来工作目标的信息捕捉。访谈以普通话进行,平均时长为50分钟。本研究是作者承担的中国外文局招标课题《"一带一路"所涉非通用语种人才培养与问题调查研究》中的一部分,第一作者曾有半年的时间跟踪受访者,通信作者与受访者曾共事多年或是较为熟悉的朋友,两位作者均具有访谈经验,有助于参与者充分表达自己的真实想法。在征得参与者同意的前提下进行了录音,研究者均参与访谈、校对转写内容及数据分析过程,并进行讨论以提升研究效果与质量。

---

① 文秋芳、张虹,2017,倾听来自高校青年英语教师的心声:一项质性研究[J],外语教学(1)。

获取数据后,先将每位参与者的访谈数据根据时间顺序形成个案①,然后进行跨个案研究,对访谈内容进行对比,以分析这些教师的能动性表现及其影响因素。研究者依据研究问题进行主题编码②。以第一个研究问题为例,教师能动性主要体现在教师做出的"选择"与"行为"。首先,从原始文本资料中选取一级编码,如"做好这些工作可以推进专业建设""不同类型的工作也是对自己的锻炼"等;其次,反复阅读并整合意义相近的一级编码,形成二级编码,比如把上述两个一级编码聚类为"理解学校政策";最后,仔细比对二级编码,形成三级编码,如把"理解学校政策"和"支持学校政策"整合为"高度认可",把"实现创新"和"全面发展"整合为"稳步发展",从而形成一类能动性表现。影响因素编码也采取这种方式。结合研究问题与访谈文本审视编码过程,对研究参与者的能动性进行深入解读。

三、研究发现与讨论

本部分首先依据研究参与者在当前工作环境下对政策需求做出的能动性"选择"与"行为",将其能动性表现形式划分为四类,然后通过对四类能动性的比较梳理出教师能动性的影响因素,并对研究发现进行讨论。

(一) 非英语外语教师能动性的表现形式

1. 高度认可,稳步发展

数据表明,有四位教师明确认可国家与学校政策需求,并通过一系列积极"行为"满足政策需求,推动自身发展。他们充分认识

---

① Gibbs, G. 2008. *Analysing Qualitative Data* [M]. London: SAGE.
② Braun, V. & Clarke, V. 2006. Using thematic analysis in psychology [J]. *Qualitative Research in Psychology*, 3: 77-101.

到在当前工作环境下扮演并协调好教师、研究者和社会服务者等多种角色的重要性。比如,钱老师利用自己在国外的求学经历与资源开设特色课程。

> 我现在讲的一些课程在国内属于首创,我几乎每天都在查阅国外资料,思考如何上好这门课,形成自己的特色。(钱老师)

这类教师不仅在教学上探索求新,对科研与社会服务也很"关心"。例如,"将自己的研究重点与学校需求结合,用自己的知识回报社会"(薛老师),"与外校同专业教师建立学术交流群"(柏老师),"第一时间报名研究方法培训班"(韦老师)。

上述几位老师的能动性"行为"表明他们没有局限于传统的以教学为主的教师角色,同时注重做好科研与社会服务,实现稳步发展。此外,他们还认真对待外事联系、学生管理、外文网站建设等工作,认为"不同类型的工作也是对自己的锻炼"(柏老师),"做好这些工作可以推进专业建设"(韦老师)。

以上四位教师是高度认可当前政策需求并积极作为,实现自身稳步发展的"能动者"。无论是打造特色课程,参加研究方法培训班,还是认真对待外事联系等工作,都展示了其积极能动性。

2. 积极调适,力不从心

崔老师和史老师选择"积极调适"以对接政策需求,但却总是感觉"力不从心"。例如,史老师一直在努力为学生编写教材,希望能在新生入学前完成,但始终进展缓慢,不太可能按期完成,这让她忧心忡忡。此外,代表学校为政府提交咨询报告的经历为她带来了巨大压力和失落感。

> 我知道这对学校和我自己来说都是难得的机会,也很重

要,但我是专业唯一的教师,平时真的太忙了,也没人能帮我分担点,自己写这个报告也是"摸着石头过河"。我真的尽力啦,但结果一言难尽……(史老师)

崔老师也很支持学校的需求,努力搞好科研。他本科毕业就进入学校工作,也发表了一些文章。但尽管努力了很多次,还是无法发表 CSSCI 或 SSCI 期刊论文,也没有获得省部级以上项目。"最近几年都不能晋升副教授,真的是太难啦"(崔老师)。即便如此,崔老师表示还会继续努力争取。

史老师和崔老师在其发展遇到困难、感到"力不从心"时,依然选择尽己所能去满足学校需求,是值得敬佩的"奋斗者"。

3. 内心抗拒,消极应付

研究发现,四位教师对当前政策需求有一定"抵触"心理,他们"内心抗拒"学校的多元化需求并"消极应付"。随着"一带一路"建设持续推进,本研究的参与者经常要参与全球治理与区域国别研究,撰写研究报告或做翻译,但个别教师选择"忽视"这种需求,置身事外。

我们工作压力本来就比英语教师大,单是教学任务就比他们重,所以能上好课就行了,社会服务离我们还很远,意义不大。(汤老师)

类似的,一些老师也不认可学校对于科研和社会服务的重视。例如,任老师表示"自己想一直做讲师,好好上课,不想做那么多的科研";苗老师认为"与其撰写专报,不如好好上节课",当不得不完成这些任务时,她也不会花很多精力,只想尽快完成。这些教师不仅"应付"科研或社会服务,也对学校政策的合理性提出质疑。

> 感觉自己是被动接受学校的考核标准,被逼搞科研。(潘老师)

访谈中潘老师情绪很激动,反复提及"学校到底是培养人才为主,还是搞科研为主"。在她看来,"为了科研而牺牲教学,违背了高等教育的办学理念"。

这几位教师的能动性"选择"与"行为"代表其对当前政策需求的不认可,他们成为现有政策需求下的"逃避者"。

4. 不思求变,随波逐流

部分受访者虽然不认可学校的多元化需求,不愿为之改变,但依然从其行为上予以支持,呈现出"随波逐流"的发展趋势。

> 自己就是一台一直在运转的机器,不得不完成一个又一个的任务。(唐老师)

> 我平时就是"哪里需要去哪里",今天做些文学研究,明天又去搞翻译,还真没想过以后怎么发展,这么多工作,也没有时间精力去想啊。(侯老师)

唐老师和侯老师说出了一些教师的心声,尽管内心不愿意,但他们依然要经常完成各种各样的任务,无暇顾及个人发展。在这种情况下,他们逐渐变得"有些麻木"(彭老师),丧失工作热情,将政策需求视为"冷冰冰"的任务,在学校的安排下"东奔西走"(邓老师)、"拳打脚踢"(蒋老师),导致其个人发展"随波逐流",缺乏明确的计划和方向。

上述教师的能动性"选择"与"行为"之间存在一定矛盾,即观念上的否定与行动上的默许,同时他们在当前政策需求下沦为"工具人",影响其工作表现及个人发展。

研究参与者展现的这四类能动性是其依据对当前工作环境中

存在的各种问题与可能性的评估后做出的"选择"与"行为"①。已有研究多将教师能动性分为积极与消极两大类②，这四种不同的教师能动性丰富了已有研究对教师能动性表现形式的划分，即依据能动性"选择"与"行为"的正负情况和关系，形成了多元化的能动性，这也与刘新阳③提出的教师能动性表现分类框架（理想型能动性、受限型能动性、主动抗拒型能动性和从属型能动性）相一致。此外，本研究中的教师能动性也与以往国内研究中教育情境下教师能动性多为积极类型的发现有所不同④，表明在"一带一路"建设背景下非英语外语教师群体能动性的复杂性和多样性。

（二）非英语外语教师能动性的影响因素

本研究中非英语外语教师的能动性表现受到其个人经历、当前工作环境和发展目标三方面因素的影响。

1. 个人经历

这方面主要涉及教师个人知识与能力储备对教师能动性的影响。那些"高度认可，稳步发展"的教师普遍具有留学经历，而且接受过系统的科研训练，入职前已经积累了一定的学术成果。

---

① Priestley, M., Biesta, G. & Robinson, S. 2015. *Teacher Agency: An Ecological Approach*[M]. London: Bloomsbury.
② Buchanan, R. 2015. Teacher identity and agency in an era of accountability[J]. *Teachers and Teaching*, 21: 700-719; Datnow, A., Hubbard, L. & Mehan, H. 1998. *Educational Reform Implementation: A Co-constructed Process*. Research Report 5[R]. Santa Cruz, CA: Center for Research on Education, Diversity and Excellence.
③ 刘新阳，2020，教师"眼高手低"现象解析：生态取径的教师能动性视角[J]，全球教育展望(11)。
④ 徐锦芬、张姗姗，2022，生态视角下EMI学科教师语言教学能动性研究[J]，现代外语(3)；张姗姗、龙在波，2021，活动理论视角下高校英语经验教师专业发展能动性研究[J]，外语教学(6)。

我通过加入国外硕导的课题组,认识了许多本专业的学者,通过合作从他们身上学到了一些做科研的小窍门,特别是他们的研究思路,这对我现在做研究很有帮助,给了我很大信心。(柏老师)

留学经历不仅让柏老师提升了科研能力,也使她认识到科研对教师发展的重要性,因而她非常支持学校重视科研。相比之下,其他三类教师则在入职前缺乏科研知识与能力的积累,面对学校科研方面的需求,或表现不佳,或对其忽视和抵触。例如,苗老师是本科毕业直接工作的,在科研方面没有基础,没有意识到科研对其发展的价值[1]。

我是工作后才开始接触科研的,特别是近几年,学校对我们的科研要求越来越高,这对我来说太难了。但科研做得不好就不是好老师么?什么都要看科研,真的合理么?(苗老师)

即便像崔老师一样,认识到科研的重要性,也努力去做研究,但薄弱的科研基础也使其"力不从心",难以达到学校的标准。因此,不同的个人成长背景[2]对于教师的能动性表现会产生不同影响,而教师的个人经历也会直接影响他们的观念、价值观和信念的

---

[1] Roberts, S. K., Crawford, P. A. & Hickmann, R. 2010. Teacher research as a robust and reflective path to professional development[J]. *Journal of Early Childhood Teacher Education*, 31: 258-275; Zeichner, K. M. 2003. Teacher research as professional development for P-12 educators in the USA[J]. *Educational Action Research*, 11: 301-326.
[2] Feryok, A. 2012. Activity theory and language teacher agency[J]. *The Modern Language Journal*, 96: 95-107; Kayi-Aydar, H. 2015. Teacher agency, positioning, and English language learners: Voices of pre-service classroom teachers[J]. *Teaching and Teacher Education*, 45: 94-103.

构建,从而进一步影响其能动性的发挥。

2. 当前工作环境

当前工作环境对于教师能动性的影响主要体现在文化、结构和物质因素三方面。文化因素如教师的观念、价值观和信念等,会直接影响教师对学校政策需求的评估,进而影响其能动性表现。例如,在薛老师看来,"多元化发展是教师发展的大势所趋",而蒋老师和汤老师则秉持"教学至上"的原则,强调"教学才是最重要的"。这两种不同的观念导致前者理解和支持学校对教师多元化发展的政策需求,后者则是"安于现状"或"抗拒排斥"。这些文化因素的形成与教师个人经历密切相关,并非一蹴而就。

结构因素中的关系、角色和权力对教师能动性产生了较为明显的影响。研究发现,和同事经常交流、关系和谐的教师更容易具有积极能动性。

> 我平时会经常联系学校的同事,不仅是我这个专业的,其他专业的老师也有,会一起聊聊工作啊,生活啊,这样既能缓解下工作压力,偶尔也会对工作带来点灵感呢。(韦老师)

韦老师虽然入职才 2 年,但是他善于沟通交流,和很多同事建立了良好的关系,他可以从同事那里得到很多建议来应对工作中的困难,使得他在应对学校政策需求时更为主动积极。相反,侯老师已经工作 7 年半了,但"平时基本只有上课或开会才来学校,也不怎么联系其他同事",这也使得她相对封闭保守,经常独自应对压力,难以排解,因而她难以理解和接受学校的一些政策。

角色定位与学校政策需求之间的关系也会影响教师的能动性表现。例如,钱老师认为"自己应该全面发展,教学、科研、社会服务和其他工作都是对自己的锻炼",他对自己的定位是"全面发展者",这也符合当下学校的政策需求,因而他具有较强的积极能动性。潘老师作为有多年教学经验的老教师,时刻谨记教书育人的职责,将自己定位为"教学工作者",把精力都投入到教学上,而这与学校对教师全面发展的需求产生了矛盾,致使其产生了消极能动性。

权力分配是影响教师能动性的另一个方面。研究发现,学校在"教学"上给予了这些教师很大的"权力",比如鼓励其"编写有学校特色的原创性教材、教授特色课程"(任老师)。但在科研和社会服务上却有较大的限制。就科研而言,"只有发表在 CSSCI 或 SSCI 期刊上的论文才能被认定为职称晋升时的科研成果,即便发表在对象国专业期刊上的文章也不算"(任老师);在社会服务上,"几乎都是学校指派的任务,教师个人很少有选择权"(邓老师)。

这些"限制"使得这些教师压力骤增,一方面,导致部分教师积极能动性受限(如史老师),"虽积极调适,但力不从心";另一方面,也使得部分教师迫于生计,"虽不思求变,但不得不随波逐流",产生温和的消极能动性。

物质因素方面主要体现在学校为教师发展提供的资源。访谈中,教师普遍表示学校对教师的"索取"远大于"给予",提供的资源不足,而且不符合他们的需求。

> 我们大多是本科或硕士毕业参加工作的,科研基础很弱,既然学校这么重视科研,为什么不组织大家成立个研究团队,抱团取暖呢?学校也会邀请一些专家来做讲座,但如果能多邀请一些小语种专家有针对性地指导下我们,那肯定会有效果的。(苗老师)

> 我没有写过专报,希望学校能在给我布置这种任务时,提供一些样板,让我学习参考下,否则既耗费时间,又很难出效果。(史老师)

由上可知,由文化、结构和物质三方面因素构成的实践—评估维度对教师能动性带来了重要影响,既能促进也能阻碍其能动性发挥①。值得注意的是,虽然这些因素都会对教师能动性产生影响,但教师的能动性"选择"与"行为"是在对这些因素的综合考量后做出的②,不应该孤立看待这些因素,需要统筹规划。

3. 发展目标

教师的发展目标是影响其能动性表现的另一个重要因素。整体而言,研究参与者的发展目标可以分为三类。第一类是将满足学校多元化政策需求和自身发展相统一。例如,钱老师除了努力打造特色课程之外,也致力于提升自身科研和社会服务能力,以及做好学生管理等工作,希望自己成为"多面手"。在他看来,"做好教学工作,特别是打造特色课程是当务之急"。因此,他的短期目标是"做好特色课程",长期目标是成为全面发展的"多面手",这种发展目标使他积极投身学校工作之中,不断寻求提升个人能力的途径与方法。

第二类是坚守个人信念,把全部精力投入到教学中去。比如,潘老师表示"自己最大的心愿就是可以成为教学名师",她还强调"平时会多想一些办法提高学生们的语言技能,因为优秀的语言技能是学生求职的敲门砖"。因此,潘老师的短期目标是"提高学生的语言技能",长期目标是"成为教学名师"。在这种发展目标的影响下,她会比较抵触和教学关联不大或者分散教学精力的政策需求,表现出一定的消极能动性。

第三类是对个人发展缺乏明确的计划和目标。这类教师因长期忙于各项繁杂任务而丧失工作热情,无暇考虑个人发展(如唐老师)。由于没有明确的发展目标,他们没有对个人的时间精力做出

---

① Priestley, M., Biesta, G. & Robinson, S. 2015. *Teacher Agency: An Ecological Approach*[M]. London: Bloomsbury.
② 龙德银、廖巧云,2021,新文科背景下高校外语教师的能动性研究[J],外国语文(5)。

安排，虽不认可学校政策，但又不得不投身各项工作，因而展现出"不思求变，随波逐流"的能动性。

上述不同的发展目标指引着教师发展的方向①，投射到教师工作实践中使其产生了不同的能动性表现②。

综上所述，教师"通过环境"（by means of the environment）工作，并非简单地"在环境中"（in the environment）工作③。生态视角强调教师能动性是一种由过去的经历、现在的参与和未来的发展方向所产生的影响构形（configuration）④，是教师个体内外多种因素互动的产物。根据教师能动性生态框架和本研究发现，"个人经历"是无法改变的，而"发展目标"受到"个人经历"和"当前工作环境"的双重影响，因此，我们认为提升教师能动性首先应着眼于改变"结构因素"和"物质因素"现状，进而影响教师的观念、价值观等文化因素及其未来发展目标。对于本研究而言，"结构因素"中的问题在于非英语外语教师在事关个人发展的政策决定上没有"参与权"，"物质因素"中的问题则是学校为教师发展提供的资源有限且不具有针对性。只有学校真正重视非英语外语教师这一群体的发展，解决好上述问题，教师才能更好地发挥积极能动性，推动个人发展和专业建设。

本研究以"一带一路"建设为背景，关注非英语外语教师在当前政策需求下的能动性表现及其影响因素。研究发现，教师能动

---

① Emirbayer, M. & Mische, A. 1998. What is agency[J]. *American Journal of Sociology*, 103: 962-1023.
② Ketelaar, E., Beijaard, D., Boshuizen, H. P. A. & Den Brok, P. J. 2012. Teachers' positioning towards an educational innovation in the light of ownership, sense-making and agency[J]. *Teaching and Teacher Education*, 28: 273-282.
③ Biesta, G. & Tedder, M. 2007. Agency and learning in the lifecourse: Towards an ecological perspective[J]. *Studies in the Education of Adults*, 39: 132-149.
④ Emirbayer, M. & Mische, A. 1998. What is Agency[J]. *American Journal of Sociology*, 103: 962-1023.

性表现为"高度认可,稳步发展""积极调适,力不从心""内心抗拒,消极应付""不思求变,随波逐流",受到个人经历、当前工作环境和发展目标的共同影响。我们建议高校重视非英语外语教师发展问题,保障其参与有关自身发展政策决定的权利,通过组建外语教师专业学习共同体①,加强科研政策扶持等途径,为他们提供有效资源,引导并支持这些教师能动性的观念模塑②,使其更好地服务于"一带一路"建设。

---

① 文秋芳等,2021,高校外语教师专业学习共同体建设研究[M],北京:北京大学出版社;张虹、文秋芳,2020,专业学习共同体对多语种教师发展的影响[J],外语界(2)。
② Gao, X. & Tao, J. 2020. Language teacher agency[A]. In M. Peters (Ed.), *Encyclopaedia of Teacher Education*[C]. Singapore: Springer. pp.1-6.

第六章 外语教育规划的中国战略

第一节 人类命运共同体视域下的中国外语战略规划

近十多年来,随着国家战略转型步伐加快,外语战略规划正成为中国外语界的研究热点,越来越多的学者开始进入这一新兴学科领域。现有相关研究主要集中于四个方面:第一,政策建言。李宇明[1]、戴炜栋[2]、胡文仲[3]、王克非[4]、束定芳[5]、仲伟合等[6]都对国家外语规划进行了深入思考,指出外语政策与规划的制定需要对接国家战略,服务社会经济发展大局。第二,问题聚焦。不少学者将国家外语能力作为外语战略规划的重大现实问题加以探讨。在理论层面,文秋芳等[7]、李宇明[8]、文秋芳[9]均提出外语规划是国家

---

[1] 李宇明,2006,中国的话语权问题[J],河北大学学报(哲学社会科学版)(6);李宇明,2010,中国外语规划的若干思考[J],外国语(1)。
[2] 戴炜栋,2010,国际化背景下我国外语教育的发展战略[J],浙江工商大学学报(6)。
[3] 胡文仲,2011,关于我国外语教育规划的思考[J],外语教学与研究(1)。
[4] 王克非,2011,外语教育政策与社会经济发展[J],外语界(1)。
[5] 束定芳,2012,中国外语战略研究[M],上海:上海外语教育出版社。
[6] 仲伟合、王巍巍、黄恩谋,2016,国家外语能力建设视角下的外语教育规划[J],语言战略研究(5)。
[7] 文秋芳、苏静、监艳红,2011,国家外语能力的理论构建与应用尝试[J],中国外语(03)。
[8] 李宇明,2017,提升国家外语能力任重而道远[N],人民日报,2017-02-06。
[9] 文秋芳,2017,国家话语能力的内涵——对国家语言能力的新认识[J],新疆师范大学学报(哲学社会科学版)(3)。

外语能力提升的必要基础;在实践层面,沈骑[①]、孙吉胜[②]初步探讨了提升国家外语能力、服务"一带一路"建设的策略与途径。第三,国际比较。蔡永良[③]、王建勤[④]、文秋芳[⑤]、沈骑[⑥]等对国别与国际区域组织的外语战略规划和特点做了全面细致的分析与评介,拓展了外语战略研究的国际视野。第四,外语调查。近五年来,不少学者开展了一定规模的外语需求和外语教育状况调查,为外语规划提供较为详实、准确的数据和现状依据。比如,束定芳[⑦]、戴曼纯[⑧]、鲁子问和张荣干[⑨]等调查探讨了我国不同地区样本城市的企事业单位和个人外语需求状况与存在的问题。上述研究表明,我国外语战略研究正从经验总结转向实证调查,从外语教育规划走向整体外语战略规划,从具体问题探求趋向宏观政策探索,体现出外语研究对接国家战略发展的新气象。然而,已有研究中外语战略主要限于外语教育发展、外语人才培养等教学实践层面,外语规划也仅限于语种规划、专业设置等具体问题,忽略了外语战略的宏观价值和顶层设计维度,窄化外语战略问题的研究视域,难以有效揭示外语战略规划的具体内涵。

在中国新的历史定位中,外语战略规划应该如何参与人类命运共同体构建进程?这是当前外语研究者必须思考和探讨的重要战略问题。本节拟基于语言规划和语言战略理论,探讨外

---

① 沈骑,2015,"一带一路"倡议下国家外语能力建设的战略转型[J],云南师范大学学报(哲学社会科学版)(5)。
② 孙吉胜,2016,国家外语能力建设与"一带一路"的民心相通[J],公共外交季刊(3)。
③ 蔡永良,2007,美国的语言教育与语言政策[M],上海:上海三联书店。
④ 王建勤,2010,美国关键语言战略与我国国家安全语言战略[J],云南师范大学学报(哲学社会科学版)(2)。
⑤ 文秋芳,2011,美国国防部新外语战略评析[J],外语教学与研究(5)。
⑥ 沈骑,2012,当代东亚外语教育政策发展研究[M],北京:北京大学出版社。
⑦ 束定芳,2012,中国外语战略研究[M],上海:上海外语教育出版社。
⑧ 戴曼纯,2016,我国外语人才需求抽样调查[J],外语教学与研究(4)。
⑨ 鲁子问、张荣干,2012,我国城镇居民外语需求调查与教学建议[J],外语界(1)。

语战略规划的概念内涵,提出构建人类命运共同体进程中的中国外语战略规划的基本任务,希冀进一步推动我国外语战略规划研究发展。

一、外语战略规划的概念内涵与基本特征

外语战略规划是国家语言战略的重要组成部分,是语言规划的一种基本类型,体现语言战略规划活动的显著特征。进入21世纪以来,语言战略规划日益受到国内外研究者的关注。著名语言学家斯波斯基[①]认为,语言战略指"语言政策或语言管理被赋予重要价值取向,根据形势变化不断调适的一系列可持续的规划方案和计划"。斯波斯基的定义整合了语言规划理论和战略规划概念,体现出语言战略规划的价值取向、适应性、可持续性等特征。但是,这一定义未能考虑战略的冲突性和潜在能力,问题指向不明。近年来中国学者的国家语言能力理论探索[②]是对语言战略规划概念界定的重要贡献。国家语言能力理论对国家语言资源的冲突性、语言资源建设和掌控能力的思考呈现出这类研究的战略特征,是对语言战略理论的有益补充。因此,结合国内外的理论观点,我们认为在语言战略的定义中增加"提升对语言资源的建设和掌控能力"这一表述更为合适。由此,作为从属于语言战略的下位规划,外语战略规划的概念内涵应当是:外语政策或外语管

---

① Spolsky B. 2012. What is language policy? [A]. In Spolsky B (Ed.), *The Cambridge Handbook of Language Policy* [C]. Cambridge: Cambridge University Press, pp.3-15.
② 李宇明,2011,提升国家语言能力的若干思考[J],南开语言学刊(1);魏晖,2016,文化强国视角的国家语言战略探讨[J],文化软实力研究(3);文秋芳,2016,国家语言能力的内涵及其评价指标[J],云南师范大学学报(哲学社会科学版)(2);文秋芳,2017,国家话语能力的内涵——对国家语言能力的新认识[J],新疆师范大学学报(哲学社会科学版)(3).

理被赋予重要价值取向，为提升国家外语资源的建设和掌控能力，根据形势变化不断调适的一系列可持续的规划方案和计划。

外语战略规划与一般意义上的外语规划或外语教育政策存在一定差异，具有两大基本特征：一方面，外语战略规划是大国博弈的重要手段之一，含有清晰的战略目标和明确的价值取向。外语战略规划的主体一般为世界大国或重要国际组织，规划主体根据国际形势和自身需要，对语言竞争、语言安全乃至语言冲突作出及时准确的反应。例如，美国早在二战期间就启动了主导战后全球治理的外语战略规划。在冷战"铁幕"落下之后，美国出于国家安全考虑，旋即启动《国防教育法》(1958)，明确提出"语言发展"相关条款，要求本国学校教授更多"非通用外语"(less commonly taught languages)，并深入研究一些主要"敌对"国家的历史、文化和政治制度。在诸多举措之下，美国最终形成了外语语种齐全、以世界不同语言文化为主要切入点、覆盖整个人文社科领域的全球知识体系，有力支撑了其国家战略演进。

另一方面，外语战略规划将语言资源置于战略位置，以提升国家整体外语能力为核心，具有系统性和前瞻性特征。外语战略规划不局限于某个专门领域或区域，往往关涉全局，服务于规划主体的整体发展目标和战略布局。比如，随着英国脱欧(Brexit)步伐加快，英国政府亟待重塑一个"世界的英国"的国际形象，正着力于构建适应并促进其国际经贸合作的外语战略规划。事实上，英国各类外语战略规划研究工作早已启动。比如，英国文化教育协会(British Council)、剑桥大学公共政策战略研究中心等机构认识到语言资源的重要性，提前启动了英国多种外语能力建设的相关调查和专题研究，为外语战略规划提供智力支持和技术准备。厘定外语战略规划的概念内涵和基本特征对于全面认识、理解构建人类命运共同体视域下的外语战略规划具有重要作用。

二、新时代中国外语战略规划的基本内容

2015 年在联合国成立 70 周年的系列峰会上,习近平主席[①]正式提出了构建人类命运共同体的重要理念。这一理念彰显中国作为新兴大国的国际道义与现实担当,与语言规划的学科使命密切相关。语言规划学科发展至今已有 60 多年历史,其全部意义都在于解决和协调人类社会的语言沟通与交际问题。在构建人类命运共同体进程之中,认同、共识与默契是人类共同行动的前提,语言与人类命运共同体发展的关系更为密切,语言规划是融合不同语言文化、观念、意识形态,实现"语言互通",保护和促进语言文化多样性的基础性工程。

在构建人类命运共同体的宏观背景下,中国外语战略规划的任务在于协调和解决世界文明多样性维护中的语言沟通与交际问题、不同文化共存与发展过程中的"语言互通"和"语言和谐"问题,促进和改善中外文明交流与互鉴。中国外语战略规划不仅是在世界范围内构建人类命运共同体进程中的一项基础性工程,同时也是推动这一重要中国主张落地生根的必要途径。

澳大利亚学者洛·比安科(Lo Bianco)对语言规划的基本内容进行了较为全面的总结,梳理出六种代表性语言规划类型,即语言地位规划(status planning)、语言本体规划(corpus planning)、语言习得(教育)规划(acquisition planning)、语言声望规划(prestige planning)、语言功能规划(usage planning)和话语规划(discourse planning)[②]。国外关于外语战略规划活动的讨论多以前三类为主,尤其是外语教育规划,后三类研究尚不多见。近年

---

① 习近平,2017,决胜全面建成小康社会夺取新时代中国特色社会主义伟大胜利[R],北京:人民出版社。
② Lo Bianco, J. 2010. The importance of language policies and multilingualism for cultural diversity[J]. *International Social Science Journal*, 61 (199): 37-67.

来,国内对外语规划活动的研究不断深入。李宇明[①]对外语规划的层次和功能作了系统界定和区分,提出外语功能规划、外语教育规划、外语领域规划、翻译规划和特殊外语规划等活动,拓展了外语规划的活动空间。鲁子问等[②]提出外语规划主要涉及外语地位规划和本体规划两个基本类型,并提出外语的社会发展规划、社会安全规划与教育规划三个规划维度。我国学者对外语规划活动的思考研究既涉及外语地位、本体和教育规划领域,也关注外语功能规划、外语生活等多个方面,为全面探讨外语战略规划活动奠定了良好基础。由此,新时代中国外语战略规划的基本内容主要涵盖下述六个维度。

(一) 外语地位战略规划

语言地位规划的实质是对语言功能或用途的分配,对语言使用场域的规定。外语地位规划中的战略问题就是外语功能和用途选择中具有战略意义的问题,既包括外语功能的战略规划,也包括外语语种的战略规划。首先,外语功能的战略规划涉及外语在国家政治、经济、教育和社会生活中的地位问题。迄今为止,中国外语教育一路高歌猛进,但是社会上关于外语地位和作用的争论未曾停息,甚至有人将国人汉语能力下降现象直接归咎于外语教育。这种论调的产生不是偶然的,除了"语言民族主义"思想作祟之外,也反映出我国一直没有明确规划外语的地位和用途。在构建人类命运共同体进程中,学习与使用不同国家语言和文化是至关重要的战略任务,开展新时代的外语功能规划已成当务之急。

其次,外语作为教学语言的战略规划也不容忽视。在高等教育国际化大潮之下,英语作为教学语言的规划已经是全球所有非

---

① 李宇明,2010,中国外语规划的若干思考[J],外国语(1)。
② 鲁子问等,2012,外语政策研究[M],北京:北京大学出版社。

英语国家在高等教育领域不得不面对的战略挑战。这不仅关系到英语在高等教育领域的功能和地位问题,还关系到高校中外语和本国母语两者的地位问题,更关系到语言承载的知识和文化价值优劣问题①。究其根本,高等教育中语言功能的选择不啻一个知识和权力博弈的战略问题。

最后,外语语种的战略规划更是各国外语战略规划的"重头戏"。美国早在冷战时期就开始以"(假想)敌对国"语言作为事关国家安全的"关键语言"开展战略规划,半个多世纪以来美国"关键语言"战略规划的语种规模、资金投入和相关语言区域研究中心的建设力度从未削减;近十年来美国教育部在美十多所著名高校资助成立了 16 所国家语言资源中心,分语种分领域进行师资、教材与教学方法的研究与规划工作,对国家外语能力建设起到至关重要的作用②。可喜的是,近年来中国非通用语种建设开始加快步伐,外语类和综合性高校日益重视外语语种的战略规划问题,教育部高教司也已启动在大学外语教学中开设第二外语课程与第三外语课程的试点工作,对接和满足"一带一路"建设对专业人才的多语种能力需求。

外语地位战略规划主要是指规划主体出于国内外形势和社会发展需要,赋予某些(种)外语在特定时期或特定领域优先发展或战略发展的地位。在当前中国整体实力上升、对外开放格局不断扩大、构建人类命运共同体的新时代,外语功能和语种的战略规划问题又一次摆在我们面前,需要尽早谋划布局。

---

① Shohamy, E. 2013. A critical perspective on the use of English as a medium of instruction at universities [A]. In Doiz A., Lasagabaster D. & Sierra J. M. (Eds.), *English-Medium Instruction at Universities: Global Challenges* [C]. Bristol:Multilingual Matters, pp. 196-210.
② 刘美兰,2016,美国"关键语言"战略研究[M],上海:复旦大学出版社。

(二) 外语本体战略规划

语言本体规划是指对语言本身的改造,如词典编纂、语法说明、借词规定、术语修订以及书写系统完善等。外语本体规划主要包括对外国语言文字的使用标准、规范和信息化规划,如外来术语和借词标准规范、计算机语言标准化,也包括双(多)语辞典、语法书等外语教学材料的编写。外语本体规划中的战略问题涉及国家安全、社会发展等重要领域。例如,外语术语、借词标准规范历来都是技术传播的关键内容,事关语言主权。全球化时代科技发展日新月异,外来科技名词层出不穷,术语统一和规范等充满语言竞争。非英语国家的科技研究人员面对新名词和新术语,时常需要作出直接采用英语还是翻译或另造新字/词的艰难抉择①。再如,双(多)语辞典、语法书等的编纂对语言传播和学习普及的意义也不容小觑。在这方面,陆谷孙先生是中国外语本体战略规划史上不能忘却的人物。他主编的《英汉大词典》在很大程度上缓解了广大英语学习者急需英语辞书的"燃眉之急",晚年领衔主编的《中华汉英大辞典》(上)更体现出致力于中华文化走向世界、促进中外文明交流的远见卓识。

随着构建人类命运共同体的大幕缓缓拉开,我国外语本体战略规划也面临着艰巨任务。除了加强对内型本体规划之外,为促进汉语国际传播,当前还亟须考虑满足对外需求的本体战略规划。2017年年末,我们在与中亚学者交流时了解到,乌兹别克斯坦、哈萨克斯坦等中亚地区国家人民学习汉语热情很高,但是当地一直存在汉语师资匮乏、语言教学材料更新缓慢等问题,严重制约汉语教学开展。不少国外教师都表示,他们迫切需要适应当地学习者

---

① 赵守辉、张东波,2012,语言规划的国际化趋势:一个语言传播与竞争的新领域[J],外国语(4)。

需求的双语辞典和语法书。针对"一带一路"沿线不同国家和语言文化背景学习者需求的双语辞典和语法书编写已经成为新时期外语辞书编纂规划的重要任务之一。

(三) 外语教育战略规划

语言习得规划又可称语言教育规划,主要研究教育(中)的语言规划问题。它与语言地位规划、本体规划紧密相连,是语言规划活动中一个不可忽视的维度和焦点。语言教育规划包括制定宏观政策、具体方案和编写学习材料,以促进个体和群体语言能力发展,满足社会、机构和个体对于相应语言的各种使用需求[①]。外语教育战略规划不仅体现外语教育规划的特征,而且还与宏观教育政策密切相关,其目标就在于提升国家和全民整体外语能力。它不仅是国家语言战略的一个分支,同时还是一项重要的人力资源发展规划,需与宏观教育政策形成联动机制,确定外语教育战略目标。在此基础上,外语教育战略规划还需有机统筹课程对象、师资队伍、课程政策、教材教法、资源配置、测试评价以及社会需求等规划内容[②]。

当前中国外语教育规划还主要停留在外语教育各学段的课程、专业或是学科层面,未有系统全面的外语教育战略规划来统筹指导中国外语教育发展。外语教育史上有很多遗留问题尚未得到解决,比如大中小学外语教育"一条龙"问题、外语复合型人才培养、高端外语人才培养和中国外语学科的话语权等仍在困扰广大外语教师和研究者。对于当前参与全球治理的中国来说,这些都是极为重要的战略性问题。我国外语研究者应当正视国家战略转型的时代重任,加强外语教育战略规划研究。

---

① Kaplan, R. B. & Baldauf, Jr. R. B. 2003. *Language and Language-in-Education Planning in the Pacific Basin*[M]. Dordrecht: Kluwer Academic.
② 沈骑,2017,外语教育政策价值国际比较研究[M],上海:复旦大学出版社。

(四) 外语服务战略规划

　　语言服务规划是面向社会应用合理配置和规划语言资源的活动,语言服务研究涉及语言研究与行业领域的语言需求、语言支持、语言资源配置、语言能力等诸多方面。洛·比安科①提出的语言功能规划正是拓展语言在不同行业或领域的用途与功能的规划。外语服务规划作为语言服务规划的重要分支,涉及众多行业领域,如外语翻译、在线外语教育培训、外语技术支持以及外语咨询等。目前我国外语服务产业研究较多,但是外语服务战略规划的讨论却明显不足。虽然两者在内容上有重叠之处,但在语言资源配置对象和规划的战略价值上区别较大。囿于篇幅,我们仅就我国国际政治公共事务和企业"走出去"两个方面的外语服务战略展开分析。

　　一方面,国际政治公共事务领域急需外语服务战略规划。随着承担的全球治理任务渐增,我国履行大国义务并在国际维和、反恐、国际救援等领域发挥作用都需外语服务支撑。但是目前,我国国际公务员队伍整体偏小偏弱②,这说明我国在国际政治公共事务领域的外语服务能力还有待增强,需要花大力气加强既熟悉专业又精通语言的国际公务员队伍建设。

　　另一方面,中国企业"走出去"需要外语服务战略规划。2014年,《哈佛商业评论》刊登《你们公司的语言战略是什么?》一文,提出跨国企业需要重视语言在全球经济战略中的地位,尤其提到需要不断加强对企业精英人才的语言文化技能培训,包括国际通用语言能力、跨文化能力提升和外派国家当地语言学习③。当

---

① Lo Bianco, J. 2010. The importance of language policies and multilingualism for cultural diversity[J]. *International Social Science Journal*, 61 (199): 37-67.
② 李宇明,2017,提升国家外语能力任重而道远[N],人民日报,2017-02-06。
③ Neeley, T. & Kaplan, R. S. 2014. What is your language strategy?[J]. *Harvard Business Review*, 92(9): 70-76.

前中国企业"走出去"步伐不断加快,语言作为国际商务经贸活动中不可忽视的要素,是企业实施全球化战略必须逾越的一道障碍。"一带一路"倡议提出以后,中国企业"走出去"必然需要应对解决更多跨语言和跨文化沟通问题。2002—2015年,中资企业对外投资案例总数为2 018起,其中跨国并购案例总数为1 817起,企业"走出去"面临的语言文化障碍都将左右企业的跨国兼并最终能否成功①。因此,外语培训、外语技术和外国语言文化咨询服务等多层次外语服务战略规划势在必行。

(五) 对外话语战略规划

洛·比安科②认为话语规划是指研究语言表征与形象,并以劝说或教育方式借助语言建构意识形态的一种语言规划;话语规划是一种以"对话协商、迭代反复或慎重思考"为干预特征的规划实践活动。对外话语规划并不是一般意义上的话语制造,它涉及国家、机构等通过话语在意识形态层面塑立国家、机构的世界观和国际形象。对外话语战略规划主要是国家、机构从战略利益出发,提高国家和机构话语能力、提升自身形象的一种规划行为,是建设对外话语体系的重要基础。对外话语战略规划在国家语言问题应对和宏观政策制定之间起到重要的现实话语建构作用。在论述国家语言能力理论时,文秋芳③专门提出国家话语能力是"检验与国家战略相关的语言事务处理是否有效的终极能力"。从这个意义上看,对外话语战略规划的目标之一就是提升国家对外话语能力,

---

① 徐蔚冰,2015,中国企业走出去要注重文化融合和人才国际化[N],中国经济时报,2015-12-03。
② Lo Bianco, J. 2005. Including discourse in language planning theory[A]. In Bruthiaux P et al. (Eds.), *Directions in Applied Linguistics: Essays in Honor of Robert B. Kaplan*[C]. Clevedon: Multilingual Matters, pp.255-263.
③ 文秋芳,2017,国家话语能力的内涵——对国家语言能力的新认识[J],新疆师范大学学报(哲学社会科学版)(3)。

其根本在于建立融通中外的对外话语体系,这也是我国外语学科发展的责任和使命。

当前,我国对外话语战略规划的首要议题是在人类命运共同体视域下如何构建对外话语体系。中国在国际舞台上还不具备重要话语权,没有设置话题的权利,甚至中国对外话语体系的国际影响力也是微乎其微①。无论从国家对外话语战略规划的种类,还是从话语规划的质量、类型乃至领域来看,现有规划仍缺乏战略考虑,规划语种匮乏、目标群体不明、传播方式单一、传播领域有限等问题都会严重掣肘中国对外话语体系的国际传播。2018年年初至今,中美贸易战愈演愈烈,而中国在对外话语能力方面仍有不足,这就给中国对外财经话语体系建设提出了战略要求。在贸易战背景下,外语学界需要认真考虑我国对外财经话语能力问题;为"讲好中国经济故事"、提升我国参与全球经济治理能力,开展话语规划具有重要的理论价值和现实意义。传播中国声音、讲好中国故事是当前我国对外话语战略规划不容忽视的重要任务。

(六) 翻译战略规划

翻译作为跨语言和跨文化交流与传播的语言活动,并不是简单的文字转换过程,它至少涉及两个语言文化系统的交流、交锋与交融。事实上,正如语言规划一样,为了消除跨语言交流障碍,翻译规划由来已久,经历了从实践探索到理论思考的发展过程。从古巴比伦王国商业贸易中的双语翻译规划,到中国唐代为"万国来朝"专门设立的译馆,再到清末民初西学东渐下的中国近代翻译大潮,古今中外翻译规划活动比比皆是。在全球化浪潮之下,国际翻译研究逐步跨入描述性研究阶段,实现"文化转向"和"社会学转

---

① 李宇明,2012,中国语言生活的时代特征[J],中国语文(4)。

向",翻译政策与规划研究已被正式提出①。

近年来我国翻译政策与规划研究方兴未艾②,翻译战略规划研究已是呼之欲出。翻译规划研究的兴起有其必然性。翻译史研究表明,一个国家和民族的文化发展与社会进步往往得益于翻译,在不同程度上将之作为"填补缺漏"的途径。翻译又总是受到一定规范和准则制约,以满足受众文化和社会特定需求,属于文化规划③,同时兼具语言规划的特性,是一种跨语言(文化)规划。因此,翻译规划旨在干预或介入社会、群体或系统现状,有目的、有计划的翻译行为和活动。它一方面涉及政府机构、教育机构、非政府组织等的宏观计划和目标,另一方面含有译者个人的选择及翻译策略等的制定与实施。

翻译战略规划是政府机构及相关组织出于战略目的开展的宏观翻译规划行为。在构建人类命运共同体进程中,中国翻译战略规划在坚持"译入"人类优秀科学文化成果的同时,更应全面开展"译出"规划,将中华文明历史积淀的"中国智慧"、改革开放 40 周年提炼出来的"中国故事"和新时代利于解决全球化竞争中新问题的"中国方案"及时翻译和传播出去。中国翻译学科发展迅猛,建

---

① Tonkin, H. & Frank, M. E. 2010. *The Translator as Mediator of Cultures* [M]. Amsterdam: John Benjamins Publishing Company; Toury, G. 2002. Translation as a means of planning and the planning of translation: A theoretical framework and an exemplary case[A]. In Paker S. (Ed.), *Translations: (Re) Shaping of Literature and Culture* [C]. Istanbul: Boğazici University Press, pp.149-165.
② 滕梅,2009,1919 年以来的中国翻译政策研究[M],济南:山东大学出版社;黄立波、朱志瑜,2012,晚清时期关于翻译政策的讨论[J],中国翻译(3);朱波,2016,翻译战略研究的多维空间[N],光明日报,2016-01-09。
③ Toury, G. 2002. Translation as a means of planning and the planning of translation: A theoretical framework and an exemplary case[A]. In Paker S. (Ed.), *Translations: (Re) Shaping of Literature and Culture* [C]. Istanbul: Boğazici University Press, pp.149-165.

立系统科学的翻译战略规划研究体系极为迫切。

在国际风云变幻、国家战略升级、社会转型变迁与教育变革创新的中国现实语境下,在推动构建人类命运共同体的进程中,我国外语研究者必须思考外语战略规划这一时代命题,这不仅是外语学科必须始终维护和拓展国家利益的重要使命,也是外语学科和外语研究自身发展的需要,是每一个外语教育与研究工作者的职责。外语研究学者需以战略的思想和眼光,站在时代前沿,深刻思考外语学科与国家发展的战略关系,明确中国外语学科使命。笔者基于国内外语言规划和战略规划的理论与实践研究成果,对外语战略规划的概念内涵进行了探讨,提出中国外语战略规划的基本内容,希望能为我国外语战略规划研究提供多维理论视角和有益实践参考。

第二节　中国高校外语学科"双一流"建设战略

2017年9月,中国大学"双一流"建设正式启动,外语学科如何争创"双一流",对接"双一流"建设这一新时代中国高等教育发展的战略需求,已经成为当前外语学界关注的热点问题。现有研究主要体现在两个方面:一是从外语类院系和外语学科争创一流的角度探讨[①],二是从高等教育国际化层面探索外语学科与外语教育发展道路[②]。上述研究问题意识明确,但多为外语学科建设

---

① 戴炜栋、王雪梅,2017,"双一流"背景下外语类院校的发展定位、特征与战略[J],北京第二外国语学院学报(1)。
② 张杰,2016,从"差异化""国际化""前瞻性"探索外语学科的科研与教学改革[J],中国大学教学(5);胡开宝、王琴,2017,国际化视域下的外语学科发展:问题与路径——以上海交通大学外语学科建设为例[J],外语教学(2);王银泉,2018,服务国家战略的融合型外语人才创新能力与全球化素养培养探究[J],当代外语研究(2)。

和外语教育规划的经验性思考,而且上述讨论主要围绕的是"外国语言文学"一级学科的建设,但对于外语学科与外语教育如何对接"双一流"建设目标,服务和推动高校整体战略发展的讨论不足。在"双一流"建设背景下,中国外语学科需要摆脱学科本位主义,充分考虑国家战略转型、高校整体发展战略、学科内涵建设和质量提升的现实需求。因此,无论是意在冲击世界一流大学的综合性高校的外语学科,还是致力于打造一流学科的外语类大学;无论是占据学科优势的研究型大学的外语学院,还是行业特色鲜明的应用型院校的外语系部,都需要认真思考这一新时代中国高等教育发展的重大战略问题。可以说,外语学科对接和服务"双一流"建设,是一个"无问西东,不问强弱"的时代使命。当前高校外语学科发展规划尤其需要以能够整合语言学与教育学、兼顾相关学科、打通学科壁垒的理论为指导,对接和应对"双一流"建设的迫切需要。笔者基于外语教育规划理论,分析和探究在"双一流"建设过程中,中国外语学科肩负的五大学科定位问题和三大外语教育规划问题,提出外语学科发展亟待确立和增强问题意识、学科意识、方法意识和主体意识这四大意识。

一、"双一流"建设中高校外语学科的五大定位

"双一流"建设的启动给高等院校带来了新机遇,但也对高校学科的内涵建设、高校整体发展提出了新要求。各高校不仅需要抢抓机遇、结合各自优势谋求内涵式发展,同时也应充分考虑国家转型的需要,服务于国家的总体战略,更好地承担起自身的历史使命。从世界高等教育史来看,高校的使命是随着社会发展的需要而不断拓展的,经历了从人才培养到科学研究、社会服务、文化传承创新、国际交流合作不断增加的过程,形成了新时代中国高校

"双一流"建设的五大定位①。在"双一流"建设的背景下,作为培养国际化人才以及促进文化传承、推动国际交流合作的重要阵地,高校外语学科不仅需要谋求自身的科学发展,同时也应该调整自身的定位,在高校整体的"双一流"建设中承担更多的责任,发挥更大的作用,努力提升自身的优势和特色,强化学科话语权,将外语学科的发展主动融入高校的"双一流"建设中去,谋求更快的发展。第一,在教书育人方面,高校外语学科应该强化对自身的改革,探索"双一流"建设下外语教育的新理念,革新教育教学模式,基于教学实践,不断研究适应新形势、新需求的外语教育教学方法。第二,在科学研究方面,高校外语教育应该加快学科创新的步伐,敢于做开拓性的创新之举,除旧布新,拓宽视野,建立超学科的研究范式,为解决高等教育场域内的外语问题服务。第三,在社会服务方面,高校外语学科应该切实认识到自身所承担的社会责任和义务,要为国家的"外向型"发展与"走出去"战略提供智力支持和决策参考,积极推动国家外语能力建设,在构建人类命运共同体进程中发挥关键作用,真正做到资政育民。第四,在文化传承方面,高校外语学科不仅肩负培养具有国际视野人才、提升公民文化素养的重要任务,还应该以此为基础为中华文化的传承和发扬光大提供智力支持,助推中国文化战略,构建融通中外的对外话语体系。第五,在经济全球化时代,高等教育的国际化程度不断加深,高等教育领域国际交流合作日益增多,同时,"双一流"建设对高校学科发展的国际化也提出了更高要求。作为承担推动国际交流合作这一重要使命的高校外语学科,应该具备国际视野,积极参与规划和构建服务于新形势下高校、社会和国家发展的外语战略,从而让自身走出"象牙塔",真正在促进高等教育开放发展、国家对外政治经

---

① 刘宝存、张伟,2017,国际交流合作:经济全球化时代大学的新使命[N],中国教育报,2017-4-27。

济文化交往、国家传统安全和非传统安全、"一带一路"建设等领域发挥应有的作用。面对上述五大定位任务，高校外语学科任重而道远，亟待从外语教育规划视角审视现有学科建设和发展中存在的问题与不足。

二、"双一流"建设中的外语教育规划问题

在"双一流"建设中，学科始终处于突出位置，如果学科定位不准，研究问题不清，学科建设则无从谈起。实施外语学科整合战略，明确学科视野，探究"双一流"建设中的外语学科规划和学科建设至关重要。"双一流"建设背景下高校外语学科的规划和建设应该关注三个方面的问题：一是外语教育问题，二是从"外语到教育"的问题，三是从"教育到外语"的问题。

（一）外语教育问题

"双一流"高校建设的根本在于要有一流的教育水平和教学质量，培养出一流的学生。因此，外语教育应该是高校外语学科建设的焦点所在，外语教育一直是中国外语学科关注的重点领域。试想，如果外语学科关注的重心不放在教学上，而是追求各类学术GDP，那无疑是本末倒置。但是，如果外语教育仅仅关注单纯的语言教学和基础技能训练是远远不够的，这无法满足"双一流"建设对外语教育的期待和需求。首先，在新形势下，外语教育更应该注重高校学生（包括大学生和研究生）的外语交际能力培养和跨文化素养的提高。这里所说的"交际能力"，不是一般意义上的用语言进行交谈或沟通，还包括掌握国际对话的规则，掌握沟通所必需的社会文化背景知识和跨文化交际知识。高校外语学科培养出的学生，应该能够面向社会需求，进行跨文化理解、交际和调适。其次，在信息化时代，外语教育还要培养高校学生多语种信息技术能

力,让学生能用外语阅读和写作,能用外语获取学科的前沿信息,能用外语传递自己的观点和想法。最后,要真正达到提升学生的外语实际应用能力和培养复合型人才的目标,外语教育还应该重视培养学生的专业外语能力和学术外语能力。只有学生具备了专业外语能力,能用外语为专业发展服务,才更有可能以国际化的视野来审视不同行业和领域中的问题,外语教育的目标才是真正落到了实处。另一方面,学术外语能力也是至关重要的,只有具备了学术外语能力,才能用外语这个工具来促进自己的学习,才能用外语与国外进行直接的学术对话,在传播自己观点的同时,深化对所学专业的认识。总之,在"双一流"建设过程中,提升学生的外语应用能力和国际视野是重中之重,这要求外语教育改革应向纵深推进,不断深化外语教育内涵,突出人才培养的核心地位,改进人才培养模式,强化外语教育的应用性和复合性,对现行高校外语教育模式、课程设置、教材教法、师资结构、测试评估进行深度调整、整合与改革,建构真正能够适应"双一流"建设发展要求的外语教育战略。

(二)从"外语到教育"的问题

除了外语教育本身,在外语教育规划视域下,高校外语学科还应关注"从外语到教育"的问题,考察外语对于教育的影响,这涉及诸多领域和问题。

1. 外语学科与高校国际化的关系

"双一流"建设必然将高校及其学科建设推向国际舞台,参与和推动高等教育国际化进程。在这种背景下,外语学科规划需要考虑如下三个问题:

一是外语学科与其他学科交叉与融合已成当务之急。学科交叉与融合是高等教育发展的必然趋势,也是外语学科发展必须思考的战略问题。我们注意到最近外国语言文学在学科方向拓展上,已经有了较大完善,增加了"比较文学与跨文化研究"和"区域国别研究"两个新的方向,为学科发展拓展了新路。但是,这还远远不够,在"双一流"建设过程中,外语学科应放眼世界,关注从"大文科",甚至是"文理结合"角度思考学科发展战略。以语言学为例,国际语言学发展已经成为一个具有强烈扩张性、不断进入其他学科领域的"帝国主义学科"[1],语言学同自然科学、社会科学和人文科学等众多学科都有着密切的联系,应用语言学的发展更是激发出重要理论与应用价值,语言学已经成为一个"学科群"[2]。外语学科的发展必须有准确的国际视野和学术定位,在学科交叉和融合上敢于争先、勇于创新,这将对高校的教育质量提升和学科格局改善产生积极影响。

二是外语学科需要应对教学语言的变革和挑战。目前不少"双一流"高校都将视线放在课程教学语言的变革上,例如将某些课程的教学语言调整为英语,实施 EMI 教学。在这种情况下,外语就不仅仅是交流工具,而是变成了学生认识世界的工具。这种变化会对高等教育产生全方位的巨大影响。好的一面是 EMI 会帮助学生拓展国际视野,从而服务于"双一流"建设的目标;但另一方面也应看到,教学语言转变可能对学生的价值观和认同体系产生影响,甚至有可能引起人们对于国家语言文化安全的担忧,需要进行全面和慎重的外语规划来统筹应对。当前,以英语为教学语言(EMI)的课程已经在不少高校逐步推行,其实施效果如何以及课程中的权力与操控关系等问题都值得关注。另外,在面向留学生教育的课程体系中,EMI 课程必将与以汉语为教学语言(CMI)的课程建设产生博弈竞争关系,两类课程的需求和供给关系同样会成为"双一流"建设中不容忽视的问题。

---

[1] 陈平,2018,中国语言学的过去、现在与未来[J],语言战略研究(1)。
[2] 李宇明,2018,语言学是一个学科群[J],语言战略研究(1)。

三是外语学科要为高校提供语言支持与服务。"双一流"建设不仅要求高校加强外语课程教学,也对师生的外语能力,乃至大学整体环境和国际形象有了新要求。例如:高校教师利用外文资料和信息从事教学与科研的外语研究能力;又如大学生在国际学术交流领域的外语能力;再如,高校多语种外文网页或是专题网站,对于提升国际形象和增强国际影响力意义重大,这是高校提升国际传播力的重要载体,这方面也需要外语学科提供智力支持。

2. 外语学科与社会需求的关系

高校外语学科不得不面对学校与社会需求,尤其是与就业单位之间的关系问题。改革开放 40 年来,高校外语人才经历了计划经济时代包分配,到市场经济条件下的自主就业,外语人才供需在很大程度上取决于社会需求,尤其是企事业单位的现实需要。高校不是象牙塔,外语学科培养的学生必须接受社会和市场的检验,否则就会重蹈前几年部分外语专业被"红牌警告"的覆辙。另一方面,广大非外语专业大学生的外语能力如何适应和对接社会单位的需要;在校学生的外语能力面临日益变化的社会需求,如何转换、过渡或是调适;毕业生的外语使用能力是否能胜任工作,大学生在不同工作领域的外语需求与学校外语课程的区别与差异,以及实习、跨文化职业培训等诸多领域的外语能力问题,都直接关系到学校外语教育的实际效果和社会评价,都需要在"双一流"建设中予以重点考虑。

3. 外语学科与课程话语的关系

"双一流"建设将促使外语学科从外语使用视角深刻审视高校课堂教学互动、教材编写以及外语考试中的权力与控制关系。例如:在质量提升作为教学导向的背景下,大班教学相对更容易导致控制和约束,而忽视激励性的课堂互动。对这类课堂的外语使用透露出的有关操控的迹象进行批判性的研究,可以反过来为改善外语课堂教学话语提供启示。再如,外语教学材料中使用几种语言、各语种的使用比例、各语种材料的来源不仅直接影响课堂教学本身,同时还通过隐含在其中的教材政策对整个教学过程产生影响。最后,外语考试不仅是评估手段,更是一种政策导向,对教学内容、教学效果、教学评估等多个方面进行着控制。如何妥善处理这些问题以服务于高校的"双一流"建设,相关的外语战略规划不可或缺。

4. 外语学科与知识传播问题

知识生产与传播是高校学术和科研发展的重要任务。"双一流"建设需要加强高校在知识国际传播方面的能力,在这一方面,外语学科大有可为。外语作为国际学术语言可以帮助中国高校在国际学术界发出中国声音,推介基于本土实践的科学研究和学科建设成果,将有特色的学术成果国际化,提升学科的国际影响力,助推"双一流"战略倡导的高等教育国际化进程。高校"双一流"建设必须从战略高度考虑不同语言作为学术语言的问题,做好不同领域的国际学术交流语言规划问题[①]。一方面,需要考虑在知识传播中不同学术语种的规划问题;另一方面,也需要认真考虑不同学科重要学术语言规划的问题。需要指出的是,"一刀切"的全英语化学术语言规划不仅不符合知识国际传播的学术发展生态,也不利于中国学术全面走出去战略的实施。

(三) 从"教育到外语"的问题

"双一流"建设作为一项教育战略和变革将对外语学科和外语教育产生深刻影响。"双一流"建设涉及高校整体国际化水平的提升和学科发展的国际化问题,是一个涵盖从师资到课程、教学、教材及校园整体建设的系统工程。可以预期的是,高等教育变革将

---

① 沈骑、夏天,2013,国际学术交流领域的语言规划研究:问题与方法[J],外语教学与研究(6)。

对师资发展、校园整体建设、外语课程产生重要作用,同时也为外语教育研究提供大量的现实数据,教育变革也是高校外语教育战略规划的"发动机"。

第一,"双一流"建设带来高校外语师资建设问题。师资问题是"双一流"建设的关键之所在,培养具有国际视野人才的重要使命,推动公民文化素养的提升,科研创新、文化传承以及教育国际化战略的实现,都要依靠优质的师资供给。如前所述,高校外语教育战略涉及面广,层次复杂,需求多样,利益矛盾和冲突很多,面对芜杂的规划局面,外语师资建设任重道远。要适应高等教育国际化发展的要求,教师教学语言能力的提升非常关键。要让教师认识到外语在知识传递和教学内容讲解上的重要性,着力提升教师的教学语言水平,这需要整合教师教育与语言学的相关理论与方法加以研究。困扰师资水平提升的另一个问题是教师的语言学知识问题。对于教师而言,他们应该掌握从教育实践中汲取营养以后形成的语言学。但现实的情况是,许多教师仅仅只是学习抽象的语言规则,或者根本没有系统学习过语言学。因此,语言学与教育的结合对于教师发展,尤其是语言教师的发展是至关重要的,在"双一流"背景下应该成为外语师资建设的重要内容。

第二,"双一流"建设将助推高等教育国际化进程,而高等教育国际化进程中的语言问题日益突出,亟待系统和科学的规划。国外一些著名高校很早就开始建立自己的语言管理机构,实施符合本校需要的外语战略。例如丹麦哥本哈根大学的"双语并行战略"实施近十年,在高校语言地位规划、本体规划、教育规划和声望规划等方面积累了不少经验,可资借鉴[1]。相对而言,我国高校外语规划存在重视不足、问题意识缺乏、焦点单一等缺陷。为此,全面

---

[1] 王雅君、沈骑,2017,"双语并行战略"及其对我国高校语言规划的启示[J],云南师范大学学报(对外汉语教学与研究版)(6)。

开展高校外语规划,制定多语种外语战略迫在眉睫。

第三,"双一流"建设带来外语课程规划方面的问题。一是课程设置应根据社会需求进行调整,形成重视学生实践能力和思辨能力培养的课程体系,以应对高等教育国际化带来的外语教育竞争。二是针对需求不同、层次不同的师生,应该分别设计各具特色的课程体系,比如为不同学科领域的研究人员、不同专业类别的学生、不同岗位的行政职工规划特点鲜明的外语课程。三是课程设置应该结合不同类型高校的特点及优势,建立外语教育研究的校本特色和发展模式,提升外语学科在高校的学科话语权。例如外语类高校结合自身优势,应当尝试发展复语型课程体系,课程设置可以涵盖国家和区域的知识与规则等;非外语类高校的外语学科则应该结合自身特点,深化针对不同需求的复合型课程体系建设,优化培养环节,统筹规划多语种课程设置,真正让师生员工在校能用外语学习专业知识、探究专业问题,走出校门能用外语服务于相关领域的工作和专业发展。唯有处理好以上几个问题,才能更好地应对"双一流"建设所带来的挑战。

三、中国外语学科发展的四大意识

外语教育规划理论可以为高校外语学科在"双一流"建设中找准定位、实施学科整合、进行超学科研究、确立学科主体地位提供理论支撑和实践基础。结合高校外语学科在"双一流"建设中的五大定位任务以及三大问题,我们认为外语学科应树立并增强"四大意识",制定和实施"双一流"学科发展战略,以应对和解决上述任务与问题。

第一,问题意识。中国外语学科建设首先应该具备问题意识。客观上,中国外语学科发展到今天,问题意识的缺乏已经成为一个不可回避的问题。在各类高校中,外语学科体量虽大,但整体实力并不强,这与一些外语研究者脱离教育实践,缺乏从实践问题到理论创新的意识有很大关系,现有的研究成果无法"应用",更无法对接国家战略与需求;教学一线的外语教师在繁重的教学工作中,缺乏实践反思意识,问题意识明显不足。因此,培养植根于高校具体教育实践的问题意识,开展具有校本特色又能服务社会的外语教育规划研究,全面规划外语教育和外语学科的发展路径,才能服务于高校的"双一流"建设,让外语学科的发展对接国家战略和社会需求。

第二,学科意识。外语教育规划倡导整合多学科理论与知识,打通狭隘的单一学科壁垒,树立"大学科意识",这对中国外语学科建设具有重要指导意义。例如,高校外语教育研究就需要整合语言学与教育学知识,兼顾相关学科,打通学科壁垒来对接和应对"双一流"建设的迫切需要。外语教育研究需要确立"大外语教育观",以外语教育、从"外语到教育"、从"教育到外语"等方面的问题作为立足点,跳出"外语"看"外语教育",不能一味拘泥于传统的外语教学与研究,而应该拓展学科领域,开展领域外语教育规划,以教育实践中的问题为导向整合多学科发展,以满足学科内涵建设和质量提升、高校整体发展战略、国家战略转型的要求。

第三,方法意识。方法意识是中国外语学科在"双一流"建设中谋求跨越式发展的又一基石。如前所述,外语学科有着广阔的学科视域,需要整合多个学科的理论、工具和方法论,具有超学科性。以外语教育研究者为例,正如凡·利尔[①]所言,传统的应用语言学研究方法早已无法解决日益纷繁芜杂的教育语言学问题,研究者需要走出原有学科研究方法的"象牙塔",广泛涉猎来自语言

---

① Van Lier, L. 1994. Educational linguistics: Field and project[A]. In J. Alatis (Ed.), *Georgetown University Round Table on Languages and Linguistics 1994*[C]. Washington, D.C.: Georgetown University Press, pp.197-209.

学、教育学、心理学、社会学、人类学乃至理工交叉等学科领域的知识,整合来自不同学科的知识、理论、工具和研究方法,以超学科的范式来探究或解决不同地区、不同性质、不同层次的学校与课堂中的各类外语教育规划问题。

第四,主体意识。一个学科从兴起到发展,再到繁荣的"秘诀"在于其主体意识的确立与坚守。这对于中国外语学科发展具有重要借鉴意义和价值。改革开放40多年来,中国外语学科从借鉴和吸收国外先进理论与方法开始逐步发展壮大,在一定程度上,外语学科话语一度盛行"拿来主义",一味强调对国外理论的引介,缺乏主体意识,致使本土话语严重"失语",导致理论与实践"两张皮"现象较为严重。"双一流"建设强调中国特色和世界一流并重,中国外语学科的发展首先需要植根于中国高校的教育实践,坚守"以我为主"的主体意识,坚持本土创新与国际视野相结合,走出具有中国特色的外语学科建设和发展之路。唯其如此,方能在实现自身跨越发展的同时助推中国高校的"双一流"建设。

第三节　超语实践视域下的中国外语教育规划:问题与路径

面对百年未有之大变局,中国外语教育发展迎来了新的机遇与挑战。一方面,外语教育服务于中国式现代化建设。随着国家从本土型国家向国际型强国转型,中国参与全球治理,对具备全球胜任力的高层次外语人才的需求不断增大。另一方面,在中国高等教育"四新"建设不断推进,"大外语观"日益深入人心的背景下,中国外语教育步入内涵式发展的新阶段,外语教育在学科体系、学术体系和教学体系等领域都面临着转型升级的新任务,中国外语教育规划研究越来越受到学界关注。

目前中国外语教育规划研究分三个维度：一是从历史维度探析中国外语教育规划的发展历程与转型①；二是从战略规划维度讨论中国外语教育规划方案与策略②；三是从跨学科视角拓展中国外语教育规划的理论空间，如脑与认知科学③、全球治理④以及语言意识⑤等视角。

上述研究为外语教育规划研究深入推进打下了较好的学术基础，但多数还停留在经验性和思辨性层面，理论研究虽已受重视，但尚待深入。现有研究对与外语教育关联最为密切的国际多语现实环境关注明显不足。经过改革开放45年的经济社会快速发展，在"你中有我，我中有你"的世界地球村、在现实与虚拟空间人际互动日益频繁的复杂语境下，外语教育需要充分洞察国际语言环境的动态发展，做到与时俱进。中国外语教育规划不仅需要对全球语言发展格局做出及时回应，同时，也需要应对全球化时代复杂而又微妙的多语混杂（hybridity）带来的新挑战，为我国外语教育所面临的现实问题提供有效的解决方案。

由于全球化程度日益加深，频繁的人口流动促使各类语言资源快速流动，多语接触必然带来各种语言变体的创生与发展，

---

① 胡文仲，2001，我国外语教育规划的得与失[J]，外语教学与研究(4)；李宇明，2010，中国外语规划的若干思考[J]，外国语(1)；沈骑，2017，中国外语教育规划：方向与议程[J]，中国外语(5)；张治国，2017，新中国成立初期外语教育政策研究及其启示[J]，外语界(2)；宁建花、沈骑，2023，中国共产党延安时期的外语教育规划——以延安外国语学校为中心[J]，中国语言战略(1)。
② 王银泉，2013，从国家战略高度审视我国外语教育的若干问题[J]，中国外语(2)；沈骑、魏海苓，2018，构建人类命运共同体视域下的中国外语战略规划[J]，外语界(5)；杨金龙、沈骑，2019，"人类命运共同体"视域下我国外语专业人才的价值重塑——"工具"与"人文"之辨[J]，外语教育研究前沿(3)。
③ 周加仙，2009，语言学习敏感期的脑与认知机制研究——兼谈我国外语教育政策和实践[J]，全球教育展望(9)。
④ 沈骑、曹新宇，2019，全球治理视域下中国国家外语能力建设的范式转型[J]，外语界(6)。
⑤ 徐锦芬、潘晨茜，2021，多语言意识下的中国特色外语教育规划[J]，外语教学(2)。

而超语实践理论正是将人类现实生活中的语言定义为一种多语言、多符号、多感观的动态资源系统,外语教育环境实则是反映语言接触实时变化的超语空间。本节基于超语实践理论提出的新型语言观、教学观、知识观,以及语言教育规划要素分析框架[1],剖析超语实践视域下的中国外语教育规划问题,提出从语言资源到知识系统构建,再到教学体系完善的中国外语教育规划优化路径。

一、超语实践对外语教育规划的理论指引

超语实践(translanguaging)由科林·贝克(Colin Baker)将其学生塞尔·威廉姆斯(Cen Williams)的博士论文研究中的"trawsieithu"(威尔士语词,指切换使用威尔士语和英语)引介到英语世界时提出。这一术语之所以被界定为"超语实践",是因为贝克在 languaging 前添加 trans-前缀时,希望能够更好地体现多语者消除各语言之间的界限,流畅地创造新型表达方式的动态实践,他们通过使用、创造或解释不同类型符号在不同的语境中进行交流,表现出有差异的创造性与批判性[2]。因此,超语实践不仅有助于激发外语学习者的学习潜能,还能改变教师指导学生语言学习的方式[3]。目前,国外超语实践研究成果丰硕,但国内研究主要以对这一理论的引介和述评为主[4],对教学超语的实证研究有所

---

[1] Kaplan, R. & Baldauf, R. B. Jr. 2003. *Language and Language-in-education Planning in Pacific Basin*[M]. Dordrecht: Springer.

[2] Li, W. 2018. Translanguaging as a practical theory of language[J]. *Applied Linguistics*, 39 (1): 9-30.

[3] García, O. & Li, W. 2014. *Translanguaging: Language, Bilingualism and Education*[M]. New York: Palgrave Macmillan.

[4] 李嵬、沈骑,2021,超语实践理论的起源、发展与展望[J],外国语(上海外国语大学学报)(4);秦永丽、王平,2021,国际超语研究动态与发展趋势预判[J],外语界(2);郑咏滟、安宁,2022,超语研究十年回顾:理论、实践与展望[J],外语教学(5)。

进展①,但尚未从整体视角对超语实践理论给外语教育规划带来的创新观点进行系统讨论。

从理论层面和现实角度来看,超语实践理论在构建语言资源体系、丰富知识体系和改进教学实践体系等方面,都为我国外语教育规划提供了如下重要指引:

一是超语实践理论提出了摆脱传统单一语言意识形态的新型语言观,凸显语言资源的真实价值。超语实践对"语言"这一概念进行了拓展,将其视为一种描述跨模态和多模态交流中的意义及意义构建过程,这种语言观将语言资源视为课堂、日常互动、数字媒体等场景中更广泛的多符号资源,而非一系列代码②,且学习者具有其他语言的先验知识,当先验知识被激活时,新阶段的学习会更有效③。超语实践理论提出,在外语教育中,需重视多语学习者的语库(repertoire)资源及其在语言学习中的具体作用,引导学习者思考语言之间的联系并培养其运用语库的意识,将各语言有机结合,助力新语言的习得④。

二是超语实践理论阐明了外语教育构建学习者知识体系和文

---

① 孙鑫、周雪,2022,内容语言融合型课堂中教师超语行为研究[J],外语教育研究前沿(4);辜向东、汪咏、黄晓琴,2023,"超语实践"在中国硕博研究生学术知识体系建构中的功能及形式——基于"语言测试"课程学生日志的历时质性分析[J],解放军外国语学院学报(5)。

② Li, W. 2018. Translanguaging as a practical theory of language[J]. Applied Linguistics, 39(1): 9-30.

③ Gollub, J. P., Mery, W., Jay B. L. & Phillip, C. C. 2002. Learning and Understanding: Improving Advanced Study of Mathematics and Science in U.S. High Schools[M]. Washington, D.C.: National Academy.

④ Minakova, V. & Canagarajah, S. 2020. Monolingual ideologies versus spatial repertoires: Language beliefs and writing practices of an international STEM scholar[J]. International Journal of Bilingual Education and Bilingualism, 26(6): 1-14.

化素养的新型知识观。斯维恩(Swain)[1]认为,超语实践理论体现了学习者输出有意义的表达、实现认知推理与情感互动,最终理解问题并解决问题,因此,语言学习是一个"通过语言塑造知识的过程"。这也体现了多语者基于社会化过程中所积累的经验,将语言转化为一种复杂的动态社会符号资源,其意义不仅在于具体的语言形式,更在于语言在特定情境中的意义建构,对不同语言有不同的认知[2]。超语实践理论认为,关注学习者认知技能、语言掌握程度、新语言习得阶段的差异及变化,有益于发挥外语教育在建立外语学习者知识体系和文化素养等方面的潜在优势[3],外语学习者因而有机会利用多语资源来形成或调整自身特有的知识体系和文化素养系统。

三是超语实践理论重新定义了面向现代外语人才培养的新型教学观。超语实践理论基于超学科角度审视人类的交流与学习,重视师生的跨文化多语身份及主观能动性,凸显学习者在教学过程中表现出的包容、参与和理解态度,最终实现人才培养目标[4]。这一观点重塑了现代外语教育的教学原则,高度重视学习者个性,对多语能力、语言习得规律、人际交往和身份认同等教书育人方面的传统观念有巨大冲击[5],使学习者能全方位、创造性、批判性地

---

[1] Swain, M. 2006. Languaging, agency and collaboration in advanced second language learning [A]. *Advanced Language Learning: The Contributions of Halliday and Vygotsky*[C]. London: Continuum, pp.95-108.

[2] Thibault, P. J. 2017. The reflexivity of human languaging and Nigel Love's two orders of language[J]. *Language Sciences*, 61: 74-85.

[3] Gort, M. & Sembiante, S. F. 2015. Navigating hybridized language learning spaces through translanguaging pedagogy: Dual language preschool teachers' languaging practices in support of emergent bilingual children's performance of academic discourse[J]. *International Multilingual Research Journal*, 9: 1, 7-25.

[4] Li, W. 2018. Translanguaging as a practical theory of language[J]. *Applied Linguistics*, 39(1): 9-30.

[5] 郑咏滟,安宁,2022,超语研究十年回顾:理论、实践与展望[J],外语教学(5)。

使用自身的社会文化资源,对其语言技能、学习能力和学习效果做出更全面的评价,形成更科学的反馈与指导机制。同时,新型教学观理念也能更好地应对全球多语的现实语境对现代外语教学提出的新要求,充分考虑到学习者在本土语境下进行外语学习的特殊性,有助于充分开发利用多语教学资源,形成本土特色的教学法理论。

二、超语实践视域下中国外语教育规划的现实问题

从超语实践理论上述三个角度进行审视,中国外语教育规划实践在语言观、知识观和教学观三个方面存在的发展瓶颈如下:

(一) 单语主义语言观制约外语教育均衡发展

新中国成立以来,中国外语教育发展迅猛,成就斐然。但必须看到的是,中国外语教育规划过程中,在宏观语种规划、中观语种专业设置和微观教学语言规划层面一定程度上受到了单语主义倾向的影响,即认为个人只拥有一种"真正的"语言,并通过这一语言与某一特定的种族、文化和国家联系在一起[1],这赋予了一种排他性的文化身份和归属特权,为包容和排斥设定了条件,助长了掌握和拥有语言的错觉[2],因而形成了传统的"一种语言、一个民族、一个国家"的单语主义语言规划意识。然而,在当今倡导多元文化的全球化趋势下,语言规划须自觉转向多语主义[3],但目前单语主义语言观仍对我国外语教育规划有一定影响,具体表现在:

---

[1] Yildiz, Y. 2012. *Beyond the Mother Tongue: The Postmonolingual Condition* [M]. New York: Fordham UP.
[2] Cannon, C. & Koshy, S. 2022. Introduction to "monolingualism and its discontents"[J]. *PMLA*, 137(5): 771-778.
[3] 李宇明,2016,由单语主义走向多语主义[J],语言学研究(1)。

一是单语主义语言观对语种规划的影响。自新中国成立以来,中国在外语语种布局上,曾一度盛行单一语种学习。从1950年代"一边倒"学俄语,再到改革开放后"一边倒"学英语,形成了如今英语"一家独大"的局面。虽然从全球语言格局来看,无论过去、现在还是在可预见的将来,英语作为重要的国际通用语言一时难有根本改变[①],但是从语种均衡的角度看,"全民学英语"和"小语种"的提法,都是单语主义语言观在语种规划上的话语表征。自"一带一路"倡议提出以来,非通用语种专业建设步伐加快,多语种人才培养也逐步受到重视,但是,语种规划中单语主义语言观的思维惯性一时间还没有彻底扭转过来,人才培养问题依然较为突出,比如学习难延续、本土教材匮乏、师资短缺等问题[②]。非通用语种本身因其资源配置、培养目标、实践平台的特殊性较强,受到的关注明显不足[③],布局问题也亟待改善[④]。近几年网络上关于"劝退小语种"的言论甚嚣尘上,更是直接导致了非通用语种专业受到冷遇,刚刚有所改善局面的非通用语种建设问题备受关注。

二是单语主义语言观对外语变体选择的影响。由于受到前苏联教育观和结构主义语言观影响,外语专业往往限定以标准语变体作为目标语言,如以美国或英国英语变体、标准阿拉伯语、西班牙卡斯蒂利亚语来进行专业课程设置。这一坚持"正统"语言变体,忽视其他变体使用人口日益增多的现实语境做法,也是单语主义语言观在外语教育规划中的典型体现。在全球化日益深化的今天,但凡在"一带一路"沿线国家与地区工作或生活过的人都会认

---

① 王亚蓝、刘海涛,2021,国际通用语发展演变的特点与模式——以拉丁语、法语和英语为例[J],云南师范大学学报(哲学社会科学版)(3)。
② 束定芳,2022,论多语种人才培养的必要性和可行性[J],外语教学与研究(6)。
③ 董希骁,2023,非通用语种课程思政的难点和解决方案[J],外语教育研究前沿(3)。
④ 徐浩,2022,我国高校外语专业教育习得规划的设计、布局与教学问题[J],外语教学(1)。

识到,学习和使用当地民众熟悉的方言土语,是实现民心相通的重要基础,更不用说在拉美地区盛行的西班牙语、在中东和非洲国家使用的阿拉伯语都与标准语体存在一定的差异。但是长期以来,中国的语种专业设置都对这些问题关注不足。近年来,关键土著语言专业课程设置问题引起了学界的关注①,但如何在课程与教学中系统关注语言变体问题,是当前外语教育规划亟待重视的现实问题之一。

三是单语主义语言观对外语课堂教学语言的影响。受到国外二语习得理论中沉浸式教育理念的影响,仅使用目标语言进行外语教学,似乎是"天经地义"的做法。但是,这一理念在中国外语课堂的适用性至今尚未得到实证研究的充分支持,引导学习者使用其母语来辅助外语学习的教学理念尚未得到应有的认可和接受。近年来,教学语言的单语主义意识形态在国际上受到了较为普遍的质疑②,国内学者也对教学语言的选择和使用情况展开了讨论③,仅使用目标语言进行教学可能会限制学习者的语言视野和跨文化交流能力,对母语及本土文化的理解不深刻,容易造成文化误解和偏见。

---

① 程彤、邓世平,2019,"一带一路"沿线关键土著语言专业课程设置研究[J],外语界(6)。
② Cenoz, J. & Gorter, D. 2020. Teaching English through pedagogical translanguaging[J]. *World Englishes*, 39: 300-311; Afreen, A. & Norton, B. 2022. Bangla and the identity of the heritage language teacher[J]. *Educational Linguistics*, 1(1): 152-178; Caro, A. S. & Pérez, A. L. 2023. Las actitudes lingüísticas de los docentes frente a la diversidad lingüística presente en las aulas [J]. *Revista Signos. Estudios de lingüística*, 56(111): 127-149.
③ 韩艳梅,2020,跨言用研究的理论、实践与启示[J],西安外国语大学学报(2);Zhou, X., Li, C. & Gao, X. 2021. Towards a sustainable classroom ecology: Translanguaging in English as a medium of instruction (EMI) in a finance course at an international school in Shanghai[J]. *Sustainability*, 13(19): 10719;李嵬、沈骑,2021,超语实践理论的起源、发展与展望[J],外国语(上海外国语大学学报)(4)。

在单语主义语言观的影响下,外语教育的语种规划、语言变体选择、课堂教学语言等重要层面未能真正重视语言的多样性和独特价值,在一定程度上阻碍了多语资源助力外语教学,多语资源的现实功用未充分发挥,外语教育均衡发展受到了制约。外语教育规划应重新审视传统的单语主义观念,进一步探讨如何有效平衡外语教育的多元性和包容性,培养出适应全球多元语言环境的国际化外语人才。

(二) 中国外语教育自主知识体系有待丰富

2022年,习近平总书记在中国人民大学考察时发表的重要讲话明确提出,要建构中国自主的知识体系。由于中国外语教育具有外生后发的特点,因此,一段时期以来,中国外语教育在课程设置和教材编写上多采用"引进来"模式,即借鉴国外的课程设置、使用国外引进的教材,并未充分考虑学习者在中国本土语境进行外语学习的特殊性和适应性[①]。尽管外语学习的确不能缺乏原汁原味、地道的语言材料输入,需要积极吸收和利用国外课程与教材体系建设中的先进经验,但是如果奉行"拿来主义",一味地借鉴或模仿,那将不利于建构我国外语教育的自主知识体系,导致课程体系和教材体系忽视中国外语学习者的跨文化及多语身份构建问题:

一方面,外语课程体系单纯以掌握外语技能培养为目标,需要丰富多元文化知识体系。目前我国外语教育相关课程倾向于强调语言学习的工具价值,重点关注语言技能的掌握,较忽视外语课程的实质内容,如人文历史、科学素养和价值观等,造成外语教育"高投入低产出"的窘境[②]。

另一方面,外语教材体系多以呈现西方文化为主,需要融入本

[①②] 沈骑,2019,新中国外语教育规划70年:范式变迁与战略转型[J],新疆师范大学学报(哲学社会科学版)(5)。

土知识体系。我国外语教材普遍效仿目标语言的原版教材,即使增加了跨文化交际理念、中外文化比较等维度的课程板块,目的依然是加深对目标语言及其国情文化的认识,对中华文化的呈现方式以隐性为主①,中外文化在外语教材中的呈现存在明显的不对等差异。外语教材对本土文化考虑不足,或者默认学习者已有较高的民族文化意识,导致学习者对于我国优秀传统文化及社会主义核心价值观产生疏离②。

由于存在本土自主知识的缺欠,中国特色的课程建设和教材建设面临挑战,"用外语讲好中国故事"等能力目标、课程思政理念如何更有效地融入外语教育,开发更丰富的外语教育自主知识体系资源,提供更多本土特色的思路和路径,培养适应新时代要求的外语人才,这是当前中国外语教育规划亟待解决的重要问题。

(三) 资源驱动的外语教学体系尚待完善

超语实践理论重视各类语言资源驱动外语教学体系建构的作用。但是在现有的外语教学体系中,将多语、多元文化作为课堂教学资源③的意识还有待加强,主要体现在资源投入、社区关系、教学法方面未充分尊重学习者的个性,大一统的教学观还需进一步转变。

一是在资源投入方面,外语教学体系的资源开发与利用不足。一方面,师资方面还需更多支持。教师因受限于各种条件,不能充分利用学生已有语库资源对所学外语的促进作用④。另一方面,

---

① 张虹、于睿,2019,大学英语教材中华文化呈现研究[J],外语教育研究前沿(3)。
② 崔刚、黄文红,2018,外语教学理论中国学派建设的基本问题[J],外国语文(1)。
③ Li, W. 2023. Transformative pedagogy for inclusion and social justice through translanguaging, co-learning, and transpositioning[J]. *Language Teaching*, 1-12.
④ 李嵬、沈骑,2021,超语实践理论的起源、发展与展望[J],外国语(上海外国语大学学报)(4);Li, W. 2023. Transformative pedagogy for inclusion and social justice through translanguaging, co-learning, and transpositioning [J]. *Language Teaching*, 1-12.

外语教育的资源配置尚不均衡,导致教学体系中落实培养模式多样化、跨文化教育、素质教育、人文教育等力度不够,对学习者创新精神、思辨意识和实践能力的培养有待加强。

二是在学习社区营造方面,现有教学体系对学习者个体差异和语言环境的重视程度有待加强。外语学习重在现实应用,需要根据学习者差异和社区互动需求进行教学设计,但是传统的外语课程多注重语言技能的获取与提升,外语教学存在重知识、轻能力,重教法、轻学法,重灌输、轻交流,重结果、轻思维的问题。正是由于对学习者社会文化身份多样性的关注不充分,单一的语言技能教学已无法满足新时期全球化对外语教育提出的全方位要求[①],外语教育工作者因材施教的意识和能力急需进一步提升。

三是外语教学法倾向于引用国外理论,对本土学情的特殊性把握不足。从新中国成立初期苏联的外语教学法,到改革开放初期盛行西方结构主义理念,再到 80 年代后引进欧美教学法,我国外语教育历经强化训练单一语言技能、重语法结构的教学模式、以听说为主的任务型教学法和交际教学法等教学方法的变迁,这对今天的外语教学实践仍有深远影响[②]。但照搬国外教学法,对中国学习者的关注度不够,难免会产生"削足适履"的做法。正如束定芳[③]所言,中国外语教学实践中的有效做法和成功经验未能在理论上得到提炼,外语教育的理论研究尚未完全形成适应本土学情的体系。可喜的是,近年来国内一些有识之士提出了"产出导向法"和"外语教育学"等中国特色教学理论,但相关的应用研究还有待进一步系统深入。

通过以上分析可以看到,资源驱动的外语教学体系构建还有

[①②] 沈骑,2019,新中国外语教育规划 70 年:范式变迁与战略转型[J],新疆师范大学学报(哲学社会科学版)(5)。

[③] 束定芳,2017,中国特色外语教学理论的深厚实践基础——陆谷孙先生的外语教学理念与主张[J],外语界(1)。

待进一步完善,教学资源的开发和利用有待加强,面向个性化学习者的语言环境创设尚需时日。此外,还需进一步探索本土化的外语教学法。这些问题也为中国外语教育规划路径的优化指明了方向。

三、超语实践视域下的中国外语教育规划优化路径

超语实践理论作为应用语言学最具现实意义的实践理论之一,将会改变对外语教育本质的认识,这对外语教学实践是一次重大的理念革新。为此,以超语实践理论为指导,我们尝试从外语资源体系、知识体系和教学体系三个层面探究中国外语教育规划的多层优化路径(图6.1)。

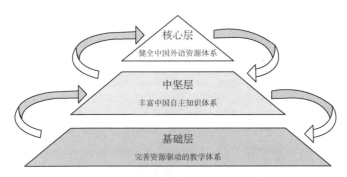

图 6.1　超语实践外语教育规划路径图

这一"金字塔"型的优化路径从语言资源到知识建构,再到教学系统层层递进,环环相扣,形成上中下互动影响的关系。

首先,外语资源作为外语教育规划路径的"金字塔尖",是中国外语教育规划的"指南针",这一层面决定了整个外语教育规划系统的"供给资源库",为处于中坚层的知识体系的丰富与创新提供"源头活水",通过语言资源为载体丰富并构建外语知识系统,进而引领外语教学资源体系的完善。

其次,处于中坚层的知识构建事关整个外语教育规划系统的价值定位,是外语资源与外语教学体系之间的"桥梁",知识体系为超语实践语境下的外语资源提供了丰富的知识储备,也为处于基础层的外语教学体系提供具体的知识点和文化、科技等领域的素材。通过这一中坚层的转换和应用,外语资源得以转化为实际的外语教学内容。

最后,外语教学体系作为体现超语实践理念外语教育规划的基础层,为丰富知识层和夯实语言资源层起到了支撑作用,为其提供全方位的教学生态体系。具体优化路径的三个层面分析如下:

(一) 外语教育规划的核心层:健全中国外语资源体系

外语资源体系建设是外语教育规划的核心。在超语实践理论指导下,健全中国外语资源体系至关重要。这一层次的规划活动为构建资源驱动的中国外语教学体系和中国自主知识体系提供丰富和鲜活的核心载体,具体可从3个方面对中国外语教育资源进行充分挖掘:

首先,外语教育的准入政策需要指导宏观语种规划。合理的外语教育规划始于科学的准入政策,在制定外语教育的准入政策时,需考虑各语种的重要性、使用范围和语言活力等方面,发挥准入政策在语种规划层面的指导作用,审慎决定语种规模、语种结构等,结合我国社会经济发展的需要,打破宏观语种规划的单语主义倾向,改变单一语种布局,解决外语教育均衡发展的难题,实现符合我国现阶段发展需求的外语教育规划目标。

其次,外语教育的准入政策需要引导语种专业设置。语种专业需不断适应语言变化和时代变迁,须纳入全球化背景下出现的语言"马赛克"等多语多元文化现象,对语种变体的选择需进行动态调整,呈现出结构性、质量性的整体变化①,适应国家和社会的发展需要。在制定准入政策时可做出相关规定,引导学校在决策设置语种专业时,摒弃以单一语种的标准语变体作为目标语言的做法。

最后,外语教育的准入政策需要关照教学语言规划。在超语实践理论的新型语言观启示下,我国在制定准入政策时可充分考虑母语、社会经济、历史阶段、地域、心理学等因素,以此带动教学语言规划,改变外语课堂仅使用目标语言教学的局面,充分发挥学习者所处的社会环境、历史环境以及社区、学校、课堂等各语言符号资源在其学习外语中的积极作用。

(二) 外语教育规划的中坚层:丰富中国自主知识体系

知识体系的生成、构建与传播是外语教育规划的重要目标。作为中国外语教育规划的中坚层,知识体系层面的规划应以外语资源体系为载体,推动中国自主知识体系的创新与传播。一方面,外语课程政策需要融入本土知识体系。基于超语实践的新型知识观,我国外语课程规划需要高度重视本土知识对学习者建构知识体系和文化素养系统的突出贡献,发挥母语教育、本土环境所带来的先验知识在外语学习中的作用,建立起一个涉及多语言和多元文化的本土化课程体系。

另一方面,外语教材规划需要促进中华优秀文化的显性呈现。应将更多的本土语言文化纳入到外语学习材料中,进一步丰富课程内容和学习过程。教材编写者需要研发体现本土特色的外语教材,使其成为我国外语教学价值观和目标的重要载体,为外语课程提供更适合国情的素材,并加强相关培训,精准把握教学内容、模

---

① 丁超,2017,对我国高校外语非通用语种类专业建设现状的观察分析[J],中国外语教育(4)。

块化建设教学资源,激活学习者可支配的语言文化资源,为教师实施课程教学、学生构建知识体系与文化素养体系提供支持。

(三) 外语教育规划的基础层:完善资源驱动的教学体系

外语教学体系是外语教育规划的基础支持层面,是推动超语实践下新型语言观与知识观得以落实落地的支架。为充分利用我国外语资源体系中的语言资源和知识体系资源,我国外语教育规划需改变大一统的教学观,尊重学习者的个体差异,把握本土学情的特殊性,提炼中国特色外语教学法理论并加强应用,使资源驱动的外语教学体系更为完善,可从以下6个方面攻克:

第一,强化外语师资。在超语实践的新型教学观看来,教师需同等重视自身及学习者的多语身份,支持学习者的多语身份发展及对多语身份的认同。选拔教师时需要遵循综合型标准,同时通过师资培训(含职前培训)建设复合型专业师资,使外语教师能够在教学中充分发挥能动性,为超语实践教学创造新的方法与途径。除本语种教师外,还可加入有助于人才培养的其他专业背景教师,融合专任、专职、兼职三支师资队伍。

第二,丰富资源配置。需要将培养对象视为多语使用者,丰富并合理分配外语教育资源,为各语种课程准备相关培训、材料支撑、技术支持和评估制度等资源形式,引领社会形成聚焦多语言及多元文化的外语学习景观,落实培养模式多样化、跨文化教育与素质教育等,加强对学习者创新精神、思辨意识和实践能力的培养。

第三,重视语言社区。在规划社区政策时,需要充分尊重学习者的个性,认可学习者社会文化身份的多样性,根据学生不同的个性、语言背景等运用多元的教学方法来实施个性化教学,真正实现因材施教,加强多语身份的认同感,塑造外语教育的本土化实践。

第四,支持本土教法。鼓励教师在教学过程中灵活使用双语或多语的教学语言,倡导多元文化并存的教学设计,运用多模态教学方式,创造性利用师生多样化的语库和符号资源来促进外语学习,最终形成依托本土学情的中国特色教学法,反哺我国外语教育。

第五,落实教师主导。外语教师的身份具有跨文化特征,除传授语言知识外,还可以成为跨文化学习的合作者[①]。教师需认识到本土学情的特殊性,在教学中融合对象国文化和本国文化,在决定课堂教学语言使用时,最大限度地发挥师生的交流潜力,帮助学习者适应跨文化身份,成长为具有国际视野的外语人才。

第六,完善测试评价。超语实践认为语言学习的意义远远超越语言本身,因此,我们需要充分考虑到语言背后的其他素养价值,合理设定适合中国学习者的外语学习效果及达成度评价,创建多元的测试评价指标与体系机制,服务于本土学情的特殊性与适应性,使其成为一种多元导向的教学效果反馈机制,能对中国语境下外语学习者历经的课程选择、课堂教学、课后巩固练习、课外辅导、学业成绩评定等教学环节有重要的指导意义。

随着全球化的深入发展,外语教育在国家、社会和个人层面都尤为重要,不仅关乎国家的发展战略,同时也是个体适应多元化社会、拓展国际视野的重要渠道,多语世界的外语能力已经成为国际竞争和个人发展的核心指标之一。而外语教育规划的核心任务是为外语教学提供政策引导和资源支持,以满足国家、社会和个人的多维需求。新时代中国外语教育规划比任何时候都需要具有广泛应用价值的最新语言学理论引领和指导。

超语实践理论起源于外语教学课堂,对外语教育具有重要的理论指引作用。本文通过分析超语实践理论给外语教育规划带来的新型语言观、知识观和教学观,剖析当前中国外语教育面临的现

[①] Afreen, A. & Norton, B. 2022. Bangla and the identity of the heritage language teacher[J]. *Educational Linguistics*, 1(1): 152-178.

实问题，探究语言资源的应用、自主知识体系的构建以及外语教学资源体系的完善，提出多层面的中国外语教育规划优化路径。这一优化路径不仅拓展了超语实践理论的应用领域，首次将超语实践理论应用到外语教育规划领域，还有助于拓宽我国外语教育规划的视野，为新时代外语教育改革启动新的方向和路径。

当然，我们也必须认识到超语实践理论虽然可为外语教育规划提供科学和全面的指导，促进外语教育的可持续发展。但是，这一理论也绝非万能的"灵丹妙药"，对此，我们也不能盲目迷信。相反，我们期待更多研究者对这一理论的应用进行验证和改进，为外语教育规划的后续研究和路径优化提供更多的思路和方法，从而推动中国外语教育规划研究的深入发展，为中国外语教育发展提供更加科学的政策依据与理论参考。

参 考 文 献

[1] Afreen, A. & Norton, B. Bangla and the identity of the heritage language teacher. *Educational Linguistics*, 1(2022): 152-178.
[2] Ager, D. E. *Motivations in Language Planning and Language Policy*. Clevedon: Multilingual Matters, 2001.
[3] Ahearn, L. M. Language and Agency. *Annual Review of Anthropology*, 1(2001): 109-137.
[4] Ahearn, L. M. Agency and language. In J. Jaspers, J.-O. Östman, & J. Verschueren (Eds.), *Society and language use* (pp. 28-48). John Benjamins, 2010.
[5] Ammon, U. *Die Stellung der deutschen Sprache in der Welt*. Berlin/ München/Boston: de Gruyter, 2015.
[6] Ammon, U. & Kruse, J. Does translation support multilingualism in the EU? Promises and reality—the example of German. *International Journal of Applied Linguistics*, 1(2013): 15-30.
[7] Apple, M. W. & Christian-Smith, L. K. (Eds.). *The Politics of the Textbook* (1st ed.). London: Routledge, 1991.
[8] Arkoudis, S. & Love, K. Imagined communities in senior school mathematics: Beyond issues of English language ability. *Journal of Asian Pacific Communication*, 1(2008): 71-90.
[9] Ary, D., Jacobs, L. C. Irvine, C. K. S. & Walker, D. A. *Introduction to Research in Education* (10th ed.). Boston, MA: Cengage Learning, 2018.
[10] Babaii, E. & Sheikhi, M. Traces of neoliberalism in English teaching materials: A critical discourse analysis. *Critical Discourse Studies*, 3(2018): 247-264.
[11] Baldauf, R. B. Jr. The language situation in American Samoa: Planners, plans and planning. *Language Planning Newsletter*, 1

(1982): 1-6.
[12] Baldauf, R. et al. *Language Planning in Primary Schools in Asia*. New York: Routledge, 2012.
[13] Ball, S. J., Maguire, M., Braun, A. & Hoskins, K. Policy actors: Doing policy work in schools. *Discourse: Studies in the Cultural Politics of Education*, 4(2011): 625-639.
[14] Bandura, A. Social cognitive theory: An agentic perspective. *Annual Review of Psychology*, 52(2001): 1-26.
[15] Benaquisto, L. Codes and coding. In L. M. Given (Ed.), *The SAGE Encyclopedia of Qualitative Research Methods*. Thousand Oaks, California: SAGE Publications, Inc., 2008.
[16] Bermel, N. *Linguistic Authority, Language Ideology, and Metaphor: The Czech Orthography Wars*. Berlin: Mouton de Gruyter, 2007.
[17] Bernstein, B. *Pedagogy, Symbolic Control and Identity: Theory, Research and Critique*. Oxford: Rowman & Littlefield, 2000.
[18] Biesta, G. & Tedder, M. Agency and learning in the lifecourse: Towards an ecological perspective. *Studies in the Education of Adults*, 39(2007): 132-149.
[19] Block, D. *Globalization and Language Teaching*. London: Routledge, 2002.
[20] Blommaert, J. *Discourse: A Critical Introduction*. Cambridge: CUP, 2005.
[21] Blommaert, J., Kelly-Holmes, H., Lane, P., Leppänen, S., Moriarty, M., Pietikäinen, S. & Piirainen-Marsh, A. Media, multilingualism and language policing: An introduction. *Language Policy*, 3 (2009): 203-207.
[22] Bouchard, J. & Glasgow, G. P. Agency in language policy and planning: A theoretical model. In J. Bouchard & G. P. Glasgow (Eds.), *Agency in Language Policy and Planning: Critical Inquiries* (pp. 22-76). New York: Routledge, 2019.
[23] Bourdieu, P. The economics of linguistic exchanges. *Information (International Social Science Council)*, 6(1977): 645-668.
[24] Bourdieu, P. The forms of capital. In J. F. Richardson (Ed.), *Handbook of theory and research for the sociology of education*

(pp. 241-258). New York, NY: Greenwood Press, 1986.

[25] Bourdieu, P. *The Logic of Practice (R. Nice, Trans.)*. CA: Stanford University Press, 1990.

[26] Bourdieu, P. *Language and Symbolic Power*. Cambridge: Polity Press, 1991.

[27] Braun, V. & Clarke, V. Using thematic analysis in psychology. *Qualitative Research in Psychology*, 3(2006): 77-101.

[28] British Council, U. *Languages for the future: Which languages the UK needs most and why*. British Council, 2014.

[29] Brown, J. Learner agency in language planning: A tripartite perspective. *Language Problems and Language Planning*, 2(2015): 171-186.

[30] Buchanan, R. Teacher identity and agency in an era of accountability. *Teachers and Teaching*, 21(2015): 700-719.

[31] Bull, T. Against the mainstream: universities with an alternative language policy. *International Journal of the Sociology of Language*, 216(2012): 55-73.

[32] Byram, M. *Teaching and Assessing Intercultural Communicative Competence*. Clevedon: Multilingual Matters, 1997.

[33] Canagarajah, A. S. *A Geopolitics of Academic Writing*. Pittsburgh: University of Pittsburgh Press, 2002.

[34] Cannon, C. & Koshy, S. Introduction to 'Monolingualism and Its Discontents'. *PMLA*, 5(2022): 771-778.

[35] Caro, A. S. & Pérez, A. L. Las actitudes lingüísticas de los docentes frente a la diversidad lingüística presente en las aulas. *Revista Signos. Estudios de lingüística*, 111(2023): 127-149.

[36] Cenoz, J. & Gorter, D. A holistic approach to multilingual education: Introduction. *The Modern Language Journal*, 3(2011): 339-343.

[37] Cenoz, J. & Gorter, D. Teaching English through pedagogical translanguaging. *World Englishes*, 39(2020): 300-311.

[38] Chang, Y. Picking one's battles: NNES doctoral students' imagined communities and selections of investment. *Journal of Language, Identity & Education*, 4(2011): 213-230.

[39] Chang, Y. Discourses, identities and investment in English as a second

language learning: Voices from two U.S. community college students. *International Journal of Education and Literacy Studies*, 4(2016): 38-49.

[40] Chen, X., Zhao, K. & Tao, J. Language learning as investment or consumption? A case study of Chinese university students' beliefs about the learning of languages other than English. *Sustainability*, 6(2020): 2156.

[41] Chiswick, B. & Miller, P. Language skills and earnings among legalized aliens. *Journal of Population Economics*, 12(1999): 63-89.

[42] Chiswick, B. & Miller, P. *The Economics of Language: International Analyses*. New York: Routledge, 2007.

[43] Christofides, L. & Swidinsky, R. Bilingualism and earnings. In A. Breton (Ed.), *Economic Approaches to Language and Bilingualism*. Ottawa: Patrimoine Canadian, 1998.

[44] Christofides, L. & Swidinsky, R. The economic returns to the knowledge and use of a second official language: English in Quebec and French in the Rest-of-Canada. *Canadian Public Policy*, 2(2010): 137-158.

[45] Church, J. & King, I. Bilingualism and network externalities. *The Canadian Journal of Economics*, 2(1993): 337-345.

[46] Cooper, R. *Language Planning and Social Change*. Cambridge: CUP, 1989.

[47] Cortazzi, M. & Jin, L. Cultural mirrors: Materials and methods in the EFL classroom. In E. Hinkel (Ed.), *Culture in Second Language Teaching and Learning* (pp.196-219). Cambridge: CUP, 1999.

[48] Cots, J. M., Lasagabaster, D. & Garrett, P. Multilingual policies and practices of universities in three bilingual regions in Europe. *International Journal of the Sociology of Language*, 216(2012): 7-32.

[49] Dalmazzone, S. Economics of language: A network externalities approach. In Albert Breton (Ed.), *Exploring the Economics of Language*. Ottawa: Department of Public Works and Government, 1999.

[50] Darvin, R. & Norton, B. Identity and a model of investment in applied linguistics. *Annual Review of Applied Linguistics*, 35(2015):

36-56.
[51] Datnow, A., Hubbard, L. & Mehan, H. *Educational Reform Implementation: A Co-constructed Process. Research Report 5*. Santa Cruz, CA: Center for Research on Education, Diversity and Excellence, 1998.
[52] Davies, B. Agency as a form of discursive practice. A classroom scene observed. *British Journal of Sociology of Education*, 11 (1990): 341-361.
[53] De Swaan, A. Endangered languages, sociolinguistics, and linguistic sentimentalism. *European Review*, 4(2004): 567-580.
[54] *Deklaration om nordisk språkpolitik* [*Declaration on Nordic Language Policy*]. Copenhagen: Nordic Council of Ministers, 2007.
[55] Dörnyei, Z. *The Psychology of the Language Learner: Individual Differences in Second Language Acquisition*. Mahwah: Lawrence Erlbaum Associates, 2005.
[56] Dörnyei, Z. The L2 motivational self system. In Z. Dörnyei & E. Ushioda (Eds.), *Motivation, language identity and the L2 self* (pp.9-42). Bristol: Multilingual Matters, 2009.
[57] Dörnyei, Z. & Al-Hoorie, A. H. The motivational foundation of learning languages other than global English: Theoretical issues and research directions. *The Modern Language Journal*, 3 (2017): 455-468.
[58] Dunn, W. N. *Public Policy Analysis: An Introduction* (3rd ed.). NJ: Pearson, 2003.
[59] Dustmann, C. & Fabbri, F. Language proficiency and labour market performance of immigrants in the UK. *The Economic Journal*, 489 (2003): 695-717.
[60] Dye, T. R. *Understanding Public Policy* (12th ed.). NJ: Pearson Education Inc, 2007.
[61] Eggington, W. *Language Policy: Dominant English, Pluralist Challenges*. Amsterdam: John Benjamins Publishing Company, 1997.
[62] Emirbayer, M. & Mische, A. What is agency?. *American Journal of Sociology*, 103(1998): 962-1023.
[63] *Eurydice-Bericht. Schlüsselzahlen zum Sprachenlernen an den Schulen*

in Europa 2017. (https://publications. europa. eu/en/publication-detail/-/publication/73ac5ebd-473e-11e7-aea8-01aa75ed71a1/language-de). pp. 11-13.

[64] Fairclough, N. *Discourse and Social Change*, Cambridge: Polity press, 1992.

[65] Fairclough, N. *Analysing Discourse: Textual Analysis for Social Research*. Hove: Psychology Press, 2003.

[66] Feely, A. J. & Harzing, A. Language management in multinational companies. *Cross Cultural Management: An International Journal*, 2(2003): 37-52.

[67] Feryok, A. Activity theory and language teacher agency. *The Modern Language Journal*, 96(2012): 95-107.

[68] Gao, X. & Tao, J. Language teacher agency. In M. Peters (Ed.), *Encyclopaedia of Teacher Education* (pp. 1-6). Singapore: Springer, 2020.

[69] Gao, X. & Zheng, Y. Multilingualism and higher education in Greater China. *Journal of Multilingual and Multicultural Development*, 7 (2019): 1-7.

[70] Gao, Y. How the Belt and Road Initiative informs language planning policies in China and among the countries along the Road. *Sustainability*, 14(2020): 5506.

[71] García, O. & Li, W. *Translanguaging: Language, Bilingualism and Education*. New York: Palgrave Macmillan, 2014.

[72] Gardner, R. C. *Gardner and Lambert (1959): Fifty years and counting*. Paper presented at the The Annual Meeting of the Canadian Association of Applied Linguistics/Association canadienne de linguistique appliquée, Ottawa, 2009.

[73] Gardner, R. C. & Lambert, W. E. Motivational variables in second-language acquisition. *Canadian Journal of Psychology/Revue canadienne de psychologie*, 4(1959): 266.

[74] Gazzola, M. Managing multilingualism in the European Union: Language policy evaluation for the European Parliament. *Language Policy*, 5(2006): 393-417.

[75] Gearing, N. & Roger, P. 'I'm never going to be part of it': Identity,

investment and learning Korean. *Journal of Multilingual and Multicultural Development*, 2(2018): 155-168.
[76] Gibbs, G. *Analysing Qualitative Data*. London: SAGE, 2008.
[77] Giddens, A. *The Constitution of Society: Outline of the Theory of Structuration*. Cambridge: Polity Press, 1984.
[78] Gill, S. K. Change in language policy in Malaysia: The reality of implementation in public universities. *Current Issues in Language Planning*, 7(2006): 1, 82-94.
[79] Ginsburgh, V. & Weber, S. *How Many Languages Do We Need? The Economics of Linguistic Diversity*. Princeton/Oxford: Princeton University Press, 2011.
[80] Glaser, B. & Strauss, A. *The Discovery of Grounded Theory: Strategies for Qualitative Research*. Chicago: Aldine, 1967.
[81] Gollub, J. P., Mery, W., Jay B. L. & Phillip, C. C. *Learning and Understanding: Improving Advanced Study of Mathematics and Science in U.S. High Schools*. Washington, D.C.: National Academy, 2002.
[82] Gort, M. & Sembiante, S. F. Navigating hybridized language learning spaces through translanguaging pedagogy: Dual language preschool teachers' languaging practices in support of emergent bilingual children's performance of academic discourse. *International Multilingual Research Journal*, 9(2015): 1, 7-25.
[83] Gray, J. *The Construction of English: Culture, Consumerism and Promotion in the ELT Global Coursebook*. Basingstoke: Palgrave, 2010.
[84] Grin, F. The economics of foreign language competence: A research project of the Swiss National Science Foundation. *Journal of Multilingual and Multicultural Development*, 3(1995): 227-231.
[85] Grin, F. Economic approaches to language and language planning: An introduction. *International Journal of the Sociology of Language*, 1 (1996): 1-16.
[86] Grin, F. Supply and demand as analytical tools in language policy. In A. Breton (Ed.), *Exploring the Economics of Language*. Ottawa: Canadian Heritage, 2000.
[87] Grin, F. *Using Language Economics and Education Economics in*

Language Education Policy. Language Policy Division. Directions of School, Out-of-School and Higher Education-DGIV. Strasbourg: Council of Europe, 2002.

[88] Grin, F. Language planning and economics. *Current Issues in Language Planning*, 1(2003): 1-66.

[89] Grin, F. *Language Policy Evaluation and the Europe Charter for Regional and Minority Languages*. New York: Palgrave Macmillan, 2003.

[90] Grin, F. *The Economics of the Multilingual Workplace*. New York: Routledge, 2010.

[91] Gu, M. Identity construction and investment transformation: College students from non-urban areas in China. *Journal of Asian Pacific Communication*, 1(2008): 49-70.

[92] Gu, X. Assessment of intercultural communicative competence in FL education: A survey on EFL teachers' perception and practice in China. *Language and Intercultural Communication*, 16(2016): 2, 254-273.

[93] Guo, S., Shin, H., & Shen, Q. The commodification of Chinese in Thailand's linguistic market: A case study of how language education promotes social sustainability. *Sustainability*, 18(2020): 7344.

[94] Haarmann, H. Language planning in the light of a general theory of language: a methodological framework. *International Journal of the Sociology of Language*, 1(1990): 103-126.

[95] Habermas, J. *The Structural Transformation of the Public Sphere: An Inquiry into a Category of Bourgeois Society* (Trans. by Burger T. with the Assistance of Lawrence F.). Cambridge: Polity Press, 1989.

[96] Haddad, B. W. & Demsky, T. *Education Policy-Planning Process: An Applied Framework*. Paris: UNESCO, 1995.

[97] Hajar, A. Identity, investment and language learning strategies of two Syrian students in Syria and Britain. *Language, Culture and Curriculum*, 3(2017): 250-264.

[98] Halliday, M. A. K. New ways of meaning: The challenges to applied linguistics. *Journal of Applied Linguistics*, 6(1990): 7-36.

[99] Halliday, M. A. K. Applied linguistics as an evolving theme. In J.

Webster (Ed.), *Language and Education* (pp.1-19). Beijing: Peking University Press, 2007.

[100] Halliday, M. A. K. Linguistics in teacher education. In R. Carter (Ed.), *Linguistics and the Teacher* (pp. 10-15). London: Routledge, 2012.

[101] Halliday, M. A. K. & Burns, A. Applied linguistics: Thematic pursuits or disciplinary moorings?. *Journal of Applied Linguistics*, 1(2006): 113-128.

[102] Han, Y., Gao, X. & Xia, J. Problematising recent developments in non-English foreign language education in Chinese universities. *Journal of Multilingual and Multicultural Development*, 7(2019): 1-14.

[103] Haselhuber, J. *Mehrsprachigkeit in der Europäischen Union. Eine Analyse der EU-Sprachpolitik, mit besonderem Fokus auf Deutschland*. Frankfurt a. M.: Lang, 2012.

[104] Haugen, E. The implementation of corpus planning: Theory and practice. In J. Cobarrubias & J. A. Fishman (Eds.), *Progress in Language Planning: International Perspectives* (pp.269-289). Mouton de Gruyter, 1983.

[105] Haynes, B. *Educational Policy Studies: Guide*. Perth: Edith Cowan University for WADEC, 1987.

[106] He, D. & Li, D. C. S. Language Attitudes and Linguistic Features in the 'China English' Debate. *World Englishes*, 28(2009): 70-89.

[107] Henry, A. The dynamics of L3 motivation: A longitudinal interview/observation-based study. In Z. M. P. D. Dörnyei & A. Henry (Eds.), *Motivational dynamics in language learning* (pp.315-342). Multilingual Matters, 2014.

[108] Henry, A. L2 Motivation and Multilingual Identities. *The Modern Language Journal*, 3(2017): 548-565.

[109] Hino, N. Nationalism and English as an international language: The history of English textbooks in Japan. *World Englishes*, 7(1988): 309-314.

[110] Hogwood, B. W. & Gunn, L. A. *Policy Analysis for The Real World*. Oxford: OUP, 1984.

[111] Holliday, A. R. *The Struggle to Teach English as an International Language*. Oxford: OUP, 2005.
[112] Hornberger, N. H. Educational linguistics as a field: A view from Penn's program on the occasion of its 25th anniversary. *Working Papers in Educational Linguistics*, 1-2(2001): 1-26.
[113] House, J. English as a lingua franca: A threat to multilingualism?. *Journal of Sociolinguistics*, 4(2003): 556-578.
[114] Huang, W. & Fang, F. EMI teachers' perceptions and practices regarding culture teaching in Chinese higher education. *Language, Culture and Curriculum*, 36(2023): 2, 205-221.
[115] Huang, Y. Understanding China's Belt & Road Initiative: Motivation, framework and assessment. *China Economic Review*, 40(2016): 314-321.
[116] Hüllen, W. Identifikationssprachen und Kommunikationssprachen. *Zeitschrift für germanistische Linguistik*, 20(1992): 298-317.
[117] Hult, F. M. The history and development of educational linguistics. In F. M. Hult & B. Spolsky (Eds.), *The Handbook of Educational Linguistics* (pp.10-24). Malden: Blackwell Publishing Ltd., 2008.
[118] Hult, F. M. Theme-based research in the transdisciplinary field of educational linguistics. In F. M. Hult (Ed.), *Directions and Prospects for Educational Linguistics* (pp.19-32). New York: Springer, 2010.
[119] Hutchinson, T & Waters, A. *English for Specific Purposes*. Cambridge: CUP, 1987.
[120] Hyland, K. *Academic Publishing: Issues and Challenges in the Construction of Knowledge*. Oxford: OUP, 2015.
[121] *Internationalisering af de danske universiteter: Vilkår og virkemidler [Internationalization of Danish universities: Terms and measures]*. Copenhagen: Danish Rectors' Conference, 2004.
[122] Johnson, K. & Johnson, H. *Encyclopedic Dictionary of Applied Linguistics*. Oxford: Blackwell, 1998.
[123] Kachru, B. World Englishes: Approaches, issues and resources. *Language Teaching*, 1(1992): 1-14.
[124] Källkvist, M. & Hult, F. Discursive mechanisms and human agency

in language policy formation: Negotiating bilingualism and parallel language use at a Swedish university. *International Journal of Bilingual Education & Bilingualism*, 1(2016), 1-17.

[125] Kaplan, R. B. Language planning vs. planning language. In C. H. Candlin and T. F. McNamara (Eds.), *Language, Learning and Community* (pp. 193-203). Sydney: NCELTR, 1989.

[126] Kaplan, R. B. & Baldauf, R. B. Jr. *Language Planning: From Practice to Theory*. Clevedon: Multilingual Matters LTD, 1997.

[127] Kaplan, R. B. & Baldauf, R. B. Jr. *Language and Language-in-education Planning in Pacific Basin*. Berlin: Springer, 2003.

[128] Kaplan, R., Baldauf, R. B. & Kamwangamalu, N. Why educational language plans sometimes fail. *Current Issues in Language Planning*, 2(2011): 105-124.

[129] Karam, F. X. Toward a definition of language planning. In Joshua A. Fishman (Ed.), *Advances in Language Planning*. The Hague: Mouton, 1974.

[130] Kayi-Aydar, H. Teacher agency, positioning, and English language learners: Voices of pre-service classroom teachers. *Teaching and Teacher Education*, 45(2015): 94-103.

[131] Kelly, M. (Ed.), *Languages after Brexit. How the UK Speaks to the World*. Cham: Palgrave Macmillan, 2018.

[132] Ketelaar, E., Beijaard, D., Boshuizen, H. P. A. & Den Brok, P. J. Teachers' positioning towards an educational innovation in the light of ownership, sense-making and agency. *Teaching and Teacher Education*, 28(2012): 273-282.

[133] Kim, H. Learner investment, identity, and resistance to second language pragmatic norms. *System*, 45(2014): 92-102.

[134] Kramsch, C. Teaching foreign languages in an era of globalization: Introduction. *The Modern Language Journal*, 1(2014): 296-311.

[135] Kraus, P. A. *Europäische Öffentlichkeit und Sprachpolitik. Integration durch Anerkennung*. Frankfurt a. M./ New York: Campus, 2004.

[136] Kubota, R. Learning a foreign language as leisure and consumption: Enjoyment, desire, and the business of Eikaiwa. *International Journal of Bilingual Education and Bilingualism*, 14(2011): 473-488.

[137] Kumagai, Y. On learning Japanese language: Critical reading of Japanese language textbook. In S. Sato & N. Doerr (Eds.), *Rethinking Language and Culture in Japanese Education* (pp. 201-217). Bristol, Blue Ridge Summit: Multilingual Matters, 2014.

[138] Kumaravadivelu, B. *Cultural Globalization and Language Education*. New Haven and London: Yale University Press, 2008.

[139] Lambert, R. D. Foreign language use among international business graduates. *The ANNALS of the American Academy of Political and Social Science*, 1(1990): 47-59.

[140] Larsen-Freeman, D. On language learner agency: A complex dynamic systems theory perspective. *The Modern Language Journal*, S1(2019): 61-79.

[141] Lasswell, H. D. *A Preview of Policy Science*. New York: Elsevier, 1971.

[142] Le, M. D., Nguyen, H. T. M. & Burns, A. English primary teacher agency in implementing teaching methods in response to language policy reform: A Vietnamese case study. *Current Issues in Language Planning*, 22(2021): 199-224.

[143] Lee, E. The 'other (ing)' costs of ESL: A Canadian case study. *Journal of Asian Pacific Communication*, 1(2008): 91-108.

[144] Lee, E. J. E. Motivation, investment, and identity in English language development: A longitudinal case study. *System*, 42(2014): 440-450.

[145] Lehtonen, T. & Karjalainen, S. University graduates' workplace language needs as perceived by employers. *System*, 30(2008): 492-503.

[146] Lehtonen, T. & Karjalainen, S. Workplace language needs and university language education—Do they meet?. *European Journal of Education*, 3(2009): 411-420.

[147] Leslie, D. & Lindley, J. The impact of language ability on employment and earnings of Britain's ethnic communities. *Economica*, 272(2001): 587-606.

[148] Li, W. Translanguaging as a practical theory of language. *Applied Linguistics*, 1(2018): 9-30.

[149] Li, W. Transformative pedagogy for inclusion and social justice through translanguaging, co-learning, and transpositioning. *Language Teaching*, (2023): 1-12.

[150] Liddicoat, A. J. Multilingualism research in Anglophone contexts as a discursive construction of multilingual practice. *Journal of Multicultural Discourses*, 1(2016): 9-24.

[151] Liddicoat, A. J. Constraints on agency in micro language policy and planning in schools. In G. P. Glasgow & J. Bouchard (Eds.), *Agency in Language Policy and Planning: Critical Inquiries* (pp.149-170). New York: Routledge, 2018.

[152] Liddicoat, A. J. & Taylor-Leech, K. Micro language planning for multilingual education: Agency in local contexts. *Current Issues in Language Planning*, 3(2014): 237-244.

[153] Liddicoat, A. J. & Taylor-Leech, K. Agency in language planning and policy. *Current Issues in Language Planning*, 1-2(2021): 1-18.

[154] Liu, Y. Foreign language education planning in China since 1949: A recurrent instrumentalist discourse. *Working Papers in Educational Linguistics*, 1(2015): 65-85.

[155] Lo Bianco, J. Including discourse in language planning theory. In Bruthiaux P et al. (Eds.), *Directions in Applied Linguistics: Essays in Honor of Robert B. Kaplan* (pp.255-263). Clevedon: Multilingual Matters, 2005.

[156] Lo Bianco, J. The importance of language policies and multilingualism for cultural diversity. *International Social Science Journal*, 1(2010): 37-67.

[157] Lo Bianco, J. Domesticating the foreign: Globalization's effects on the place/s of languages. *The Modern Language Journal*, 1(2014): 312-325.

[158] Lu, J., He, L. & Shen, Q. LOTE (Languages Other than English) learners' investment in learning languages. *Círculo de Lingüística Aplicada a la Comunicación*, 84(2020): 55-64.

[159] Lu, J. & Shen, Q. Understanding China's LOTE learners' perceptions and choices of LOTE(s) and English learning: A linguistic market perspective. *Current Issues in Language Planning*,

23(2022): 4, 394-411.
[160] Lu, X., Zheng, Y. & Ren, W. Motivation for learning Spanish as a foreign language: The case of Chinese L1 speakers at university level. *Círculo de Lingüística Aplicada a la Comunicación*, 79 (2019): 79-98.
[161] Luke, A. & Baldauf, Jr. R. B. Language planning and education: A critical rereading. In R. B. Baldauf, Jr and A. Luke (Eds.), *Language Planning and Education in Australasia and the South Pacific* (pp.349-352). Clevedon: Multilingual Matters LTD, 1990.
[162] Mac Giolla Chríost, D. & Bonotti, M. *Brexit. Language Policy and Linguistic Diversity*. Cham: Palgrave Macmillan, 2018.
[163] Markee, N. Applied linguistics: What's that?. *System*, 3 (1990): 315-323.
[164] Marschak, J. Economics of language. *Syst. Res.*, 2(1965): 135-140.
[165] McConachy, T. Critically engaging with cultural representations in foreign language textbooks. *Intercultural Education*, 1(2018): 77-88.
[166] McKay, S. L. & Wong, S. C. Multiple discourses, multiple identities: Investment and agency in second-language learning among Chinese adolescent immigrant students. *Harvard educational review*, 3(1996): 577-609.
[167] Mendoza, A. & Phung, H. Motivation to learn languages other than English: A critical research synthesis. *Foreign Language Annals*, 1(2019): 121-140.
[168] Minakova, V. & Canagarajah, S. Monolingual ideologies versus spatial repertoires: Language beliefs and writing practices of an international STEM scholar. *International Journal of Bilingual Education and Bilingualism*, 6(2020): 1-14.
[169] Modiano, M. English in a post-Brexit European Union. *World Englishes*, 3(2017), 313-327.
[170] Nasrollahi Shahri, M. N. Constructing a voice in English as a foreign language: identity and engagement. *TESOL Quarterly*, 1 (2018): 85-109.
[171] Neeley, T. & Kaplan, R. S. What is your language strategy?.

Harvard Business Review, 9(2014): 70-76.
[172] Norton, B. *Identity and Language Learning: Extending the Conversation*. Bristol: Multilingual matters, 2013.
[173] Norton, B. Identity, investment, and faces of English internationally. *Chinese Journal of Applied Linguistics*, 4(2015): 375-391.
[174] Norton, B. & McKinney, C. An identity approach to second language acquisition. In Dwight Atkinson (Ed.), *Alternative Approaches to Second Language Acquisition* (pp. 85 - 106). London: Routledge, 2011.
[175] Norton, B. & Toohey, K. Identity, language learning, and social change. *Language Teaching*, 4(2011): 412-446.
[176] Norton Peirce, B. Social identity, investment, and language learning. *TESOL Quarterly*, 1(1995): 9-31.
[177] Pappa, S., Moate, J., Ruohotie-Lyhty, M. & Eteläpelto, A. Teacher agency within the Finnish CLIL context: Tensions and resources. *International Journal of Bilingual Education and Bilingualism*, 22 (2019): 593-613.
[178] Park, J. S.-Y. & Wee, L. *Markets of English: Linguistic Capital and Language Policy in a Globalizing World*. New York: Routledge, 2012.
[179] Payne, M. Foreign language planning in England: The pupil perspective. *Current Issues in Language Planning*, 2-3(2006): 189-213.
[180] Payne, M. Foreign language planning: Pupil choice and pupil voice. *Cambridge Journal of Education*, 1(2007): 89-109.
[181] Pennycook, A. *The Cultural Politics of English as an International Language*. New York: Routledge, 2017.
[182] Phillipson, R. *Linguistic Imperialism*. Oxford: OUP, 1992.
[183] Phillipson, R. *English-Only Europe? Challenging language policy*. London: Routledge, 2003.
[184] Phillipson, R. Additive university multilingualism in English-dominant empire: The language policy challenges. In Facetten der Mehr-sprachigkeit. *Reflets du Plurilinguisme*. Michael Langner und Vic Jovanovic (Hg.) (pp.139-161). Bern: Peter Lang, 2017.

[185] Philipson, R. English, the lingua nullius of global hegemony. In P. A. Kraus & F. Grin (Eds.), *The Politics of Multilingualism: Europeanisation, Globalisation and Linguistic Governance* (pp. 275-303). John Benjamins, 2018.

[186] Piller, I. Monolingual ways of seeing multilingualism. *Journal of Multicultural Discourses*, 1(2016): 25-33.

[187] Pool, J. The world language problem. *Rationality and Society*, 1 (1991): 78-105.

[188] Priestley, M., Biesta, G. & Robinson, S. *Teacher Agency: An Ecological Approach*. London: Bloomsbury, 2015.

[189] Priestley, M., Edwards, R., Priestley, A. & Miller, K. Teacher agency in curriculum making: Agents of change and spaces for manoeuvre. *Curriculum Inquiry*, 42(2012): 191-214.

[190] Reeves, J. Teacher investment in learner identity. *Teaching and Teacher Education*, 1(2009): 34-41.

[191] Ricento, T. Historical and theoretical perspectives in language policy and planning. *Journal of Sociolinguistics*, 2(2000): 196-213.

[192] Ricento, T. K. & Hornberger, N. H. Unpeeling the onion: Language planning and policy and the ELT Professional. *TESOL Quarterly*, 3(1996): 401-427.

[193] Roberts, S. K., Crawford, P. A. & Hickmann, R. Teacher research as a robust and reflective path to professional development. *Journal of Early Childhood Teacher Education*, 31(2010): 258-275.

[194] Ross, A. *Europäische Einheit in babylonischer Vielfalt. Die Reform des Sprachregimes der Europäischen Union im Spannungsfeld von Demokratie und Effizienz*. Frankfurt a. M.: Lang, 2003.

[195] Ruiz, R. Orientations in language planning. *NABE Journal*, 2 (1984): 15-34.

[196] Ruiz, R. Reorienting language-as-resource. In J. Petrovic (Ed.), *International Perspectives on Bilingual Education* (pp. 155-172). Charlotte, NC: Information Age, 2010.

[197] Ruiz, R. Afterword: Cooking with Nancy. In F. M. Hult & K. A. King (Eds.), *Educational Linguistics in Practice* (pp.173-178). Bristol: Multilingual Matters, 2011.

[198] Savoie, G. The comparative advantages of bilingualism on the job market: Survey of studies. *Official Languages and the Economy*. Ottawa: Canadian Heritage, 1996.

[199] Schiffman, H. F. *Linguistic Culture and Language Policy*. London: Routledge, 1996.

[200] Schneer, D., Ramanathan, V. & Morgan, B. (Inter)nationalism and English textbooks endorsed by the ministry of education in Japan. *TESOL Quarterly*, 3(2007): 600-607.

[201] Schornack, M. L. & Karlsson, A. (In) visibilization of English learners in Minnesota's state-approved alternative programs. *Current Issues in Language Planning*, 1-2(2021): 41-58.

[202] Selten, R & Pool, J. The distribution of foreign language skills as a game equilibrium. In Selten, R. (Ed.), *Game Equilibrium Models IV*. Springer, Berlin, Heidelberg, 1991.

[203] Shen, Q. From cross culture, interculture to transculture: Reading 'Universal Dream, National Dreams and Symbiotic Dream: Reflections on Transcultural Generativity In China-europe Encounters'. *JCCP*, 1(2015): 123-128.

[204] Shen, Q. & Gao, X. Multilingualism and policy making in Greater China: Ideological and implementational spaces. *Language Policy*, 1(2019): 1-16.

[205] Shohamy, E. A Critical Perspective on the Use of English as a Medium of Instruction at Universities. In Doiz, A., Lasagabaster, D. & Sierra, J. (Eds.), *English-Medium Instruction at Universities: Global Challenges* (pp. 196-210). Bristol, Blue Ridge Summit: Multilingual Matters, 2012.

[206] Siiner, M. University administrators as forced language policy agents. An institutional ethnography of parallel language strategy and practices at the University of Copenhagen. *Current Issues in Language Planning*, 17(2016): 3-4, 441-458.

[207] Spezial Eurobarometer 243. *Die europäischen Bürger und ihre Sprachen 2005*. (www.ec.europa.eu/public_opinion/archives/ebs/ebs_243_de.pdf), pp. 8, 13 Eurobarometer 386. Die europäischen Bürger und ihre Sprachen 2012. (www.ec.europa.eu/public_opinion/

archives/ebs/ebs_386_de.pdf), pp. 12, 22.

[208] Spezial Eurobarometer 386. *Die europäischen Bürger und ihre Sprachen* 2012. (www. ec. europa. eu/public_opinion/archives/ebs/ebs_386_de.pdf). p. 10.

[209] Spolsky, B. The Navajo reading study: An illustration of the scope and nature of educational linguistics. In J. Quistgaard, H. Schwarz, & H. Spong-Hanssen (Eds.), *Applied Linguistics: Problems and Solutions: Proceedings of the Third Congress on Applied Linguistics*, Copenhagen, 1972 (vol. 3, pp. 553-565). Heidelberg: Julius Gros Verlag, 1974.

[210] Spolsky, B. *Educational Linguistics: An Introduction*. Rowley, MA: Newbury House, 1978.

[211] Spolsky, B. *Language Policy*. Cambridge: CUP, 2004.

[212] Spolsky, B. Introduction: What is educational linguistics?. In F. M. Hult & B. Spolsky (Eds.), *The Handbook of Educational Linguistics*. Malden: Blackwell Publishing Ltd, 2008.

[213] Spolsky, B. *Language Management*. Cambridge: CUP, 2009.

[214] *Sprog til tiden [Language in time]*. Copenhagen: Danish Ministry of Culture, 2008.

[215] Stewart, J. *Public Policy Values*. New York: Palgrave Macmillan, 2009.

[216] Stubbs, M. *Educational Linguistics*. Oxford/New York: Basil Blackwell, 1986.

[217] Swain, M. Languaging, agency and collaboration in advanced second language learning. *Advanced Language Learning: The Contributions of Halliday and Vygotsky* (pp. 95-108). London: Continuum, 2006.

[218] Tao, J. & Gao, X. Teacher agency and identity commitment in curricular reform. *Teaching & Teacher Education*, 63(2017): 346-355.

[219] Tao, J. & Gao, X. *Language Teacher Agency (Elements in Language Teaching)*. Cambridge: CUP, 2021.

[220] Tao, J., Zhao, K. & Chen, X. The motivation and professional self of teachers teaching languages other than English in a Chinese

university. *Journal of Multilingual and Multicultural Development*, 40(2019): 633-646.
[221] Thibault, P. J. The reflexivity of human languaging and Nigel Love's two orders of language. *Language Sciences*, 61(2017): 74-85.
[222] Thorburn, T. Cost-benefit analysis in language planning. In: Fishman, J. (Ed.), *Volume 2 Selected Studies and Applications* (pp.511-519). Berlin, Boston: De Gruyter Mouton, 1972.
[223] Tollefson, J. W. *Language policies in education: Critical issues*. London: Routledge, 2013.
[224] Tonkin, H. & Frank, M. E. *The Translator as Mediator of Cultures*. Amsterdam: John Benjamins Publishing Company, 2010.
[225] Toom, A., Pyhältö, K. & Rust, F. O. Teachers' professional agency in contradictory times. *Teachers and Teaching*, 21(2015): 615-623.
[226] Toury, G. Translation as a means of planning and the planning of translation: A theoretical framework and an exemplary case. In Paker S. (Ed.), *Translations: (Re) Shaping of Literature and Culture* (pp.149-165). Istanbul: Boğazici University Press, 2002.
[227] Trent, J. Promoting investment by Chinese learners in classroom discourse: Integrating content and language in the undergraduate classroom. *Journal of Asian Pacific Communication*, 1(2008): 30-48.
[228] Ushioda, E. M. A. The impact of global English on motivation to learn other languages: Toward an ideal multilingual self. *The Modern Language Journal*, 3(2017): 469-482.
[229] Van Els, T. Multilingualism in the European Union. *International Journal of Applied Linguistics*, 3(2005): 263-281.
[230] van Lier, L. Educational linguistics: Field and project. In J. E. Alatis (Ed.), *Georgetown University Roundtable on Language and Linguistics 1994* (pp. 197-209). Washington, D. C.: Georgetown University Press, 1994.
[231] van Lier, L. *The Ecology and Semiotics of Language Learning: A Sociocultural Perspective*. New York: Kluwer Academic Publishers, 2004.
[232] Van Parijs, P. *Linguistic Justice—for Europe and for the World*.

New York: OUP, 2011.
[233] Vasilopoulos, G. Language learner investment and identity negotiation in the Korean EFL context. *Journal of Language, Identity & Education*, 2(2015): 61-79.
[234] Vennela, R. & Kandharaja, K. M. C. Agentive responses: A study of students' language attitudes towards the use of English in India. *Current Issues in Language Planning*, 1-2(2021): 243-263.
[235] Wee, L. & Park, J. S.-Y. *Markets of English: Linguistic Capital and Language Policy in a Globalizing World*. New York: Routledge, 2012.
[236] Weedon, C. *Feminist Practice and Poststructuralist Theory*. London: Blackwell, 1987.
[237] Wirt, F. et al. Culture and education policy: Analyzing values in state policy system. *Educational Evaluation and Policy Analysis*, 4 (1988): 271-284.
[238] Wright, S. *Language Policy and Language Planning: From Nationalism to Globalization*. New York: Palgrave Macmillan, 2004.
[239] Wu, H. *Das Sprachenregime der Institutionen der Europäischen Union zwischen Grundsatz und Effizienz*. Frankfurt a. M.: Lang, 2005.
[240] Xiong, T. & Yuan, Z. M. 'It was because I could speak English that I got the job': Neoliberal discourse in a Chinese English textbook series. *Journal of Language, Identity & Education*, 2(2018): 103-117.
[241] Xu, J. & Fan, Y. Finding success with the implementation of task-based language teaching: The role of teacher agency. *Language, Culture and Curriculum*, 35(2022): 18-35.
[242] Yang, H. & Clarke, M. Spaces of agency within contextual constraints: A case study of teachers' response to EFL reform in a Chinese university. *Asia Pacific Journal of Teacher Education*, 38 (2018): 187-201.
[243] Yildiz, Y. *Beyond the Mother Tongue: The Postmonolingual Condition*. New York: Fordham UP, 2012.
[244] Yuen, K. M. The representation of foreign cultures in English textbooks. *ELT Journal*, 4(2011): 458-466.
[245] Zeichner, K. M. Teacher research as professional development for

P-12 educators in the USA. *Educational Action Research*, 11(2003): 301-326.

[246] Zhao, S. Actors in language planning. In E. Hinkel (Ed.), *Handbook of Research in Second Language Teaching and Learning* (pp.905-923). Routledge, 2011.

[247] Zhao, S. & Baldauf, Jr. R. B. Individual agency in language planning: Chinese script reform as a case study. *Language Problems and Language Planning*, 1(2012): 1-24.

[248] Zheng, Y. & Guo, X. Publishing in and about English: Challenges and opportunities of Chinese multilingual scholars' language practices in academic publishing. *Language Policy*, 1(2019): 107-130.

[249] Zhou, X., Li, C. & Gao, X. Towards a sustainable classroom ecology: Translanguaging in English as a medium of instruction (EMI) in a finance course at an international school in Shanghai. *Sustainability*, 19(2021): 10719.

[250] Б.凯德罗夫、刘伸.论现代科学的分类[J].国外社会科学,1981(6):14-19+71.

[251] 薄守生.语言规划的经济学分析[J].制度经济学研究,2008(2):58-81.

[252] 鲍敏、陈坚林.国家意识与我国外语教育规划——第二届"一带一路"外语教育规划圆桌会议述评[J].语言政策与语言教育,2019(1):93-97.

[253] 北京外国语学院校史编辑委员会.北京外国语学院简史(1941—1985)[M].北京:外语教学与研究出版社,1985.

[254] 步平.关于日本历史教科书问题[J].抗日战争研究,2000(4):154-179.

[255] 蔡基刚.外语能力培养与我国外语政策[J].外语与外语教学,2003(5):29-32.

[256] 蔡基刚.CEFR对我国外语教学的影响[J].中国大学教学,2012(6):6-10.

[257] 蔡基刚.从通用英语到学术英语——回归大学英语的教学本位[J].外语与外语教学,2014(1):9-14.

[258] 蔡基刚.中国高校英语教育40年反思:失败与教训[J].东北师大学报(哲学社会科学版),2017(5):1-7.

[259] 蔡基刚.外语教育政策的冲突:复合型人才还是英语专业人才培养[J].东北师大学报(哲学社会科学版),2019(4):1-6.

[260] 蔡永良,美国的语言教育与语言政策[M],上海:上海三联书店,2007。
[261] 曹慕尧,记新中国外语院校的发源地:延安俄文队[J],党史研究资料,1993(1):22-28。
[262] 曹慕尧,延安抗大俄文队——中国两所大学的发源地[J],党史纵横,2002(7):21-23。
[263] 岑建君,大学英语教学改革应着眼于未来[J],外语界,1998(4):12-17。
[264] 常俊跃,对我国外国语言文学学科及其学科方向设置的思考[J],中国外语,2021(3):1+11-15。
[265] 陈冰冰,追求课程和教学的本真意义——整体课程论视域下大学英语课程新思考[J],外语电化教学,2011(3):45-49。
[266] 陈琳,建国七十年与外语教育[N],世纪英语教育周刊,2019年3月5日。
[267] 陈美华、陈祥雨,"一带一路"背景下英语与非英语语种教育问题探讨[J],外语教学与研究,2018(5):738-743。
[268] 陈平,中国语言学的过去、现在与未来[J],语言战略研究,2018(1):25-31。
[269] 陈新仁,高校外语教育中的全球视野与国家意识[J],外语教学与研究,2020(1):22-24。
[270] 陈新仁、杨金龙,新时代外语研究者的国家意识构建刍议[J],当代外语研究,2021(4):22。
[271] 陈章太,语言资源与语言问题[J],云南师范大学学报(哲学社会科学版),2009(4):1-7。
[272] 程彤、邓世平,"一带一路"沿线关键土著语言专业课程设置研究[J],外语界,2019(6):62-69。
[273] 程晓堂,语言学理论对制定我国外语教育政策的启示[J],外语教学与研究,2012(2):298-307。
[274] 从丛,"中国文化失语":我国英语教学的缺陷[N],光明日报,2000年10月19日。
[275] 崔刚、黄文红,外语教学理论中国学派建设的基本问题[J],外国语文,2018(1):134-139。
[276] 戴曼纯,我国外语人才需求抽样调查[J],外语教学与研究,2016(4):614-624。
[277] 戴曼纯,欧盟多语制与机构语言政策[J],语言政策与规划研究,2017(1):1-11+91。

[278] 戴炜栋.国际化背景下我国外语教育的发展战略[J].浙江工商大学学报,2010(6):80-85。

[279] 戴炜栋、王雪梅.建构具有中国特色的外语教育体系[J].外语界,2006(4):2-12。

[280] 戴炜栋、王雪梅."双一流"背景下外语类院校的发展定位、特征与战略[J].北京第二外国语学院学报,2017(1):1-17+127。

[281] 戴炜栋、吴菲.我国外语学科发展的约束与对策[J].外语教学与研究,2010(3):170-175。

[282] 丁超.中国非通用语教育的前世今生[J].神州学人,2016(1):6-11。

[283] 丁超.对我国高校外语非通用语种类专业建设现状的观察分析[J].中国外语教育,2017(4):3-8。

[284] 丁超.关于非通用语种人才培养机制变革与创新的若干思考[J].中国外语教育,2018(1):3-9+77。

[285] 丁怡,余敏.基于市场需求的商务英语人才培养模式探析——一项对广州地区商务英语人才需求的调查[J].科教文汇,2010(17):25-26。

[286] 董希骁.非通用语种课程思政的难点和解决方案[J].外语教育研究前沿,2023(3):35-40+94。

[287] 范徽等.中国企业走出去跨文化环境因素探究[J].管理世界,2018(7):178-179。

[288] 范仲英.谈谈中国姓名的英译问题[J].中国翻译,1990(5):38-38。

[289] 费孝通.反思·对话·文化自觉[J].北京大学学报(哲学社会科学版),1997(3):15-22。

[290] 费耶阿本德,保罗.告别理性[M],陈健等译,南京:江苏人民出版社,2022。

[291] 弗里德曼.世界是平的:21世纪世界简史[M],何帆译,长沙:湖南科学技术出版社,2006。

[292] 付克.延安时期的俄语教育[J].中共俄语教学(季刊),1983(04):3-7。

[293] 付克.中国外语教育史[M],上海:上海外语教育出版社,1986。

[294] 付克.艰苦创业育人才——关于延安外国语学校的一些回忆[A]//李良佑,刘犁.外语教育往事谈——教授们的回忆[C],上海:上海外语教育出版社,1988。

[295] 付克.艰苦创业育人才——关于延安外国语学校的一些回忆[A]//王麦林,何理良.延河畔的外文学子们[C],北京:外语教学与研究出版社,2013。

[296] 傅荣、王克非,欧洲语言多元化政策及相关外语教育政策分析[J],外语教学与研究,2008(1):14-19。

[297] 傅政、庞继贤、周星,中国入世对大学英语教学的影响分析及需求预测[J],外语界,2001(5):16-21。

[298] 高承海,中华民族共同体意识:内涵、意义与铸牢策略[J],西南民族大学学报(人文社科版),2019(12):24-30。

[299] 高歌、高治东,延安时期外语教育的特色及启示[J],延安大学学报(社会科学版),2012(1):74-76。

[300] 高晓芳,晚清洋务学堂的外语教育研究[M],北京:商务印书馆,2006。

[301] 高雪松、陶坚、龚阳,课程改革中的教师能动性与教师身份认同——社会文化理论视野[J],外语与外语教学,2018(1):19-28+146。

[302] 高一虹,大学生英语学习动机与自我认同发展:四年五校跟踪研究[M],北京:高等教育出版社,2013。

[303] 辜向东、汪咏、黄晓琴,"超语实践"在中国硕博研究生学术知识体系建构中的功能及形式——基于"语言测试"课程学生日志的历时质性分析[J],解放军外国语学院学报,2023(5):1-10+160。

[304] 桂国平,我国高校的专业外语教育与国家竞争力[J],武汉大学学报(人文科学版),2007(3):335-341。

[305] 桂诗春,我国应用语言学的现状与展望[J],现代外语,1980(4):3-13。

[306] 桂诗春,应用语言学家的责任和良心[J],外国语(上海外国语大学学报),2011(1):68-69。

[307] 郭春梅、付红霞,英语专业本科生的社会需求调查[J],陕西科技,2007(5):88-90。

[308] 郭德钦,延安时期知识分子与马克思主义大众化研究[M],北京:中央文献出版社,2015。

[309] 郭熙,语言教育若干问题之管见[J],语言教学与研究,2003(3):28-33。

[310] 韩宝成,整体外语教育及其核心理念[J],外语教学,2018(2):52-56。

[311] 韩艳梅,跨言用研究的理论、实践与启示[J],西安外国语大学学报,2020(2):26-32。

[312] 韩震,论三科教材"统编":教材是国家事权[N],中华读书报,2019年11月20日第6版。

[313] 贺小华、张庆文,延安时期外语教育实践的延安精神视角解读[J],东北亚外语论坛,2018(2):60-62。

[314] 侯丽、陈倩,基于问题导向的双语教学研究[J],科技创新导报,2017

(3):216-217。

[315] 胡开宝、王琴,国际化视域下的外语学科发展:问题与路径——以上海交通大学外语学科建设为例[J],外语教学,2017(2):1-6。

[316] 胡文仲,不同文化之间的交际与外语教学[J],外语教学与研究,1985(4):43-48。

[317] 胡文仲,我国外语教育规划的得与失[J],外语教学与研究,2001(4):245-251。

[318] 胡文仲,关于我国外语教育规划的思考[J],外语教学与研究,2011(1):130-136。

[319] 胡壮麟,中国外语教育六十年有感[J],中国外语,2009(5):5-9+59。

[320] 胡壮麟,对中国外语教育改革的几点认识[J],外语教学,2015(1):52-55。

[321] 胡壮麟,不忘初心,改革开放——高等教育改革40周年有感[J],当代外语研究,2018(3):1-2。

[322] 黄立波、朱志瑜,晚清时期关于翻译政策的讨论[J],中国翻译,2012(3):26-33+128。

[323] 黄雪英,外语人才需求与地方高校外语专业布局对接研究[J],浙江科技学院学报,2012(5):390-395。

[324] 黄远振、陈维振,中国外语教育:理解与对话——生态哲学视域[M],福州:福建教育出版社,2010。

[325] 季羡林,西方不亮,东方亮——季羡林在北京外国语大学中文学院的演讲[J],中国文化研究,1995(4):1-6。

[326] 贾冠杰、向明友,为中国英语一辩[J],外语与外语教学,1997(5):10-11。

[327] 江桂英,语言经济学视角下的中国英语教育成本——收益分析[J],制度经济学研究,2010(1):184-194。

[328] 姜锋,我与中国改革开放后外语教育的40年不解之缘[J],外国语,2018(6):63-71。

[329] 蒋笃君,新自由主义思潮对大学生的影响及对策[J],思想理论教育导刊,2014(10):82-85。

[330] 蒋洪新,关于新时代英语教育的几点思考[J],外语教学,2018(2):49-51。

[331] 教育部高等学校大学外语教学指导委员会,大学英语教学指南[M],北京:高等教育出版社,2020。

[332] 康莉、徐锦芬,大学英语教材中的文化自觉及其实现[J],外语学刊,2018(4):70-75。
[333] 劳凯声等,论教育政策的价值基础[J],北京师范大学学报(人文社科版),2000(6):5-17。
[334] 雷振扬、兰良平,铸牢中华民族共同体意识:研究现状与深化拓展[J],中南民族大学学报(人文社会科学版),2020(4):24-31。
[335] 李传松、许宝发,中国近现代外语教育史[M],上海:上海外语教育出版社,2006。
[336] 李岚清,关于外语教学改革的讲话[N],文汇报,1996年9月3日。
[337] 李嵬、沈骑,超语实践理论的起源、发展与展望[J],外国语(上海外国语大学学报),2021(4):2-14。
[338] 李文中,中国英语与中国式英语[J],外语教学与研究,1993(4):18-24。
[339] 李霄翔,教育信息化与高校外语教师职业发展——挑战与对策[J],中国外语,2019(6):4-9。
[340] 李宇明,中国的话语权问题[J],河北大学学报(哲学社会科学版),2006(6):1-4。
[341] 李宇明,中国外语规划的若干思考[J],外国语,2010(1):2-8。
[342] 李宇明,提升国家语言能力的若干思考[J],南开语言学刊,2011(1):1-8。
[343] 李宇明,中国语言生活的时代特征[J],中国语文,2012(4):367-375。
[344] 李宇明,当代中国语言生活中的问题[J],中国社会科学,2012(9):150-156。
[345] 李宇明,语言的文化职能的规划[J],民族翻译,2014(3):22-27。
[346] 李宇明,语言规划学的学科构想[J],语言规划学研究,2015(1):3-11。
[347] 李宇明,由单语主义走向多语主义[J],语言学研究,2016(1):6-15。
[348] 李宇明,语言竞争试说[J],外语教学与研究,2016(2):212-225。
[349] 李宇明,提升国家外语能力任重而道远[N],人民日报,2017年2月6日。
[350] 李宇明,语言学是一个学科群[J],语言战略研究,2018(1):14-24。
[351] 李宇明,语言在全球治理中的重要作用[J],外语界,2018(5):2-10。
[352] 李宇明、王春辉,论语言的功能分类[J],当代语言学,2019(1):1-22。
[353] 梁星亮、杨洪,中国共产党延安时期政治社会文化史论[M],北京:人民出版社,2011。
[354] 蔺丰奇,高校实施"双语教学"中存在的问题及对策[J],复旦教育论坛,

2003(3):21-24。

[355] 刘宝存、张伟,国际交流合作:经济全球化时代大学的新使命[N],中国教育报,2017年4月27日。

[356] 刘大椿,学科整合与交叉学科时代的到来[J],中国外语,2008(5):1+111。

[357] 刘道义,基础外语教育发展报告(1978—2008)[M],上海:上海外语教育出版社,2008。

[358] 刘复兴,教育政策的价值分析[M],北京:教育科学出版社,2003。

[359] 刘国辉,中国的外语教育:基于语言能力回报率的实证研究[D],济南:山东大学,2013。

[360] 刘建达,基于标准的外语评价探索[J],外语教学与研究,2015(3):417-425。

[361] 刘可红、吴华,外语教育的文化取向研究——评《新视野大学英语》读写教程美国化文化取向[J],现代大学教育,2005(4):99-102。

[362] 刘美兰,美国"关键语言"战略研究[M],上海:复旦大学出版社,2016。

[363] 刘新阳,教师"眼高手低"现象解析:生态取径的教师能动性视角[J],全球教育展望,2020(11):92-106。

[364] 刘艳红、Lawrence Jun Zhang、Stephen May,基于国家级规划大学英语教材语料库的教材文化研究[J],外语界,2015(6):85-93。

[365] 刘燕、华维芬、束定芳,外语专业改革与发展战略——上海市高校外语专业布局与外语人才培养情况调查研究[J],外语研究,2011(4):8-14。

[366] 龙德银、廖巧云,新文科背景下高校外语教师的能动性研究[J],外国语文,2021(5):139-146。

[367] 鲁子问等,外语政策研究[M],北京:北京大学出版社,2012。

[368] 鲁子问、张荣干,我国城镇居民外语需求调查与教学建议[J],外语界,2012(1):2-9。

[369] 鲁子问、张荣干,国家外语能力需求调查与对策建议[M],北京:北京大学出版社,2012。

[370] 陆经生,大学非通用语种专业人才培养策略和实践[J],中国大学教学,2012(11):24-26。

[371] 吕才,北京外国语大学组织史(1941.3—2001.3)[M],北京:北京燕山出版社,2001。

[372] 麦林,在革命部队哺育下成长[A]//王麦林,何理良.延河畔的外文学子们[C],北京:外语教学与研究出版社,2013。

[373] 毛泽东. 论新阶段[M]. 宿州:拂晓出版社,1942.
[374] 梅德明. 教育语言学的学科内涵及研究领域[J]. 当代外语研究,2012(11):32-37.
[375] 孟卫青. 教育政策分析:价值、内容和过程[J]. 现代教育论丛,2008(5):38-41.
[376] 孟卫青. 教育政策分析的三维模式[J]. 教育科学研究,2008(8):21-23.
[377] 宁建花、沈骑. 中国共产党延安时期的外语教育规划——以延安外国语学校为中心[J]. 中国语言战略,2023(1):138-148.
[378] 牛佳、林晓. Cooper八问方案国内外研究综述[J]. 外语学刊,2020(3):106-112.
[379] 强海燕、田建荣. 延安时期的高等教育及其影响[J]. 高等教育研究,1994(3):30-35.
[380] 秦立霞. 陕甘宁边区高等教育模式对新中国高等教育的影响[A]//杨孔炽. 百年跨越:教育史学科的中国历程[C]. 厦门:鹭江出版社,2005.
[381] 秦永丽、王平. 国际超语研究动态与发展趋势预判[J]. 外语界,2021(2):81-89.
[382] 瞿葆奎、唐莹. 教育科学分类:问题与框架——《教育科学分支学科丛书》代序[A]. 载吴康宁. 教育社会学[M]. 北京:人民教育出版社,2010.
[383] 群懿. 中国外语教育要事录[M]. 北京:外语教学与研究出版社,1993.
[384] 任飞. 往事回忆[A]//王麦林,何理良. 延河畔的外文学子们[C]. 北京:外语教学与研究出版社,2013.
[385] 荣司平. 论国家意识的结构[J]. 青海社会科学,2014(2):31-34.
[386] 桑海. 中国学术国际化的三重境界[J]. 理论视野,2013(7):79.
[387] 邵天任. 延河畔的外文学子们(序言)[M]. 北京:外语教学与研究出版社,2013.
[388] 沈骑. 外语教育政策研究的价值之维[J]. 外语教学,2011(2):44-47.
[389] 沈骑. 当代东亚外语教育政策发展研究[M]. 北京:北京大学出版社,2012.
[390] 沈骑. 转型期大学英语课程的价值追问[J]. 外语电化教学,2014(2):61-67.
[391] 沈骑. "一带一路"倡议下国家外语能力建设的战略转型[J]. 云南师范大学学报(哲学社会科学版),2015(5):9-13.
[392] 沈骑. 外语学科发展的责任与使命——略论许国璋外语教育思想三观

[J],当代外语研究,2015(11):11-14。
[393] 沈骑,全球化3.0时代中国外语教育政策的价值困局与定位[J],当代外语研究,2017(4):26。
[394] 沈骑,外语教育政策价值国际比较研究[M],上海:复旦大学出版社,2017。
[395] 沈骑,中国外语教育规划:方向与议程[J],中国外语,2017(5):11-20。
[396] 沈骑,语言规划视域下的大学外语教学改革[J],外语教学,2018(6):49-53。
[397] 沈骑,新中国外语教育规划70年:范式变迁与战略转型[J],新疆师范大学学报(哲学社会科学版),2019(5):68-77。
[398] 沈骑,语言安全理论的源与流[J],当代外语研究,2020(3):39-45。
[399] 沈骑、鲍敏,改革开放以来的中国外语教育规划[J],语言战略研究,2018(5):21-31。
[400] 沈骑、曹新宇,全球治理视域下中国国家外语能力建设的范式转型[J],外语界,2019(6):45-52。
[401] 沈骑、魏海苓,构建人类命运共同体视域下的中国外语战略规划[J],外语界,2018(5):11-18。
[402] 沈骑、夏天,国际学术交流领域的语言规划研究:问题与方法[J],外语教学与研究,2013(6):876-885+960-961。
[403] 束定芳,外语教学改革:问题与对策[M],上海:上海外语教育出版社,2007。
[404] 束定芳,中国外语战略研究[M],上海:上海外语教育出版社,2012。
[405] 束定芳,关于我国外语教育规划与布局的思考[J],外语教学与研究,2013(3):426-435。
[406] 束定芳,外语课堂教学中的问题与若干研究课题[J],外语教学与研究,2014(3):446-455。
[407] 束定芳,高校英语教学现状与改革方向:华东六省一市高校英语教学情况调查报告[C],上海:上海外语教育出版社,2015。
[408] 束定芳,中国文化英语教程[Z],上海:上海外语教育出版社,2016。
[409] 束定芳,中国特色外语教学理论的深厚实践基础——陆谷孙先生的外语教学理念与主张[J],外语界,2017(1):15-21。
[410] 束定芳,论多语种人才培养的必要性和可行性[J],外语教学与研究,2022(6):912-921+961。
[411] 束定芳、华维芳,中国外语教学理论研究(1949—2009)[M],上海:上海

外语教育出版社,2009。

[412] 束定芳、华维芬,中国外语教学理论研究六十年:回顾与展望[J],外语教学,2009(6):37-44。

[413] 宋金芳、林勇,语言经济学的政策分析及其借鉴[J],华南师范大学学报(社会科学版),2004(6):81-86+159。

[414] 粟高燕,世界性与民族性的双重变奏——世界化视野中的近代中国基础外语教育研究[M],北京:光明日报出版社,2009。

[415] 孙吉胜,国家外语能力建设与"一带一路"的民心相通[J],公共外交季刊,2016(3):53-59+124-125。

[416] 孙鑫、周雪,内容语言融合型课堂中教师超语行为研究[J],外语教育研究前沿,2022(4):69-76+94。

[417] 汤哲远,"孔子"为什么要走向世界[N],中国教育报,2007年6月23日。

[418] 陶丽、顾佩娅,选择与补偿:高校英语教师职业能动性研究[J],外语界,2016(1):87-95。

[419] 滕梅,1919年以来的中国翻译政策研究[M],济南:山东大学出版社,2009。

[420] 田鹏,集体认同视角下的欧盟语言政策研究[M],北京:北京大学出版社,2015。

[421] 汪晓莉、刘淑华,需求导向的中国外语高等教育战略初探[J],外国语,2010(6):41-48。

[422] 王春明,延安精神的丰富内涵[J],党史文汇,2010(7):50-54。

[423] 王定华,改革开放40年我国外语教育政策回眸[J],课程·教材·教法,2018(12):4-11。

[424] 王海兰、宁继鸣,作为人力资本的语言技能:一个经济学的分析框架[J],制度经济学研究,2012(1):252-264。

[425] 王辉、夏金铃,高校"一带一路"非通用语人才培养与市场需求调查研究[J],外语电化教学,2019(1):30-36。

[426] 王季愚,回顾与展望——为中国外语教学研究会成立大学准备的发言稿[J],外国语(上海外国语学院学报),1981(5):3-8。

[427] 王建勤,美国关键语言战略与我国国家安全语言战略[J],云南师范大学学报(哲学社会科学版),2010(2):7-11。

[428] 王俊菊、冯光武,《国标》背景下英语专业人才培养方案的制订——原则与路径[J],中国外语,2018(4):4-10。

[429] 王克非,外语教育政策与社会经济发展[J],外语界,2011(1):2-7。
[430] 王克非等,国外外语教育研究[M],北京:外语教学与研究出版社,2012。
[431] 王利峰、朱晋伟,在华跨国公司内部语言状况调查[J],语言文字应用,2013(1):80-88。
[432] 王陆正、赵岩,统编小学语文教材中的"中华文化认同":内容呈现与教学路径[J],民族教育研究,2021(2):34-43。
[433] 王生,试析当代韩国民族主义[J],现代国际关系,2010(2):36-41。
[434] 王守仁,转变观念 深化改革 促进大学外语教学新发展[J],中国大学教学,2017(2):59-64。
[435] 王守仁、姚成贺,关于学术英语教学的几点思考[J],中国外语,2013(5):4-10。
[436] 王文斌、徐浩,2016中国外语教育年度报告[M],北京:外语教学与研究出版社,2017。
[437] 王雪梅,对英语专业研究生学术能力内涵及其发展过程的再思考[J],当代外语研究,2013(2):32-36+78。
[438] 王雪梅、赵双花,"一带一路"背景下我国高校非通用语种专业建设:现状、问题与对策[J],外语电化教学,2017(2):91-96。
[439] 王雅君、沈骑,"双语并行战略"及其对我国高校语言规划的启示[J],云南师范大学学报(对外汉语教学与研究版),2017(6):73-81。
[440] 王亚蓝、刘海涛,国际通用语发展演变的特点与模式——以拉丁语、法语和英语为例[J],云南师范大学学报(哲学社会科学版),2021(3):74-84。
[441] 王义桅,世界是通的:"一带一路"的逻辑[M],北京:商务印书馆,2016。
[442] 王银泉,从国家战略高度审视我国外语教育的若干问题[J],中国外语,2013(2):13-24+41。
[443] 王银泉,服务国家战略的融合型外语人才创新能力与全球化素养培养探究[J],当代外语研究,2018(2):43-54+110。
[444] 卫纯,姓名翻译问题浅见[J],中国翻译,1991(6):36-37。
[445] 魏芳、马庆株,语言教育规划视角中的外语教育[J],南开语言学刊,2010(1):151-159+189-190。
[446] 魏晖,文化强国视角的国家语言战略探讨[J],文化软实力研究,2016(3):27-36。
[447] 魏日宁、苏金智,中国大城市外语使用情况调查分析:以北京、上海、天

津、广州、深圳、重庆和大连为例[J],外语教学与研究,2011(6):924-933+961。

[448] 文秋芳,中国应用语言学研究者要顶天立地[J],外研之声,2011(4):26-27。

[449] 文秋芳,美国国防部新外语战略评析[J],外语教学与研究,2011(5):738-747+800-801。

[450] 文秋芳,大学英语教学中的通用英语与专用英语之争:问题与对策[J],外语与外语教学,2014(1):1-8。

[451] 文秋芳,"一带一路"语言人才的培养[J],语言战略研究,2016(2):26-32。

[452] 文秋芳,国家语言能力的内涵及其评价指标[J],云南师范大学学报(哲学社会科学版),2016(2):23-31。

[453] 文秋芳,国家话语能力的内涵——对国家语言能力的新认识[J],新疆师范大学学报(哲学社会科学版),2017(2):66-72。

[454] 文秋芳,"产出导向法"的中国特色[J],现代外语,2017(3):348-358+438。

[455] 文秋芳,中国应用语言学的学术国际话语权[J],现代外语,2021(4):439-447。

[456] 文秋芳等,高校外语教师专业学习共同体建设研究[M],北京:北京大学出版社,2021。

[457] 文秋芳、苏静、监艳红,2011,国家外语能力的理论构建与应用尝试[J],中国外语,2011(3):4-10。

[458] 文秋芳、张虹,倾听来自高校青年英语教师的心声:一项质性研究[J],外语教学,2017(1):67-72。

[459] 文秋芳、张虹,我国高校非通用外语教师面临的挑战与困境:一项质性研究[J],中国外语,2017(6):96-100。

[460] 文旭、莫启扬,大学英语教材:问题与思考[J],外语学刊,2013(6):97-101。

[461] 吴永军,中国大陆、香港九年义务教育初中语文教科书价值取向的比较研究[J],教育理论与实践,1999(11):34-38。

[462] 习近平,决胜全面建成小康社会夺取新时代中国特色社会主义伟大胜利[R],北京:人民出版社,2017。

[463] 习近平,在纪念五四运动100周年大会上的讲话[J],中国共青团,2019(5):1-5。

[464] 肖振南、沈晓敏,台湾地区青年"国家认同"危机与社会教科书国家观念变迁[J],台湾研究,2020(6):73-81。
[465] 谢倩,当代英国语言战略探析及借鉴[J],外语界,2015(4):74-80。
[466] 徐浩,我国高校外语专业教育习得规划的设计、布局与教学问题[J],外语教学,2022(1):62-68。
[467] 徐锦芬,高校英语课程教学素材的思政内容建设研究[J],外语界,2021(2):18-24。
[468] 徐锦芬、范玉梅,大学英语教师使用教材任务的策略与动机[J],现代外语,2017(1):91-101+147。
[469] 徐锦芬、潘晨茜,多语言意识下的中国特色外语教育规划[J],外语教学,2021(2):49-54。
[470] 徐锦芬、张姗姗,生态视角下EMI学科教师语言教学能动性研究[J],现代外语,2022(3):369-380。
[471] 徐蔚冰,中国企业走出去要注重文化融合和人才国际化[N],中国经济时报,2015年12月3日。
[472] 许国璋,论外语教学的方针与任务[J],外语教学与研究,1978(2):6-15。
[473] 杨枫,高等外语教育的国家意识、跨学科精神及应用理念[J],当代外语研究,2019(2):1-2。
[474] 杨枫,外语教育国家意识的文化政治学阐释[J],当代外语研究,2020(6):1-2。
[475] 杨金龙、沈骑,"人类命运共同体"视域下我国外语专业人才的价值重塑——"工具"与"人文"之辨[J],外语教育研究前沿,2019(3):36-41+91。
[476] 杨启光,教育国际化进程与发展模式[M],社会科学文献出版社,2011。
[477] 杨启亮,教学的教育性与教育的教学性[J],教育研究,2008(10):21-26。
[478] 杨守金、夏家春,"课程思政"建设的几个关键问题[J],思想政治教育研究,2019(5):98-101。
[479] 姚小平,洪堡特——人文研究和语言研究[M],北京:外语教学与研究出版社,1995。
[480] 于宏伟,统编高中历史教材"中华民族共同体"内容评述[J],基础教育研究,2020(3):52-54。
[481] 余樟亚,行业英语需求状况调查对大学英语教学的启示[J],外语界,

2012(5):88-96.

[482] 俞理明,严明.教育语言学思想:兴起、发展及在我国的前景[J].外语与外语教学,2013(5):1-4.

[483] 袁西玲.延安时期的翻译活动及其影响研究[D].上海:上海外国语大学,2014.

[484] 曾鹿平.重温高等教育"延安模式"[N].中国社会科学报,2017年2月22日第8版.

[485] 曾祥华、吴涛.法学研究的范式与模式——兼与戚建刚博士商榷[J].河北法学,24(11):155-159.

[486] 张蓓、马兰.关于大学英语教材的文化内容的调查研究[J].外语界,2004(4):60-66.

[487] 张红玲.跨文化外语教学[M].上海外语教育出版社,2007.

[488] 张虹、文秋芳.专业学习共同体对多语种教师发展的影响[J].外语界,2020(2):27-34.

[489] 张虹、于睿.大学英语教材中华文化呈现研究[J].外语教育研究前沿,2020(3):42-48+91.

[490] 张杰.从"差异化""国际化""前瞻性"探索外语学科的科研与教学改革[J].中国大学教学,2016(5):41-46.

[491] 张姗姗、龙在波.活动理论视角下高校英语经验教师专业发展能动性研究[J].外语教学,2021(6):85-90.

[492] 张绍杰.中国外语教育传统历时调查研究[M].北京:高等教育出版社,2015.

[493] 张天恩.往事历历忆母校[A]//王麦林,何理良.延河畔的外文学子们[C].北京:外语教学与研究出版社,2013.

[494] 张卫国.语言的经济学分析——一个初步框架[D].厦门:厦门大学,2008.

[495] 张卫国.作为人力资本、公共产品和制度的语言:语言经济学的一个基本分析框架[J].经济研究,2008(2):144-154.

[496] 张卫国.语言的经济学分析:一个综述[J].经济评论,2011(4):140-149.

[497] 张卫国、刘国辉.中国语言经济学研究述略[J].语言教学与研究,2012(6):102-109.

[498] 张忻.语言经济学与语言政策评估研究[J].语言文字应用,2007(4):13-20.

［499］张玉樱,从台湾企业界之外语人才需求看应用外语系的课程规划[J],英语教学期刊,2011(2):139-183。
［500］张治国,新中国成立初期外语教育政策研究及其启示[J],外语界,2017(2):53-60+66。
［501］章文君,浙江省小语种需求调查及对外语教学改革的启示[J],赤峰学院学报(汉文哲学社会科学版),2008(9):153-156。
［502］赵守辉、张东波,语言规划的国际化趋势:一个语言传播与竞争的新领域[J],外国语(上海外国语大学学报),2012(4):2-11。
［503］赵永青、李玉云、康卉,近十年我国大学英语教学研究述评[J],外语与外语教学,2014(1):27-35。
［504］郑富芝,尺寸教材 悠悠国事——全面落实教材建设国家事权[N],人民教育,2020年2月18日第1版。
［505］郑咏滟,综合性大学外语专业复语人才培养探索——以复旦大学英西双语模式为例[J],外语教育研究前沿,2020(1):8-14+86。
［506］郑咏滟,新文科建设框架下的多语种教师科研发展路径[J],日语学习与研究,2021(6):21-28。
［507］郑咏滟、安宁,超语研究十年回顾:理论、实践与展望[J],外语教学,2022(5):1-7。
［508］中国人民政治协商会议延安市委员会文史资料研究委员会,延安文史资料(第3辑)[A],延安日报社,1986。
［509］中国人民政治协商会议延安市委员会文史资料研究委员会,延安文史资料(第6辑)[A],延安日报社,1992。
［510］中国延安干部学院,延安时期大事记述[G],北京:中央文献出版社,2010。
［511］中央档案馆,中共中央文件选集 第十四册(一九四三——一九四四)[G],北京:中共中央党校出版社,1992。
［512］仲伟合等,国家外语能力建设视角下的外语教育规划[J],语言战略研究,2016(5):45-51。
［513］仲伟合、王巍巍、黄恩谋,国家外语能力建设视角下的外语教育规划[J],语言战略研究,2016(5):45-51。
［514］周加仙,语言学习敏感期的脑与认知机制研究——兼谈我国外语教育政策和实践[J],全球教育展望,2009(9):20-25。
［515］朱波,翻译战略研究的多维空间[N],光明日报,2016年1月9日。

图书在版编目(CIP)数据

外语教育规划论/沈骑著.—上海：复旦大学出版社,2024.9
(语言规划与全球治理丛书/沈骑总主编)
ISBN 978-7-309-16739-9

Ⅰ.①外…　Ⅱ.①沈…　Ⅲ.①外语教学-教育规划-研究-中国　Ⅳ.①H09

中国国家版本馆 CIP 数据核字(2023)第 018827 号

外语教育规划论
沈　骑　著
责任编辑/王雪婷

复旦大学出版社有限公司出版发行
上海市国权路 579 号　邮编：200433
网址：fupnet@fudanpress.com　http://www.fudanpress.com
门市零售：86-21-65102580　团体订购：86-21-65104505
出版部电话：86-21-65642845
上海新艺印刷有限公司

开本 890 毫米×1240 毫米　1/32　印张 11.5　字数 289 千字
2024 年 9 月第 1 版
2024 年 9 月第 1 版第 1 次印刷

ISBN 978-7-309-16739-9/H·3228
定价：58.00 元

如有印装质量问题，请向复旦大学出版社有限公司出版部调换。
版权所有　侵权必究